21世纪高等学校金融学实践创新系列教材

证券投资学（第2版）

主 编 盛洪昌 于丽红 盛守一

东南大学出版社
·南京·

图书在版编目(CIP)数据

证券投资学/盛洪昌,于丽红,盛守一主编. —2版. —南京:东南大学出版社,2019.11(2023.1重印)
ISBN 978-7-5641-8443-8

Ⅰ.①证… Ⅱ.①盛…②于…③盛… Ⅲ.①证券投资 Ⅳ.①F830.91

中国版本图书馆 CIP 数据核字(2019)第 117316 号

⊙ 本书为任课教师配备有简单的 PPT 课件,请来信索取:
Shenghc123@163.com 或 LQChu234@163.com

证 券 投 资 学
Zhengquan Touzixue

主　　编:	盛洪昌　于丽红　盛守一
出版发行:	东南大学出版社
社　　址:	南京市四牌楼 2 号　邮编:210096
出 版 人:	江建中
网　　址:	http://www.seupress.com
经　　销:	全国各地新华书店
排　　版:	南京星光测绘科技有限公司
印　　刷:	江苏扬中印刷有限公司
开　　本:	787mm×1092mm　1/16
印　　张:	18
字　　数:	443 千字
版　　次:	2019 年 11 月第 2 版
印　　次:	2023 年 1 月第 3 次印刷
书　　号:	ISBN 978-7-5641-8443-8
定　　价:	46.00 元

本社图书若有印装质量问题,请直接与营销部联系。电话:025-83791830

前　言

证券投资学是金融学类的一门专业主干课，也是经济类、管理类的一门选修课，为了满足教学的需要，我们编写了这本《证券投资学》。

本书自出版以来，被多所高校作为经济管理类、金融类专业的教材，深受用户的欢迎。应读者及出版社的要求，本次我们在第 1 版基础上重新作了修订，出版第 2 版。这次修订篇幅较大，将债券、证券发行市场、证券交易市场三章作了重写；证券投资的收益与风险、证券市场监管、证券投资理论等章节也作了较大修改。也对章后的练习题作了删减、增补，特别是对单项选择题与多项选择题重新进行了编写。

本书介绍了证券投资工具，阐述了证券发行市场与交易市场，对证券投资做了基本分析和技术分析，阐述了证券投资风险和防范，介绍了证券投资组合理论。以国内外证券投资学发展的最新动态为背景，研究证券投资的理论和实践问题。本书共分十三章，内容分别为：证券投资概述、股票、债券、证券投资基金、金融衍生工具、证券发行市场、证券交易市场、证券市场监管、证券价格与股票价格指数、证券投资的收益与风险、证券投资基本分析、证券投资技术分析、现代证券投资理论。

本教材在编写中体现了如下特点：

1. 系统性与逻辑性。本书系统全面地介绍了证券投资的基本知识与基本理论。框架结构划分较细，脉络清晰，重点突出。

2. 内容新颖。在分析角度、引用资料、内容安排上都比较新颖，着重体现 2008 年金融危机后世界资本市场的变化，吸收了国内外证券投资研究的最新成果。

3. 语言简明通俗，内容深度适当。编写教材时力求做到语言简明扼要、通俗易懂，深浅适度，举例生动，力求调动学生学习的积极性和主动性。

4. 操作性较强，注重理论联系实际。本书吸收国内外同类教材的精华，做到学以致用，培养学生分析问题、解决问题的能力。各知识点附思考题以加深对内容的理解，增强实际操作能力。

5. 强化训练，培养实际动手能力。各知识点具有较强连贯性，让学生从总体上把握股票买卖的操作过程，学会运用技术分析方法分析股票行情，熟悉业务操作的细节，以突出"应用"和"动手"能力，让读者有效掌握股票投资的知识和技能。

本书由盛洪昌、于丽红、盛守一任主编。分工如下：盛洪昌（第一、三、九、十二章），于丽红（第七、八、十一章），盛守一（第二、四、五、六、十、十三章）。全书由盛洪昌教授负责提纲的拟定、初稿的修改和定稿。

本书可作为高等院校经济类、管理类各专业的教材，也可以作为独立院校、高职高专、职业培训的专业教材。

本书在编写的过程中参考了大量的国内外著作、教材和文献，这里无法一一列出，在此对相关作者表示衷心感谢。特别感谢东南大学出版社刘庆楚编审为本书出版所做的大量工作。

由于编者水平和条件有限，本书难免出现错漏之处，敬请读者批评指正。

2019 年 6 月

目　　录

第一章　证券投资概述 (1)
- 第一节　证券 (1)
- 第二节　证券投资 (5)
- 第三节　证券市场 (9)

第二章　股票 (15)
- 第一节　股票的概念与特点 (15)
- 第二节　股票的种类 (18)
- 第三节　我国股票种类 (23)

第三章　债券 (28)
- 第一节　债券的概念与特点 (28)
- 第二节　债券的分类 (30)
- 第三节　政府债券 (33)
- 第四节　金融债券、公司债券、企业债券 (36)
- 第五节　债券信用评级 (41)

第四章　证券投资基金 (46)
- 第一节　证券投资基金概述 (46)
- 第二节　证券投资基金的分类 (50)
- 第三节　我国证券投资基金的设立、发行和交易 (57)

第五章　金融衍生工具 (65)
- 第一节　金融衍生工具概述 (65)
- 第二节　金融期货 (68)
- 第三节　金融期权 (73)
- 第四节　其他金融衍生工具 (79)

第六章　证券发行市场 (86)
- 第一节　证券发行市场概述 (86)
- 第二节　股票发行市场 (91)
- 第三节　债券发行市场 (100)

第七章　证券交易市场 (106)
- 第一节　证券交易所 (106)

第二节　场外交易市场 ·· (113)
第八章　证券市场监管 ·· (119)
　　第一节　证券市场监管的意义与原则 ·································· (119)
　　第二节　证券市场监管的内容 ·· (122)
　　第三节　证券市场监管体制 ··· (129)
第九章　证券价格与股票价格指数 ·· (135)
　　第一节　股票价格 ··· (135)
　　第二节　债券价格 ··· (142)
　　第三节　证券投资基金价格 ·· (145)
　　第四节　股票价格指数 ·· (148)
第十章　证券投资的收益与风险 ··· (163)
　　第一节　股票投资的收益 ··· (163)
　　第二节　债券投资的收益 ··· (166)
　　第三节　证券投资基金的收益 ·· (171)
　　第四节　证券投资风险 ·· (174)
第十一章　证券投资基本分析 ·· (181)
　　第一节　证券投资的宏观分析 ··· (181)
　　第二节　证券投资的行业分析 ··· (187)
　　第三节　证券投资的公司分析 ··· (195)
第十二章　证券投资技术分析 ·· (208)
　　第一节　技术分析概述 ·· (208)
　　第二节　技术分析主要理论与方法 ··································· (213)
　　第三节　技术指标分析 ·· (239)
第十三章　现代证券投资理论 ·· (248)
　　第一节　证券投资组合理论 ·· (248)
　　第二节　资本资产定价理论 ·· (255)
　　第三节　套利定价理论 ·· (259)
　　第四节　有效市场理论 ·· (266)
　　第五节　行为金融理论 ·· (270)

参考答案 ··· (277)

参考文献 ··· (279)

第一章　证券投资概述

【学习目标】
- 掌握证券的含义、特征和分类,有价证券的含义、特征和分类;
- 理解投资的含义和分类;
- 掌握证券投资的含义与特征;
- 了解证券市场的含义、参与者、功能。

第一节　证　　券

一、证券的概念

证券是指各类记载并代表一定权利的法律凭证。它用以证明持有人有权依其所持凭证记载的内容而取得相应的权益。从一般意义上来说,证券是指用以证明或设定权利所生成的书面凭证,它表明证券持有人或第三者有权取得该证券拥有的特定权益,或证明其曾经发生过的行为。

证券具有两个基本特征:

1. 法律凭证

证券所反映的是某种法律行为的结果,其发行、持有、使用以及所包含的全部内容都必须符合相关的法律规定,其代表的权利依法受到相应的保障。

2. 书面凭证

证券一般采用书面的形式或者与书面形式具有相同法律效力的形式,并且具有一定的格式,必须按照特定的格式进行书写或制作,券面上载明有关法律法规所规定的全部必要事项。

只有同时具备上述两个特征的书面凭证才可称之为证券。

二、证券的分类

对证券可从不同的角度进行分类。

按证券用途和持有者权益划分,可分为无价证券和有价证券。

1. 无价证券

无价证券是指证券本身不能使持券人取得一定的收益,但能证明某一特定事实和持有者拥有某种私权的证券。包括证据证券和凭证证券。

证据证券是单纯证明事实的书面凭证。如证据、借据、收据等。

凭证证券是指认定持证人是某种私权的合法权利者,证明持证人所履行的义务的有效文件。如存款单、借据以及收据等。

2. 有价证券

有价证券是指具有一定票面金额并能给它的持有人带来一定收益的所有权或债权凭证。它有两个特征:一是表示财产权,即券面上必须载明财产的内容和数量;二是证券所表示的财产权与证券自身不可分离,即权利的享有或转移,必须以出示或交付证券为依据。

广义的有价证券可分为商品证券、货币证券及资本证券三种。

(1) 商品证券是证明对商品有所有权的凭证。如提货单、运货单、栈单等。商品证券领取商品后,即退出流通,其价格取决于票面价值。

(2) 货币证券是代表对货币享有请求权的凭证。如汇票、本票、支票等。目前我国兴起的各种信用卡,也属货币证券。它可以代替货币媒介商品交换,是商业信用或银行信用的工具。它的价格与票面额相等。

(3) 资本证券是代表对一定资本所有权和收益权及其他派出权利的凭证。主要包括股权证券和债权证券。股权证券具体表现为股票和认股权证;债权证券则表现为各种债券。狭义的有价证券通常是指资本证券。

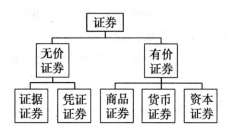

表 1-1　证券的分类

三、有价证券

(一) 有价证券的含义

有价证券是指标有票面金额,用于证明持有人或该证券指定的特定主体对特定财产拥有所有权或债权的凭证。这类证券本身没有价值,但由于它代表着一定量的财产权利,持有人可凭该证券直接取得一定量的商品、货币,或是取得利息、股息等收入,因而可以在证券市场上买卖和流通,客观上具有了交易价格。有价证券有广义和狭义概念之分,广义的有价证券包括商品证券、货币证券和资本证券,狭义的有价证券即指资本证券。本书除非特别说明,所说的有价证券或证券均指狭义的有价证券,即资本证券。

有价证券是虚拟资本的一种形式。所谓虚拟资本,是指以有价证券形式存在,并能给持有者带来一定收益的资本。虚拟资本是独立于实际资本之外的一种资本存在形式,是真实资本的"纸制复本",本身不能在实体经济运行过程中发挥作用。通常,虚拟资本的价格总额并不等于所代表的真实资本的账面价值,甚至与真实资本的重置价格也不一定相等,其变化并不完全反映实际资本额的变化。

(二) 有价证券的分类

有价证券种类繁多,从不同角度、按照不同的标准,可以对其进行不同的分类。

1. 按照发行主体的不同,有价证券可分为政府证券、金融证券和公司证券

(1) 政府证券

政府证券是指政府为筹措财政资金或建设资金,凭借其信誉,采用信用方式,按照一定程序向投资者出具的一种债权债务凭证。政府证券又分为中央政府证券(即国家债券)和地方政府债券。政府债券又称为国债。

(2) 金融证券

金融证券是指商业银行及非银行金融机构为筹措信贷资金而向投资者发行的承诺支付一定利息并到期偿还本金的一种有价证券。主要包括金融债券、大额可转让定期存单等,其中以金融债券为主。

(3) 公司证券

公司证券是公司为筹措资金而发行的有价证券。公司证券包括的范围比较广泛,内容也比较复杂,但主要有股票、公司债券等。

2. 按照表现内容的不同,有价证券可以分为商品证券、货币证券和资本证券

(1) 商品证券

商品证券是证明证券持有人对证券所标明的商品拥有所有权或使用权的凭证,取得这种证券就表明取得这种证券所标明商品的所有权,持有人对证券载明的商品所有权受法律保护。属于商品证券的有提货单、运货单、仓库栈单等。

(2) 货币证券

货币证券是指证券持有人拥有证券所标明的货币索取权的有价证券。货币证券主要包括两大类:一类是商业证券,主要包括商业汇票和商业本票;另一类是银行证券,主要包括银行汇票、银行本票和支票。

(3) 资本证券

资本证券是指由金融投资或与金融投资有直接联系的活动而产生的证券。持有人有一定的收入请求权,它包括股票、债券、基金证券及其衍生品种如金融期货、可转换证券等。狭义的有价证券就是指资本证券,证券投资学研究的证券主要是指资本证券。

3. 按是否在证券交易所挂牌交易划分,可分为上市证券和非上市证券

(1) 上市证券

上市证券又称挂牌证券,是指经过证券主管机构批准,并在证券交易所注册登记,允许在交易所内公开买卖的有价证券。证券交易所对申请上市的公司都规定了较为严格的条件。发行证券的公司必须符合证券上市条件,才准许上市。

证券上市可以扩大公司的社会影响,提高公司的知名度,提高公司证券的流动性。对投资者来说,由于上市公司必须定期公布其经营及财务状况,能够获得更多投资决策信息。同时,成交价格是竞价买卖形成的,比较公平合理,降低投资风险。

(2) 非上市证券

非上市证券也称非挂牌证券、场外证券,是指未在证券交易所注册登记,不能上市买卖的有价证券。非上市证券不能在证券交易所内交易,但可以在交易所以外的"场外交易市场"交易,有的也可以在取得特惠权的交易所内交易。通常非上市的证券比上市的证券要多。

证券不上市交易的原因各异,多数非上市证券因不符合证券交易所规定的上市条件而未能登记注册;有的公司资本规模小,没有必要利用证券交易所募集资金;有些规模大且信誉好的商业银行和保险公司,为了免去每年向交易所交费和定期呈报财务报表等手续,即使符合证券交易所规定的上市条件,也不愿意在交易所注册上市;有的是为了出于保密,不愿意公开其财务状况,以便使竞争对手了解自己;有的为了不愿使股权分散,因已发行的股份已为大股东所把持;另外现代电子通信技术的发展,为场外非上市证券交易提供了便利的条件。

4. 按证券的发行方式与范围划分,可分为公募证券和私募证券

(1) 公募证券

公募证券是指向社会上广泛的投资者公开发行的证券。这种证券的发行,有比较严格的市场制度。实行公募证券发行要选择好主干事,公募证券的投资者是不确定的社会民众及机构。主干事的职责是负责寻找和安排投资者,协助发行者与投资者关于证券发行条件的商讨并促其达成协议,然后选择承销公司。承销公司的任务是承受全部公募证券,并保证销售出去。

(2) 私募证券

私募证券是指向事先确定的投资者发行的证券。私募证券的投资者多为与发行者有特定关系的机构投资者,也有发行公司内部的职工。私募证券的投资者比较少,审查条件较松。发行程序简单,采取直销方式。但对私募证券也有一些限制条件,如私募证券一般不允许转让。

除此之外,按证券是否可转让划分,可分为可转让证券和不可转让证券;按证券收益是否固定划分,可分为固定收益证券和变动收益证券;按证券发行的地域和国家划分,可分为国内证券和国际证券。

(三) 有价证券的特征

1. 产权性

证券的产权性是指有价证券记载着权利人的财产权内容,代表着一定的财产所有权,拥有证券就意味着享有财产的占有、使用、收益和处分的权利。在现代经济社会里,财产权利和证券已密不可分,财产权利与证券两者融合为一体,权利证券化。虽然证券持有人并不实际占有财产,但可以通过持有证券,在法律上拥有有关财产的所有权或债权。

2. 收益性

收益性是指证券持有者凭借证券所获得的报酬,它是证券投资者的基本权益。对于投资者来说,购买证券,是为了获得相应的投资权益,从而取得利息、股息或买卖证券的差价。对于筹资者来说,发行证券是为了扩大资本额,使企业增加盈利能力,或改善国家

财政状况,所以获得收益是证券发行与购买的直接目的与动机。

证券收益按确定与否可分为:固定收益、半固定收益和变动收益三种。

3. 流动性

流动性也称变现性或兑换性。即证券持有者根据市场情况,自由地、及时地将证券转让给他人,收回本金。如果证券的持有者想要把持有的证券变成现金,通过证券交易市场的买卖,就可以实现,所以证券的流动性很强。

流动性与收益性成正比,流动性强,收益性也高,反之则低。所以,证券不怕买不到,就怕卖不出。证券流动性的强弱受如下因素影响:宏观经济状况的好坏;市场价格的波动程度,期限长短;债务人的经营业绩、信誉、知名度等。如宏观经济状况良好、市场价格波动幅度小、期限短、债务人的经营业绩好、信誉好、知名度大的证券流动性强,反之则弱。

4. 风险性

风险性是指证券持有者面临的预期收益不能实现,甚至使投资本金遭受损失的可能性。证券的预期收益值与实际变动值之间存在着差距,这种差距体现了证券的风险。预期收益值与实际变动值之间的差距越大,风险越大,反之则风险越小。对于某一个投资者来说,既可能由于证券行市的上涨而获益,也可能因证券行市的跌落而亏损;或因发行者经营不善而不能获得预期收益;也可能由于发行者破产而无法收回本金。所以,无风险的证券投资是不存在的。

5. 期限性

一般来说,有价证券上所附着的各种权利都具有一定的有效期限,因而有价证券也都有一定的有效期,比如对于债券违约来说,一旦债券到期发行主体必须履行还本付息的义务以了结债权债务的关系,否则便是违约,而股票由于长时间不可退换,其期限可以视为无限长,同样道理,永久债权的期限也可以看做是无限长。

第二节 证券投资

一、投资

(一)投资的概念

"投资"一词在现代社会经济生活中使用得相当广泛。如基本建设投资、房地产投资、智力投资、健康投资、感情投资等,对投资的一般理解是:把钱用在什么地方,以期获得什么。

在经济学上,投资与储蓄相对应,就宏观经济而论,一定时期的投资总额总是等于储蓄总额。而储蓄是延期的消费,就是说,为了将来更多的消费牺牲目前一定的消费。因此,有人把投资广泛地看作为了可能不确定的将来消费(价值)而牺牲现在一定的消费(价值)。在这个定义中,对投资提出了两个重要问题:一是现在支出一定数额的资金,目的是在将来获得比现在更多的货币;二是投资是一个过程,具有对未来的不确定性。

美国著名投资学家威廉·夏普(William F. Sharpe)在《投资学》中将投资定义为：投资就是为了获得可能的和不确定的未来值而做出的现值的牺牲。

投资的这一定义中强调了投资的时间要素和不确定性。就时间而言，任何投资活动都存在一段时间间隔，即现在投入，在将来某一时间获得收益。事实上，投资者进行投资的过程就是对不同资产的收益和风险之间进行选择的过程。

从投资者角度出发，有人把投资规定为：一个私人或投资机构投资者在买进金融资产或实际资产后的时期内，可以获得由该资产所产生的与所承担的风险成比例的收益。这里，提出了投资中收益与风险的关系问题。同时，也指出投资的对象有金融资产和实际资产之分。

有人从投资者或资本供应者的角度来看，认为：投资是投入现在的资金，以期在将来获得以利息、股息、租金或退休金为形式的收入，或者本金的增益。在这个定义中，把投资的报酬分为收入和本金的增值两项。按投资对象的不同性质，收入也具有各种各样的形式。

也有人从保值和产权角度给投资下定义：投资其主要的目的是为了保存财富或赢得收入而拥有任何资产或财产的权利。在这里，说明投资的目的除获得收入外，还有保存财富即保持财富的价值。此外，还指出投资并不一定拥有实际的资产或财产，也可以持有其权利。在证券交易中，拥有一种权利，就可以用其凭证投入市场进行买卖。

总之，从以上各定义中可以得出，投资是个人或机构对自己现在所持有的资金的一种运用，或是延期消费，或者暂时闲置，用来购买金融资产或实际资产，或取得这些资产的权利，为的是在一定时期内预期获得与风险成比例的适当收入和本金的升值(减值)或者只是为了保持现有财富的价值。我们可以把投资简单定义为：投资是指在一定时期内期望能在未来产生收益而将现有资金变为资产的过程。

(二) 投资的分类

投资按照不同的方式可以分为不同的种类。

1. 根据投资资金运动的方式，可以分为直接投资和间接投资

直接投资是指投资者将资金直接投入投资项目，形成实物资产或者购买现有企业的投资。直接投资的内容包括现金、厂房、机械设备、交通运输工具、通信、土地或土地使用权、并购企业等各种有形资产投资和商标、专利、专有技术、咨询服务等无形资产投资。通过直接投资，投资者可以拥有全部或者一定数量的企业资产及经营的所有权，能有效地控制投资资金的使用，并能对其全过程直接进行或参与管理。

间接投资是指投资者通过购买金融资产，以获取一定预期收益的经济行为。间接投资的内容包括政府债券、公司债券、金融债券、公司股票等金融资产投资。通过间接投资，投资者可以根据金融市场行情可以灵活地买卖金融工具，以规避风险、获取收益，但投资者难以直接有效地控制资金运用状况。

2. 根据投资对象的不同，可以分为实物投资与金融投资

实物投资是指投资者用于建造和购置固定资产，并获得未来收益的投资行为，因为实物投资是投资者直接运用资金购置固定资产，所以也称直接投资。

金融投资是指投资者以获得未来收益为目的，预先垫付一定的资金并获得金融资产

的投资行为。因投资者获得的金融资产主要为股票、债券等有价证券,所以也称证券投资。投资者购买证券所投入的资金往往要由发行者去具体运用,通过实物投资使其在经济中发挥作用,故又称为间接投资。

3. 根据投资时间长久的不同,可以分为短期投资和长期投资

投资周期在一年以内的为短期投资;一至五年的为中期投资;五年以上的为长期投资。短期投资比长期投资收益率低,但短期投资风险比长期投资风险要小。

除此之外,根据投资概念范畴不同,可以分为广义投资和狭义投资;根据投资的地域不同,可以分为国内投资和国际投资;根据投资主体的不同可分为个人投资和机构投资。

二、证券投资

(一)证券投资的含义

证券投资是指投资者通过购买、持有或转让有价证券,以期获得收益的行为。证券投资是金融投资的重要形式。

需要指出的是,证券投资和实物投资并不是互相排斥的,而是互补的。实物投资在其无法满足巨额资本的需求时,需要借助于证券投资。证券投资的资金来源主要是社会储蓄,这部分社会储蓄虽然没有直接投资于生产经营活动,而是通过证券市场间接投资于实物资产,但由于证券市场自身机制的作用,不但使资金在盈余部门和短缺部门之间重新配置,解决了资金不足的矛盾,而且还会促使社会资金流向经济效益好的部门和企业,提高资金利用效率和社会生产力水平。高度发达的证券投资使实物投资更为便捷,通过证券的发行筹集到实物投资所需的巨额资金。

(二)证券投资的特征

证券投资是投资者通过买卖金融资产取得相关权利,目的是在一定时期内获得预期收入,其具有以下几个基本特征:

1. 证券投资的收益性

证券投资的收入或报酬,包括利息、股息等当前收入和由证券价格涨跌所带来的资本收益或损失两部分。证券投资的最终目的就是为了获取收益。

2. 证券投资的风险性

由于收入是未来的价值,而未来是不可预知的,受政治、经济、社会、科技及心理诸多因素的影响,投资的收益很难事先确定,因而风险是投资过程中不可避免的,风险的大小与投资的时间长短有关,时间越长,不确定性越大;风险也和投资的预期报酬有关,预期收益越高,所含风险越大,风险与收益往往呈现相同的趋势,即高收益往往蕴含着高风险,而高风险又可能会给投资者带来高收益。

3. 证券投资的时间性

证券投资者进行证券投资的时间,是证券投资的重要组成部分。在证券投资中,时间长短与收益多少、风险大小高度相关。一般而言,投资时间越长,收益相对越高,风险也相对越大。

（三）投资与投机

1. 投机的含义

投机这个词,也被广泛地使用,但其内涵又十分含糊。《新帕尔格雷夫经济学辞典》的定义是:为了再出售(或再购买)而不是为了使用而暂时买进(或出售)商品,以期从价格变化中获利。按照这个定义,任何耐用品都可以是投机性购买的对象。但是如果运输成本很高,或者商品没有流动性,那么即便买入价和卖出价相差很大,对这种商品的投机也是缺乏吸引力的。这里的流动性是指存在一个完全或近于完全的市场,商品随时可以按确定的价格卖出,这一要求大大限制了可用来大规模投机的商品范围。有组织的期货市场上交易的商品和金融资产比较适合于投机。所以投机指在商业或金融交易中,甘冒特殊风险期望获取特种利润的行为。

证券投机指在证券交易市场上,利用证券价格在不同时间、不同空间的变动差异,在短期内买进或卖出证券,以获取利润的一种行为。典型的证券投机是买空卖空。

人们常常把证券投机与各种非法的不道德行为如欺诈、狡猾、赌博联系在一起。认为证券市场是投机者的乐园,是一个赌博与互相欺诈的场所。但是,只要有风险,就一定有投机。投机不仅是一种正当的交易行为,也是证券市场发展所不可缺少的,它具有如下积极作用:承担了一部分价格变动的风险;有助于增强市场的流动性;有利于平衡市场供求,稳定证券价格;有利于证券市场正常而延续地运行等。

但是,投机也有其不可避免的消极作用,其根源在于投机市场上买卖价格的高低。投机者价格预期一旦错误,其他投机者也会盲目跟从,会加剧价格波动。投机者的趋利性,会促使他们制造一些虚假信息,竞相哄抬价格,推波助澜,造成市场的不稳定。

2. 投资与投机的区别

总的来讲,两种行为,既有相同的方面,也有不同的方面。相同的是,都是现在投入资金谋取将来的盈利,同时承担本金损失的风险。所以在实践中,两者相互交叉,相互转化,很难区分。

理论上,两者具有不同的涵义,可以通过投资与投机的不同特性来进行区分。

（1）两者交易的动机不同

证券投资一般看重长期的正常的投资报酬。投资债券是为了获取债息,投资股票是为了获取红利、股息以及资本的增值。而证券投机一般着眼于证券市场价格的涨跌,追求证券买卖差价的资本利益,不太在乎利息、红利、股息的多少。

（2）两者承担风险的大小不同

投资所包含的风险有一定的限度,因而投资者所购买的证券一般只限于其预期收入比较确定,而本金相对安全。投机者所购买证券包含的风险可能较大,其预期收入不确定,本金有损失的危险。但是,风险大小的程度是相对的,从最可靠的政府国库券到质量最差的公司普通股票,划一条高风险和低风险的界限纯属主观判断,是很难确定的。

（3）两者持有证券时期长短不同

一般认为投机者热心于资金的快速周转,从频繁买进卖出中谋利;投资者一旦选择了某种证券后就将比较长时间地持有,不会轻易地出手和更换。例如,在很多情况下以换手率高低来衡量股票市场的投机强度。这一点具有一定的真实性,但是,它随各种投资者和投机者的自身条件、投资计划、投资目的等因素而有所不同,不能一概而论。也有许多公司和个人投资者购买短期证券以降低投资的风险,避免风险较大的投资;而若干投机者购买长期证券,企图在一段较长的时间内获得丰厚的收益。

(4) 两者对证券本身的分析不同

投资者对各种证券进行详细的分析和评价,作为他们选择何种证券的尺度。投机者则不对证券本身进行分析、评估,只注意市场的变动。换句话说,投资者所关心的是证券本身的价值如何;而投机者关心的是证券价格将如何变动。但是,即使作为投机者,虽然对价格变动非常关注,但也不是对证券质量不作一点分析,况且他们还要对市场的变动情况进行分析,找出其规律,以便指导自己的投机活动。

综合所述,可以看出,投资与投机是很难明确划分的。西方有一句谚语:一项良好的投资,即是一次成功的投机。这两者的区别,关键在于人们如何看待收益和风险的相互关系。总之,高风险则高收益,低风险则低收益。风险是收益的代价,它们之间相互对应。基于此,也可以这样说,投资是稳健的投机,投机是冒险的投资。

第三节 证券市场

一、证券市场的定义

证券市场是股票、债券、证券投资基金等有价证券发行和交易的场所。它是融通长期资金的市场,是各国资本市场的主体和基础。与商品交易市场和资金借贷市场相比,证券市场具有自己的特点。

二、证券市场参与者

证券市场的参与者由证券发行人、证券投资者、证券市场中介机构、证券行业自律性组织和证券监管机构几个部分组成。

(一) 证券发行人

证券发行人是指为筹措资金而发行股票和债券的政府机构、金融机构、公司和企业单位,是证券发行的主体。证券发行人委托证券承销商将证券推销给证券投资者,从而构成证券发行过程。所以,证券发行市场就是新发行的证券从发行者手中出售给投资者手中的市场,又称为初级市场和一级市场。证券发行市场不仅是发行的主体筹措资金的市场,也是资本形成的市场。

证券发行人可以分为债券发行人和股票发行人,主要包括:公司(企业)、政府和政府机构、金融机构。

1. 公司(企业)

在我国,除股份公司和有限责任公司外,还存在非公司形式的企业。在证券市场上,只有股份公司才能发行股票,而有限责任公司和企业只能发行公司(企业)债券。股份公司发行股票筹集的资金属于公司的自有资本；公司（企业）发行债券所筹集的资金属于借入资本，到期需要归还。

2. 政府和政府机构

政府作为证券发行人，只能发行各种债券，包括短期债券和长期债券。短期政府债券筹集的资金主要解决短期性、临时性资金不足的问题；长期政府债券所筹集的资金则主要用于大型基础性项目建设的支出或者是用于弥补年度性的财政赤字。

3. 金融机构

金融机构作为证券市场的发行主体，如果该金融机构是股份公司，其发行证券的品种可以是股票，也可以是债券。如果该金融机构采取非股份制的组织形式，其所发行的证券称为金融债券。

（二）证券投资者

证券投资者是证券发行市场的证券购买者和证券市场的资金供给者。证券投资者类型很多，投资的目的也各不相同。证券投资者主要包括机构投资者和个人投资者。

1. 机构投资者

机构投资者由于机构性质、资金来源、投资目的和投资方向的不同可分为以下几种类型：

（1）政府机构投资者

投资的主要目的不是为了取得利息、股息等投资利益，而是为了调剂资金余缺和对国家宏观经济进行调控。

（2）企业和事业单位投资者

企业用自己闲置的短期资金或积累资金进行股票投资，既可以赚取股票收益，也可以对其他企业控股或参股，实现企业规模的低成本扩张；如果企业进行债券投资，将债券作为企业资产的一部分，有利于企业保持资产的流动性，同时又有稳定的利息收益。事业单位按国家规定有权将可自行支配的各种预算外资金进行证券投资，使预算外资金达到保值增值的目的，同时也有利于国家的经济建设。

（3）金融机构投资者

金融机构是证券市场上重要的机构投资者。参与证券投资的金融机构主要有商业银行、证券经营机构、保险公司和各类投资公司等。

商业银行是以经营存贷款为主要业务的金融企业；证券经营机构是以自有资本和营运资金以及少量质押贷款资金参与证券投资，是证券市场上最主要的机构投资者；保险公司的证券投资主要是考虑投资本金的安全和获取一定的收益，而对流动性的要求不高，可以进行长期投资。

（4）各类基金投资者

基金主要有证券投资基金、社会保障基金和社会公益基金。

证券投资基金是一种利益共享、风险共担、专家理财的集合证券投资方式，即由基金单位集中投资者的资金，交托管人托管，由基金管理人管理和运用资金从事股票、债券等金融工具投资，并将投资收益按投资者投资比例进行分配的一种间接投资方式。证券投资基金主要从事各种股票和债券等有价证券的投资。

在我国,社会保障基金有两种形式:社会保障基金和社会保险基金。社会保障基金的资金来源是国有股减持划入的资金和股权资产、中央财政拨入资金、经国务院批准以其他方式筹集的资金及其投资收益等。社会保险基金是社会保险制度规定的用于支付劳动者或公民在患病、年老伤残、生育、死亡、失业等情况下所享受的各种保险待遇的基金,其资金来源一般由企业等用人单位和劳动者个人缴纳的社会保险费以及国家财政给予的补贴形成。

2. 个人投资者

个人投资者是指从事证券投资的社会大众。由于社会是一个广泛的群体,因此个人投资者是证券市场上数量最多的投资者。个人投资者的投资资金来源是个人闲置的货币。在证券市场出现之前,个人暂时闲置的货币一般是存入银行,通过银行这个金融中介,间接投资于社会经济活动过程,取得利息收入。证券市场出现后,个人的这部分闲置货币可在证券市场上购买各种有价证券,直接参与企业投资,同企业建立起直接的经济利益关系,若购买上市公司的股票,则成为公司的股东,对公司拥有经营管理权。个人投资者投资的主要目的是追求盈利,谋求投资资金的保值和增长。

(三)证券市场中介机构

证券市场中介机构是指为证券的发行与交易提供服务的各类机构。证券市场中介机构建立证券供应者和需求者之间的联系,从而起到证券投资者与筹资者之间的桥梁作用。证券市场中介机构不仅保证了证券的发行和交易活动的正常进行,还发挥了维持证券市场秩序的作用。

证券市场中介机构有证券经营机构和证券服务机构两类机构。

1. 证券公司

证券公司,又称证券商。它是指依照法律规定并经国务院证券监督管理机构批准从事证券经营业务的有限公司或股份公司。证券公司作为证券市场上的证券经营机构,它的主要业务有证券承销、经纪、自营、投资咨询以及购并、受托资产管理和基金管理等。

2. 证券登记结算机构

证券登记结算机构是为证券交易提供集中的登记、托管与结算服务的专门机构。根据《证券法》规定,证券登记结算机构是不以盈利为目的的法人。

3. 证券服务机构

是指依法设立的从事证券服务的法人机构,它是证券市场上的中介性组织。证券服务机构主要包括证券投资咨询公司、律师事务所、证券信用评级机构、资产评估机构、会计师事务所、律师事务所、证券信息公司等。

(四)自律性组织

自律性组织是指通过自愿组织的行会、协会等形式,制定共同遵守的行业规则和管理制度,自我约束会员行为的一种管理组织。我国证券市场自律性管理组织有证券业协会和证券交易所。

1. 证券业协会

证券业协会是证券业自律性组织,是社会团体法人。证券业协会的权力机构为全体会员组成的会员大会。根据《证券法》规定,证券公司应当加入证券业协会。

2. 证券交易所

我国《证券法》规定,证券交易所是为证券集中交易提供场所和设施,组织和监督证券交易,实行自律管理的法人。

(五)证券监管机构

证券监管机构是证券市场不可缺少的组成部分。它的主要职能是对证券发行、交易和证券经营机构实施全面监管,以保护投资者的利益。各国的证券监管机构主要有两种形式:独立机构和行政机构监管。在我国,证券监督管理机构是指中国证券监督管理委员会及其派出机构。

三、证券市场的功能

证券投资的产生和资本市场的建立较之一般的货币借贷关系和货币市场来说,无疑是市场经济发展的一大进步。这种利用证券工具来筹集可供长期使用的巨额资金,变间接融资为直接融资的投资形式,具有非常突出的功能:资本集聚功能、资本配置功能、传递经济信息功能。

1. 资本集聚功能

作为一个开放的资本市场,它可以利用股票、债券等有价证券来筹集巨额的资本,其资金来源无外乎来自本国的居民、企业和政府,当然也可以是来自国外经济主体。这种筹资方式为资本的积聚提供了广阔的市场。尤其在技术创新日新月异的时代,通过证券市场积聚资金,注入新兴高科技的风险行业,对于推动新兴产业的发展以及社会的进步具有极为重要的现实意义。

2. 资本配置功能

证券投资的吸引力在于能够获得比银行存款利息更高的投资回报,在同样安全的条件下,投资者都愿意购买回报高、变现快的证券,如政府债券,高效企业、朝阳行业发行的股票等。投资者的这种偏好引导了社会资金流向符合社会利益的方向。而在证券市场中表现良好的主要是那些朝阳行业和高效企业,投资者通过购买这类企业的股票,将大量的资金配置到高风险高回报的产业,从而实现有限资金的合理使用。因为这些产业是推动社会经济发展的主导,所以证券市场的资金配置明显要比银行的资金配置具有更高的社会效率。

3. 传递经济信息功能

证券投资活动可以有效地增加社会经济信息的供给渠道,加速经济信息的传递。证券投资的过程就是一个不断处理各类经济信息的过程,这一特性决定了证券投资活动所形成的经济信息系统非常完善,信息流量极为庞大,信息内容十分全面和深入。利用和处理好证券投资过程中集中传递的经济信息,有助于人们对企业、行业、市场以及整个国民经济的发展态势进行及时的评估和判断,进而为进行各种决策提供重要的依据。

本 章 小 结

证券是各类记载并代表一定权利的法律凭证的统称,用以证明持有者有权凭借其所持证券记载的内容而取得相应的权益。证券具有法律凭证和书面凭证两个基本特征。根据证券性质的不同,证券可以分为无价证券和有价证券。有价证券是指标有票面金额,用于证明持有人或该证券指定的特定主体对特定财产拥有所有权或债权的凭证。根据发行主体的不同,有价证券可分为政府证券、政府机构证券和公司证券;根据募集方式的不同,可分为公募证券和私募证券;根据是否在证券交易所挂牌交易,可分为上市证券与非上市证券;根据收益是否固定,可分为固定收益证券和变动收益证券。

证券投资是指投资者通过购买、持有或转让有价证券,以期获得收益的行为。投资的特征主要有投资的收益性、动态性和风险性。根据投资资金运动的方式,可以分为直接投资和间接投资;根据投资对象的不同,可以分为实物资产投资与金融资产投资;根据投资时间长久的不同,可以分为短期投资和长期投资。

证券市场是有价证券发行和流通的场所以及与此相适应的组织与管理方式的总称。证券市场不同于商品市场,具有独特的运行方式和特点。证券市场由发行人、投资者、证券投资工具、证券交易中介机构、监管机构和自律组织五个方面的要素组成。按证券的性质不同分类,证券市场分为股票市场、债券市场和基金市场;按照组织形式不同分类,证券市场分为场内市场和场外市场;按照证券的运行过程不同分类,证券市场分为证券发行市场和证券交易市场。证券投资的功能主要有资本集聚功能、资本配置功能、传递经济信息功能。在整个市场经济体系中发挥着重要的作用。

本章练习题

一、名词解释

证券 有价证券 上市证券 非上市证券 投资 投机 证券投资 直接投资 间接投资 金融投资 实物投资 证券市场 证券发行人

二、单项选择题

1. 关于资本证券下列说法错误的是(   )。

A. 持有人有一定的收入请求权

B. 有价证券即指资本证券

C. 狭义的有价证券是资本证券的主要形式

D. 资本证券是指由金融投资或与金融投资有直接联系的活动而产生的证券

2. 证券市场的基本功能不包括(   )。

A. 筹资功能

B. 定价功能

C. 资本配置功能

D. 配合国企转制功能

3. 按（　　）分类，有价证券可以分为上市证券和非上市证券。
A. 筹集方式
B. 证券发行主体的不同
C. 证券所代表的权利性质
D. 是否在证券交易所挂牌交易

4. 下列不是证券市场显著特征的是（　　）。
A. 证券市场是财产权利直接交换的场所
B. 证券市场是价值直接交换的场所
C. 证券市场是价值实现增值的场所
D. 证券市场是风险直接交换的场所

三、多项选择题

1. 下列关于有价证券的表述中，错误的有（　　）。
A. 有价证券一般标有票面金额
B. 有价证券是虚拟资本的一种形式
C. 有价证券的价格应当等于所代表的真实资本的账面价格
D. 有价证券的价格应当等于所代表的真实资本的重置价格

2. 在证券市场中，发行市场与交易市场的关系是（　　）。
A. 交易市场是发行市场的前提
B. 发行市场是交易市场的前提
C. 交易市场是发行市场的基础
D. 发行市场是交易市场的基础

四、思考题

1. 简述证券的特征及分类。
2. 简述有价证券的特征及分类。
3. 投资的分类有哪些？
4. 投资和投机的区别有哪些？
5. 证券市场的参与者有哪些？
6. 证券市场的功能是什么？

第二章　股　票

【学习目标】
- 理解股票的概念，了解其性质与特点；
- 掌握股票的种类；
- 了解我国股票的种类。

第一节　股票的概念与特点

一、股票的概念

股票是股份公司发给股东证明其进行投资并拥有股份资本所有权，并据以取得股息和红利的有价证券。股票持有者即为发行该股票的股份有限公司的股东，有权分享公司的利益，同时也要分担公司的责任和风险。

股票的基本要素包括：面值，面值是股权股份公司在发行股票的面额上所标明的金额，也就是人们常说的票面金额；股权，股权是持有者所具有的与其拥有的股票比例相应的权益及承担一定责任的权利；股息，它是股份公司按股票的份额的一定的比例支付给股票的持有者的收入；分红，分红是股份公司在盈利中每年按股票份额一定比例支付给股票持有者的红利；市值，市值就是股票的市场价值或市场价格，它包括股票的发行价格和交易的买卖价格。

股票可以作为买卖或抵押的对象，成为金融市场上主要的、长期的信用工具。但股票本身并没有价值。它的资本价值具有虚幻的性质，因而是一种虚拟资本。股票虽然不是实际的资本，却代表着股份公司现实资本的相应部分，因而股票发行额的增长，也反映了股份公司现实资本的增加。

股票的性质可以概括为以下几个方面：

1. 股票是一种有价证券

虽然股票本身没有价值，但其包含着股东要求股份公司按规定分配股息和红利的请求权，同时代表着拥有股份公司一定价值量的财产；股票与其代表的股东权利二者合为一体，不可分离。

2. 股票是一种要式证券

股票应记载一定事项，其内容应全面真实，这些事项往往通过法律形式加以规定。在我国，股票应具备我国《公司法》规定的有关内容，如果缺少规定的要件，股票就无法律效力。

3. 股票是一种证权证券

证权证券是指证券是已经存在的权利的一种物化的外在形式,它是权利的载体。对股票来说,它代表的是股东权利,其发行以股份的存在为条件。股票是把已存在的股东权利表现为证券的形式,它不是创造股东的权利,而是证明股东的权利。

4. 股票是一种资本证券

股份公司发行股票是一种吸引认购者投资以筹措公司自有资本的手段,对于认购股票的人来说,购买股票就是一种投资行为。因此,股票是投入股份公司的资本份额的证券化,属于资本证券。

5. 股票是一种综合权利证券

股票不属于物权证券,也不属于债权证券。股票持有者作为股份公司的股东,享有独立的股东权利,而股东权利是一种综合权利,包括资产交易权、选举管理权、股票表决权、分红配股权等。股东虽然是公司财产的所有人,享有种种权利,但股东对公司的财产没有直接支配处理权,而拥有对公司财产的直接支配权是物权证券的特征,所以股票不是物权证券。另外,当认购者购买了公司股票,即成为公司部分财产的所有人,而该所有人在性质上属于公司内部的构成分子,与跟公司对立的债权人完全不同,所以股票也不是债权证券。

二、股票的票面内容

股票的票面内容包括正、反两面所载明的内容。

1. 正面内容有:(1) 公司的名称,所在地址;(2) 批准发行股票的机构及批准日期;(3) 股票的种类、股数及每股金额、发行日期;(4) 股票的编号;(5) 公司印章及董事长签名盖章;(6) 股票章程有关条款;(7) 防假暗记。

2. 背面的内容有:(1) 股票持有人的姓名及证明身份的证件号码;(2) 记载股票转让、过户的登记栏;(3) 其他需要说明的事项。

三、股票的特点

股票作为有价证券,具有以下几个特点:

1. 收益性

股票的收益性指的是持有者凭其持有的股票,有权按公司章程从公司领取股息和红利,获取投资的收益性能。认购股票就有权享有公司的收益,这既是股票认购者向公司投资的目的,也是公司发行股票的必备条件。

股票收益的大小取决于公司的经营状况和盈利水平。在一般情况下,从股票获得的收益要高于银行储蓄的利息收入,也要高于债券的利息收入。股票的收益性还表现在持有者利用股票可以获得的利息收入和实现货币保值。也就是说,股票持有者可以通过低进高出赚取价差利润;或者在货币贬值时,股票会因公司资产的增值而升值,或者低于市价或无偿获取公司配发的新股而使股票持有者得到利润。

2. 风险性

持有者认购了股份有限公司的股票就必须承担一定的风险。股票的盈利不是事前已确定的固定数值,它要随公司经营状况和盈利水平浮动,同时还要受股票市场行情的影响,有利则分,利多多分,利少少分,无利不分。如果遇到公司破产,可能连本金都保不住。这说明,股票的风险性同盈利性成反比关系。

3. 流通性

股票持有者不能退股,但股票可以在股市上作为买卖对象或抵押品随时转让。股票的转让者将其出资额以股价的形式收回,同时将股票所代表的股东身份及其各种权益让渡给受让者。

4. 决策性

持有了股票,就成为股份有限公司的股东,有权出席股东大会,参与公司的经营决策,其决策权的大小取决于其所持有的股份的多少。

5. 永久性

永久性是指股票所载有权利的有效性始终不变,因为它是一种无期限的法律凭证。股票的有效期与股份公司的存续期间相联系,二者是并存的关系。股票代表股东的永久性投资,当然股票持有者可以出售股票而转让其股东身份,而对于股份公司来说,由于股东不能要求退股,所以通过发行股票募集到的资金,在公司存续期间是一笔稳定的自有资本。

6. 价格的波动性

股票除了具有票面价格外,还同其他商品一样,有市场价格即交易价格,股票的交易价格与其票面价格是不一致的,有时高于面值,有时低于面值,并且还处在经常变动之中。影响股票交易价格的因素很多,这些因素不断变化,导致股票交易价格的大起大落。

7. 投机性

股票交易价格与股票面值的不一致,再加之频繁波动,这给股票的投机带来了可能性,投机者通过股票的转手交易,在其转移过程中获得股票价格的差价收益。

四、股票与相关概念的区别

(一) 股票与股份

这两个概念既有联系,又有区别。一般来说,股份是股票的实质内容,股票是股份的书面证明形式。

股份是股份公司资本的最小单位,每一股份都代表一定的资本额,每股资本额都相等,每股金额乘以股份总数就等于股份公司的资本总额。同时,对于持股者即股东来说,股份意味着他向股份公司出资的份额,在公司内所有股东的地位完全平等,即所谓股东平等原则。

股票是在股份的前提下产生的。股票是根据股份所代表的资本额,将股东的出资份额和股东权,用可以转让的书面凭证来表现。一定量的股票代表着一定份额的股份。由此可见,股份与股票是内容和形式的关系。

（二）股票与债券

二者相同之处：两者都是有价证券，都属于资本证券。两者都是投资手段，都是主要的融资工具，体现着资本信用关系。对投资者来说，都可以取得收益；对筹资者来说，都可以使公司筹集到所需资金。两者都是流通证券，可以在证券市场上进行转让和买卖，并且，它们的市场价格都在不同程度上受银行利率的影响。

二者之间存在着重要的区别：

1. 收益不同

股票持有者依法获取的收益是股息和红利，股息和红利完全依赖于股份公司的经营状况，数额事先难以确定，盈利多就多得，盈利少就少得，无盈利则不得。债券持有者依法获取的收益是债券利息，并且数额事先确定，一般不受公司经营状况影响。

2. 风险责任不同

股票投资是一种长期投资，股东不能退股，也不能获取事先确定的股息和红利，还要承担公司的经营风险，所以其投资风险很大。而债券到期可收回本金，并不承担公司的经营风险，所以，它是一种风险程度较低的投资。

3. 经济利益关系不同

债券所表示的只是对公司的一种债权，而股票所表示的则是对公司的所有权。权属关系不同，就决定了债券持有者无权过问公司的经营管理，而股票持有者则有权直接或间接地参与公司经营管理。

（三）股票与认股权证

二者的联系是：认股权证是由股票的发行所派生的一个股市投资品种，同股票一样，它本身具有一定的价值和价格，可以单独成为有价证券品种上市，转让交易。

二者的区别是：一是各自所包含的权利不同。股票是确认股东地位和股东的凭证，持有者可享有股东的各项权益。认股权证则是股份公司增发股票时可凭此认购股票的证书，它表示持有者可以在规定时间内按一定价格购买一定数量的发行公司新发行股票或配股的权利。认股权证不是股权凭证，持有者不能参加公司利润分配，也无出席股东会进行投票表决的权利。二是两者期限不同。股票在股份有限公司存续期间长期存在，不存在有效期限；而认股权证一般是有期限的，通常为1～2年，但也有少数股份有限公司发行的认股权证是永久性的。

第二节　股票的种类

在证券市场上，股票的种类很多，从不同的角度，可作如下划分：

一、普通股票和优先股票

（一）普通股票

按股东承担的风险和享有权益为标准，可分为普通股、优先股。

1. 普通股票的含义和特点

普通股是股份公司最先发行的最基本的、最重要的股票形式。它是一种代表股东对发行股票公司的股份享有所有权的证书。普通股具有以下特点：

(1) 它是股份公司发行量最大的股票种类；

(2) 它的持有者可有平等的不加以特别限制的权利；

(3) 它是风险最大的股票种类,其风险表现在一是收益的不确定性,二是交易价格的波动性。

2. 普通股东享有的权利

(1) 投票表决权

持有普通股的股东就是发行该股票公司的所有者之一,对于公司的重大决策、经营管理,按规定每持一股就有一票投票权。这种权利包括在股东大会上选举董事、发表意见、投票表决等,还有权对董事提出诉讼。如果股东不能参加股东大会,可以委托代理人行使其投票权。通过投票表决,股东间接参与公司的经营管理,所以这种权利可以叫做参与经营权。

(2) 收益分配权

普通股在公司盈利分配上位于优先股之后,普通股的股利完全取决于公司盈利情况及其分配政策。一般来说,公司盈利多,股利就高,反之则少,若公司亏损则可能分文没有。这种股利收益的不固定,正是普通股的重要特点。所以在证券投资中,投资普通股的风险最大。但若公司获高额利润,普通股股东可获得高额股利,有权享受利润增长所带来的利益,而一般优先股就无此项权利。

(3) 资产分配权

当公司解散或清算时,普通股股东对资产净额享有参与分配的权利,但其资产分配权后于公司债权人、债券持有人和优先股股东。如果资产所剩无几,可能就分不到剩余资产。在一般情况下,普通股股东对该权利不大感兴趣,因为投资者购买普通股的目的是公司的获利能力,而不是公司的剩余资产的清偿。

(4) 优先认股权

当公司为了增资而发行新的普通股股票时,原有股东有权按其原来的持股比例认购新股,以维持对公司权益的原有比例。例如某一股东原来持有公司普通股股票总额的1‰,在公司发行新股票时,这个股东就有权按原来比例再认购新发行股票总额的1‰。新股加旧股,该股东仍保证了公司股份1‰的权利和收益。

股东拥有新股优先认购权后,其处理权利的方式有三种：其一是行使优先权,购买新股票；其二是转让优先认股权；其三是放弃这一权利,任其过期失效。

3. 普通股票的种类

根据发行公司的地位和业绩、风险和收益上的不同,普通股可具体分为以下几种：

(1) 蓝筹股票

蓝筹股票也称热门股票。发行这种股票的公司一般都是经营状况良好,具有强大的金融实力,每年派发的股息红利稳定、优厚,普遍受投资者欢迎；另外,这些大公司在所属的行业占有重要的甚至是支配性的地位,起着举足轻重的作用。特点是该股票风险适中,能提供合理的股息收益,市场价格比较稳定,波动不大,有上升趋势。如美国的通用汽车的股票。

（2）成长股票

成长股票是指那些销售额和收益额的增长幅度高于其所在行业的增长水平的公司所发行的股票。这些公司需要大量资金来扩大再生产，往往将公司盈余大部分留作发展资金。特点是股息较低，甚至没有股息而以红股代替，但股价正稳步上升，使股东获得好处。

（3）收入股票

发行这种股票的公司多从事稳定的行业生意，这些行业通常不受时势影响，但同时其扩张机会也不大，只平稳地经营业务，故它的股价涨落不大。特点是股利和红利较高，未来价格增长可能性较小。认购者多为老年人、退休者以及一些像共同基金、养老基金等法人团体。

（4）周期股票

周期股票是指那些随着商业周期波动的公司所发行的股票。特点是，在经济繁荣时，利润增加，股价上升；在经济萧条时，利润减少，股价下跌。投资这类股票，要对经济景气相当敏感，而且在经济滑坡前，应迅速将资金转移到别处去，如建材、房地产公司。

（5）防守性股票

防守性股票与周期股相对应，在商业条件恶化时，收益高于其他股票的平均收益的股票。特点是在经济衰退时仍可维持相对稳定的股价。如水电煤气等公用事业行业的公司发行的股票。

（6）投机股票

投机股票指那些价格变化快、幅度大，公司前景不确定的股票。买卖这种股票的投机性较大，能够吸引一些专门从事证券投机的人投入。

（二）优先股票

1. 优先股的含义

优先股是指股东在公司利润、公司清理剩余资产时，享有优先分配权的股份。优先股是相对普通股而言的。优先股股票一般要在票面上注明"优先"或"优先股"字样，而其优先条件要由公司章程加以规定，通常包括下列内容：(1)优先股分配股息的顺序和定额；(2)优先股分配股份有限公司剩余资产的顺序和定额；(3)优先股股东行使表决权的顺序和限制；(4)优先股股东的权利和义务；(5)转移股份的条件等。

2. 优先股票的优先权

优先股股东的优先权主要表现在：

（1）优先领取股息

公司在分配利润时，优先股股东的股息得到满足之后，才能分配给普通股股东。

（2）优先分配剩余资产

优先分配剩余资产即当公司破产时，优先股有先于普通股参加公司剩余财产的分配权，但其分配顺序要排在债务人之后。

与普通股票相比，也有不利之处：

① 股息固定。优先股的股息是事先确定的,一般按面值的一定比例计算,不能随公司盈利的多少而增减。

② 表决权受到限制。优先股股东一般没有表决权,只有在直接关系到优先股股东利益时,才能行使表决权。

③ 具有可赎回性。近年来,许多公司发行的优先股均订有偿还条款,发行优先股的公司一般在发行一年后可以用高于面值赎回或购回已发行的优先股。

④ 股份公司发行新股票时,优先股没有普通股那样的优先认购权。

鉴于优先股股息固定,而且股东又没有表决权,所以人们常常将优先股称为介于债券和股票之间的混合证券。

3. 优先股的种类

优先股的种类很多,具体可分为以下几种:

(1) 累积优先股和非累积优先股

累积优先股指在公司某一时期内的盈利不足以分配给股东固定的股息,那么股东有权在公司盈利丰厚时,要求公司把所欠股息累积起来予以补发的优先股票。而非累积性优先股是指按当年盈利分派股息,而不予累积补付的优先股票。

(2) 参加分配优先股和不参加分配优先股

参加分配优先股是指不仅按规定分得当年的定额股息,还有权与普通股股东一同参加利润分配的优先股股票。但是根据优先股股东与普通股股东参与利润分配的方式不同,又可分为全参加分配的优先股和部分参加分配的优先股。前者指在优先取得股息后,有权按等额分配原则与普通股股东分享本期利润;后者指优先取得股息后,有权按一定额度与普通股股东共同分享本期利润。不参加分配的优先股指的是只按规定股息率取得股息,不得参加公司利润分配的一种优先股股票。

(3) 可转换优先股和不可转换优先股

可转换优先股股票指的是股票持有人可以在特定条件下把优先股转换成普通股或公司债券的优先股股票;不可转换优先股指的是不能转换成普通股股票或公司债券的优先股股票。要转换优先股只是一种权利,至于优先股是否真的转换,最后由投资者决定。

(4) 可赎回优先股和不可赎回优先股

可赎回优先股指公司可按一定价格收回的优先股票。即在发行时规定,公司将来不需用此项资金时,可以按照规定的条件将股份收回注销。赎回价格一般略高于股票的面值,以补偿股东因股票被赎回可能遭受的损失。反之,根据规定不能赎回的优先股股票就是不可赎回的优先股票。

(5) 股息率可调整优先股票和股息率固定优先股票

股息率可调整优先股票和股息率固定优先股票分类的依据是股息率是否允许变动。股息率可调整优先股是指股票发行后,股息率可以根据情况按规定进行调整的优先股。这种股票与一般优先股票股息率事先固定的特点不同,它的特性在于股息率是可变动的。但是,股息率的变化一般又与公司经营状况无关,而主要是随市场上其他证券价格或者银行存款利率的变化作为调整。股息率可调整优先股票的产生，主要是为了适应国际金融市场不稳定、各种有价证券价格和银行存款利率经常波动以及通货膨胀的情况。发行这种股票，可以保护股票持有者的利益，同时对股份公司来说，有利于加大股票发行量。

股息率固定优先股票是指发行后股息率不再变动的优先股票。大多数优先股票的股息率是固定的，一般意义上的优先股票就是指股息率固定优先股。

二、记名股票与不记名股票

这是根据股票是否登记股东姓名、住址来划分的。

（一）记名股票

即在股东名册和股票票面上都注有股东姓名和地址的股票。记名股票若转让需要将受让人姓名及地址记载于股票票面和公司股东名册上，否则转让无效。只记载于股票票面而未记入公司股东名册上亦无效。就是说，记名股票不能私自转让，必须通过公司，必须办理过户手续。

（二）不记名股票

是指不记载股东姓名和地址的股票。

凡是持有公司股票的人即为公司股东。这种股票由三个组成部分：存根、主体、息票。转让时不需办理过户手续，谁持有它即取得股东资格。

三、有面额股票和无面额股票

这是根据股票是否载有票面金额来划分的。

（一）有面额股票

也称有面值股票，指的是股票上记载一定金额的股票。其票面金额的计算方法是资本总额除以股份数，股息则用票面额的百分比表示。

（二）无面额股票

也称无面值股票，指股票票面上不载明金额，只标明每股占公司资本总额的比例，所以也叫比例股。其价值随公司的财产增减而变化，股东享有的利益和责任依照股份代表的比例确定。发行此种股票，公司不便掌握，可能影响公司资本的确定性，并容易产生欺诈行为。

四、有表决权股票和无表决权股票

这是根据股票上标明股东有无公司经营决策权而划分的。

（一）有表决权股票

有表决权股票是股东对发行公司的经营管理享有表决权的股票，它通常是普通表决权股票，又可分为：

1. 普通表决权股股票，也称单权股票，即一股一票表决权的股票，此类股票发行量最大，适用范围最广；

2. 限制表决权股票,即表决权受到法律和公司章程限制的股票,发行此类股票的目的是为了防止少数股票大户利用表决权控制公司,以保护众多小股东的利益;

3. 多数表决权股票,也称多权股票,即一股股票享有多票表决权的股票,这种股票是对特定的股东,如公司董事会成员或监事会成员发行的,目的是保证某些股东对公司的控制权,限制公司外部股东对公司的控制。

(二) 无表决权股票

无表决权股票是股东完全没有表决权的股票。它往往是优先股。通常有两种:

1. 章定无表决权股,即在公司章程中,对某种股份,完全剥夺其表决权的股票;

2. 法定无表决权股票,即由法律规定,在某些情况下(如公司自己持有的股票)无表决权的股票。

第三节 我国股票种类

一、按投资主体的性质划分

我国的股票按投资主体的不同性质来划分,可以分为国家股、法人股、社会公众股和外资股等。

(一) 国家股

国家股一般是指国家投资或国有资产经过评估并经国有资产管理部门确认的国有资产折成的股份。国家股的股权所有者是国家,国家股的股权,由国有资产管理机构或其授权单位、主管部门行使国有资产的所有权职能。

我国国家股的构成,从资金来源看,主要包括三部分:

(1) 国有企业由国家计划投资所形成的固定资产,国拨流动资金和各种专用拨款;

(2) 各级政府的财政部门、经济主管部门对企业的投资所形成的股份;

(3) 原有行政性公司的资金所形成的企业固定资产。

国家有3种持股策略方式,即控制企业100%的股份,控制企业50%以上的股份,控制企业50%以下的股份。国家控股程度,通常因企业与国计民生的关切程度不同而异。

国家股股权的转让,应该按照国家的有关规定进行。

(二) 法人股

法人股又称企业股,是企业法人以其依法可支配的资产向股份公司投资形成的股份或具有法人资格的事业单位和社会团体以国家允许经营的资产向股份公司投资形成的股份。我国目前的法人股份有两种:发起人股和社会法人股。发起人股是指股份公司的法人发起人要认购公司第一次发行股份的一部分,成为公司的原始成员。社会法人股就是由社会法人所认购的公司公开发行的法人股。社会法人股由公司自由认购具有普通股的权益。按照我国《公司法》规定,目前法人股不能上市自由流通。

(三) 社会公众(个人)股

个人股即为个人(自然人)持有股,是指中国公民投资后所持有的股份。

社会公众股指我国境内个人和机构,以其合法财产向公司可上市流通股权部分投资所形成的股份。

根据《深圳证券交易所股票上市规则》第18.1条的规定,社会公众股是指除了以下股东之外的上市公司其他股东:

(1) 持有上市公司10%以上股份的股东及其一致行动人;

(2) 上市公司的董事、监事、高级管理人员及其关联人。

(四) 外资股

指为外国投资者和我国香港、澳门、台湾地区的投资者以购买人民币特种股票等形式向公司投资所形成的股份,有B股、H股等形式。

1. B股

B股又称人民币特种股票,是以人民币标明股票面值,仅供境外投资者以外汇买卖的特种股票。B股实质上是一种普通股票,但我国1991年发行B股时做了一些特殊规定:B股只能由境外法人和自然人购买、交易;同时,买卖B股的资金必须是外汇,由境外投资者或法律认可的国内代理人委托境内外指定证券商进行操作。从1993年开始,我国实施了开放B股市场的措施,在某些方面突破了原有的限制规定。B股发行为我国开辟了一条吸引外资的新渠道,促进国内证券市场的进一步完善。

2. H股

H股是指中国大陆企业在香港上市流通的、专供境外投资者买卖交易的股票。H股的特点是:

(1) H股的发行与上市在香港以审查一体化的方式进行;

(2) 其上市的财务报告除按国内会计准则编制外,还必须按国际会计准则进行编制;

(3) H股上市公司章程中规定,当公司的H股股东和国内的A股股东的利益发生冲突时,将为H股股东设置一种类似于投票权或解决争议的机制;

(4) 有关H股股金运用的监管和上市公司信息披露的渠道和内容,都要按照严格的法律规定进行。

3. N股

是指中国大陆企业在纽约上市和流通的股票。

4. S股

是指中国大陆企业在新加坡上市和流通的股票。

红筹股这一概念诞生于20世纪90年代初期的香港股票市场。中华人民共和国在国际上有时被称为"红色中国",相应地,香港和国际投资者把在境外注册、在香港上市但主要业务在中国内地或大部分股东权益来自中国内地的股票称为红筹股。红筹股已经成为内资企业进入国际资本市场筹资的一条重要渠道,但红筹股不属于外资股。红筹股与H股的区别在于注册地的不同。

二、按流通受限与否划分

在完成股权分置改革后,理论上中国股市实现了股权的全流通,但根据有关规定,仍有股份流通受限情况。按股份流通受限与否可分为以下种类。

（一）有限售条件股份

有限售条件股份，是指依照法律、法规规定或按承诺具有转让限制的股份，包括因股权分置改革而暂时锁定的股份，内部职工股，董事、监事、高级管理人员持有的股份等。具体来讲，受限股主要有三大类：

1. 第一类是股权分置改革所产生的受限股。根据中国证监会2005年9月4日颁布的《上市公司股权分置改革管理办法》，首次公开发行前股东持有股份超过5%的股份在股改结束12个月后解禁流通量为5%，24个月内流通量不超过10%，在其之后成为全部可上市流通股。该类股份被市场称为"大非"。股东持股数低于5%的称为"小非"，"小非"在股改完成后12个月即可上市流通。

2. 第二类受限股是"新老划断"后的公司首次公开发行股票所产生的受限股。"新老划断"是指对股改后首次公开发行股票的公司不再区分流通股和非流通股。此类受限股有两种：

（1）首次公开发行前公司持有的股份自发行人股票上市之日起36个月的锁定期内不得流通。

（2）战略投资者配售的股份自本次公开发行的股票上市之日起12个月内不得流通。2013年11月30日，中国证监会发布的《中国证监会关于进一步推进新股发行体制改革的意见》进一步规定，发行人控股股东、持有发行人股份的董事和高级管理人员应在公开募集及上市文件中公开承诺：所持股票在锁定期满后两年内减持的，其减持价格不低于发行价；公司上市后6个月内如公司股票连续20个交易日的收盘价均低于发行价，或者上市后6个月期末收盘价低于发行价，持有公司股票的锁定期限自动延长至少6个月。

3. 第三类受限股是上市公司非公开发行产生的受限股。根据中国证监会2006年5月6日公布的《上市公司证券发行管理办法》规定，针对非公开发行受限股，本次发行的股份自发行结束之日起，12个月内不得转让；控股股东、实际控制人及其控制的企业认购的股份，36个月内不得转让。

（二）无限售条件股份

无限售条件股份，是指流通转让不受限制的股份。具体包括：

（1）人民币普通股，即A股，含公开发行时向公司职工配售的公司职工股；

（2）境内上市外资股，即B股；

（3）境外上市外资股，即在境外证券市场上市的普通股，如H股；

（4）其他。

本 章 小 结

股票是证券投资的主要工具之一，股票是股份公司发给股东证明其进行投资并拥有股份资本所有权，并据以取得股息和红利的有价证券。股票的基本要素包括：面值、股权、股息、分红和市值。股票是有价证券的主要投资形式，除了具有证券共有的特征外，股票还具有自己的特征：风险性、收益性、流通性、决策性、永久性、价格的波动性、投机性。因此股票具有不可返还性、高风险性、潜在的高收益性和可流通性等特征。

从不同的角度看，股票可以分为不同的种类，按股东的权益划分，可以分为普通股和优先股，按股票是否登记股东姓名、住址划分为记名股票和不记名股票；按股票是否载有票面金额划分为有面额股票和无面额股票；按股票上标明股东有无公司经营决策权而划分为有表决权股票和无表决权股票。

本章还介绍了我国股票的种类。我国的股票按投资主体的不同性质可以分为国家股、法人股、社会公众股和外资股等。按流通受限与否划分，可分为有限售条件股份和无限售条件股份。

本章练习题

一、名词解释

股票　普通股　优先股　国有股　法人股　社会公众股　外资股　A股　B股　红筹股　有限售条件股份

二、单项选择题

1. 股票是一种资本证券，它属于（　　）。

   A. 实物资本　　　　　　　　B. 真实资本

   C. 虚拟资本　　　　　　　　D. 风险资本

2. 优先股票的"优先"主要体现在（　　）。

   A. 对企业经营参与权的优先

   B. 认购新股发行的优先

   C. 公司盈利很多时，其股息高于普通股股利

   D. 股息分配和剩余资产清偿的优先

3. （　　）是上市公司最常见、最主要的资本公积金来源。

   A. 资产增值　　　　　　　　B. 接受的赠与

   C. 股票发行溢价　　　　　　D. 因合并而接受其他公司资产净额

4. 在没有优先股票的条件下，以公司净资产除以发行在外的普通股票的股数求得的是（　　）。

   A. 每股清算价值　　　　　　B. 每股内在价值

   C. 每股票面价值　　　　　　D. 每股账面价值

5. 我国的股权分置是指（　　）市场上的上市公司股份按能否在证券交易所上市交易，被区分为流通股和非流通股。

   A. A股　　　　B. B股　　　　C. 红筹股　　　　D. 法人股

三、多项选择题

1. 记名股票的特点包括（　　）。

   A. 股东权利归属于记名股东　　B. 可以一次或分次缴纳出资

   C. 转让相对复杂或受限制　　　D. 便于挂失，相对安全

2. 在一定条件下,以能否由原发行的股份公司出价赎回为依据,优先股可分为(   )。
A. 不可赎回优先股　　　　　　　　B. 可转换优先股
C. 可赎回优先股　　　　　　　　　D. 不可转换优先股
3. 股东权是一种综合权利,股东依法享有的权利包括(   )。
A. 资产收益　　　　　　　　　　　B. 对公司财产的直接支配处理
C. 重大决策　　　　　　　　　　　D. 选择管理者等
4. 优先股票不同于普通股票,它有(   )的特征。
A. 股息率固定　　　　　　　　　　B. 股息分派优先
C. 剩余资产分配优先　　　　　　　D. 一般无表决权
5. 境外上市外资股是指股份公司向境外投资者募集并在境外上市的股份。下面(   )是属于境外上市外资股。
A. A股　　　　　B. N股　　　　　C. H股　　　　　D. B股

四、思考题

1. 股票特征有哪些?
2. 股票有哪几种主要类型?
3. 普通股票的权益有哪些?它和优先股票的区别是什么?
4. 优先股一般具有哪些优先权利?公司为什么发行优先股?
5. 我国的股票按投资主体的不同性质,可分为哪些种类?

第三章　债　券

【学习目标】
- 掌握债券的概念与特点、种类；
- 掌握政府债券的概念，国债的种类；
- 掌握金融债券的种类，公司债券的种类，企业债券的种类；
- 理解债券信用评级。

第一节　债券的概念与特点

一、债券的概念

债券是一种有价证券，是由政府、公司（企业）金融机构为筹集资金而出具的承诺按一定利率定期支付利息，并到期偿还本金的债权债务凭证。在这种关系中，发行者负有义务，称为债务；投资者享有权利，称为债权。债权人要求债务人按期支付利息和偿还本金，其权利的实现，就是债务人应履行的义务。

债券作为债权债务凭证，包括以下几个基本要素：

1. 债券的面值

债券的面值包括两个基本要素：一是面值的币种，二是面值的大小。面值币种，即以何种货币作为债券价值的计量单位。币种的选择取决于发行者的需要、发行债券的地点以及债券的种类。如向国内发行，则选择国内货币；如向国外发行，则选择债券发行地国家的货币或国际通用的货币。发行者还可根据自己的需要和货币市场的情况，选择最合适的货币。债券面值的大小，相差悬殊，小到几十元，大到百万元。面值金额的不同，对于债券的发行成本、发行数额和持有者的分布，具有不同的影响。面值金额小，有利于小额投资者购买，从而有利于债券发行，但可能增加发行费用，加大发行工作量；面值金额大，则会降低发行费用，减轻工作量，但可能减少发行量。

2. 债券的价格

债券的面值是债券价格形成的主要依据。一般地说，债券的发行价格与债券的面值是一致的，即平价发行。但事实上并非如此，由于发行者的各种考虑或因债券市场供求关系的变化，也可能折价发行或溢价发行。折价发行或溢价发行，都是债券价格对债券面值一定程度的背离。债券一旦进入交易市场，其交易价格与其面值常常是不一致的。

3. 债券的利率

即债券持有者每年获取的利息与债券面值的比率。债券的利率分固定利率和浮动利率。固定利率是一定的,直到还本期满,一成不变;浮动利率则是变化的,在还本期限内,可以定期进行调整。债券利率的高低,主要受银行利率、利率计算方式和资本市场供求关系等因素的影响。

4. 债券的还本期限

即从债券的发行之日起到本息还清之日止的时间。偿还期限的确定,主要受发行者未来一定期限内可调配的资金规模、证券市场的发达程度、投资者的投资意向、心理状态和行为偏好等因素的影响。债券的偿还期限,一般分为短期、中期和长期。

5. 发行主体

发行单位的名称要清楚,必须用全称,不宜用简称。公司(企业)发行的债券应标明单位地址,发行单位的印章和法定代表人的签章。

除上述要素之外,还应有发行时间、债券类别、批准单位及批准文号、顺序编号、需特别说明的事项等。

二、债券的特点

债券一般具有如下特点:

1. 安全性

安全性是指债券持有人到期能够无条件收回本金的可能性。它与其他有价证券相比,投资风险较小。这是因为:债券的利率是固定的,不受市场利率变动的影响;债券本身偿还有法律保障,有相应的单位作担保;债券的发行要具备一定的条件,要经过严格的审查,发行量受到控制。

2. 收益性

债券的利益表现在两个方面:一是可获得高于银行存款利率的利息收入;二是在证券市场上,通过低价买进、高价卖出获得价差收益。

3. 偿还性

债券在发行时,必须明确规定债券的偿还期和方法。债务人必须如期向债券购买者支付利息和偿还本金。

4. 流动性

也称流通性,即指在期满前可以在市场上转让变为现金;或到银行等金融机构进行抵押以获得相应金额的贷款。

以上特点之间具有相逆性关系,常常不能都实现。如债券安全性高、风险小、流动性强则收益率低,而风险性大、安全性差、流动性差的债券往往收益率高。所以,对于投资者来说,应根据多方面因素,进行分析选择,形成最佳投资组合。

三、债券与股票比较

1. 债券与股票的共同点

债券和股票都是有价证券,都是直接融资的金融工具。因此两者具有很多共同点:

(1) 两者都是一种虚拟资本,是经济运动中实际运用的真实资本证书,所以本身没有价值,但因其能给投资者带来一定收益而具有价格。

(2) 两者都具有流动性。持有者可将其在证券市场上出售转变为现金。

(3) 对发行者来说,两者都是获得所需资金的一种筹资手段。

(4) 对投资者来说,两者都是获取一定报酬的投资工具。

2. 债券与股票的不同点

债券和股票虽然都是有价证券,但两者又具有不同的性质和特征,其区别是:

(1) 从性质上看,股票表示持有人与公司之间的所有权关系,所以投资者有权参与公司的经营管理;债券表示的是一种债权,一种借贷之间的双边契约关系,债券投资者无权参与公司经营管理。

(2) 从发行目的看,发行股票是公司筹集自有资本的需要,所筹措的资金列入公司资本;发行债券是公司追加资金的需要,所筹措的资金列入公司负债。

(3) 从获得报酬的时间上看,债券获得报酬优先于股票。当公司派发股息时,必须先偿还债券利息,当公司破产清算时,必须先偿还债券本息。

(4) 从投资的风险看,股票投资风险大于债券投资风险。债券有到期日,有固定利息,其利息计入税前的开支。而股票则没有到期日,在公司解散或清算前,资本不能返还给股东,股票的收益受公司的经营状况、市场供求、大众心理等因素影响,其市场价格变动幅度较大,具有很大的投机性。

(5) 从发行主体看,债券发行主体可以是政府、公司或企业;而股票的发行主体只能是股份公司。

(6) 从流动性看,股票由于具有非返还性,故具有很强的流动性;而债券固定期限,其流动性很低。

第二节　债券的分类

债券的种类很多,并各具特色,根据不同的分类标准,可作如下分类:

一、按照发行主体划分

债券可分为政府债券、金融债券、公司债券、国际债券等。此种分类方法是最常用的,国外证券交易法常采用这种分类法。

二、按照利率是否固定划分

债券可以分为固定利率债券和浮动利率债券。

1. 固定利率债券指在发行时规定在整个偿还期内利率不变的债券,其筹资成本和投资收益可以事先预计,不确定性较小,但债券发行人和投资者仍然必须承担市场利率波动的风险。

2. 浮动利率债券是指发行时规定债券利率随市场利率定期浮动的债券。由于与市场利率挂钩,市场利率又考虑了通货膨胀的影响,浮动利率债券可以较好地抵御通货膨胀风险。

三、按照付息方式划分

按照付息方式,债券可以分为零息债券、附息债券和息票累积债券。

1. 零息债券又称贴现债券,是指不规定票面利率,低于面值发行,到期时按面值付给持券人的债券。事实上,这是以预付利息方式发行的债券,发行价格与票面金额的差额就是持券人得到的利息。

2. 附息债券是指发行者按票面利率定时向持券人支付利息,到期后将最后一期利息连同本金一并支付给持券人的债券。这种债券上附有各期领取利息的凭证,在每一期利息到期时,将息票剪下凭此领取当期利息。

3. 息票累积债券也称为到期付息债券,是指债券到期时一次性还本付息,期间不支付利息。

四、按照期限长短划分

根据偿还期限的长短,债券可分为短期债券、中期债券、长期债券。一般情况下,期限短利率低,期限长利率高。各国对此划分不尽一致,一般划分是：

期限在1年以下的债券为短期债券,通常有3个月、6个月、9个月、12个月等;如美国、英国的国库券。

期限在1年以上、10年以下的债券为中期债券,如美国的中期国库券。

期限在10年以上的债券为长期债券,如美国的长期国库政府债券。

五、按照募集方式划分

按照募集方式,债券可分为公募债券和私募债券。

1. 公募债券是指按法定手续经证券主管机构批准在市场上公开发行的债券,其发行对象不受限定,发行者负有信息公开的义务,向投资者提供多种财务报表和资料,以保护投资者利益。

2. 私募债券是发行者以与其有特定关系的少数投资者为募集对象而发行的债券,发行范围很小,其投资者大多数为银行或保险公司等金融机构。债券的转让受到一定程度的限制,流动性较差。

六、按照债券形态划分

按照债券形态,债券可以分为实物债券、凭证式债券和记账式债券。

1. 实物债券是具有标准格式实物券面的债券,是一般意义上的债券,很多国家通过法律法规对其格式予以明确的规定。在标准格式的债券券面上一般印有面额、利率、期限、发行人全称、还本付息方式等各种债券票面要素。

2. 凭证式债券是一种债权人认购债券的收款凭证,而不是债券发行人制定的标准格式债券。凭证式债券是一种储存债券,可记名,可挂失,不能上市流通。

3. 记账式债券是没有实物形态的债券,仅在电子账户中做记录。其可以通过证券交易所的交易系统发行和交易,具有交易效率高、成本低的特点,是未来债券的发展趋势。

七、按债券的偿还方式分类

根据债券偿还方式,债券可以分为到期偿还债券、期中偿还债券、展期偿还债券。

1. 到期偿还债券

到期偿还债券也叫满期偿还债券,是指按照债券发行时规定的还本期间,在债券到期时一次性全部偿还本金的债券。

2. 期中偿还债券

期中偿还债券也叫做中途偿还债券,是指在债券最终到期日之前,偿还部分或全部本金债券。其中,在偿还的金额上尚有部分偿还和全部偿还之分,在偿还的时间上有定时偿还和随时偿还之分,在偿还对象的决定上又有抽签偿还和买入注销之分。

3. 展期偿还债券

展期偿还债券是指在债券发行的时候就事先约定债券满期后可以按照利率等原来的条件予以延期的证券,所以也称为延期债券。

八、按担保性质划分

按担保性质划分,可分为有担保债券、无担保债券。

1. 有担保债券

有担保债券指以抵押财产为担保发行的债券。按担保品不同,分为抵押债券、质押债券和保证债券。

抵押债券以不动产作为担保,又称不动产抵押债券,是指以土地、房屋等不动产作抵押品而发行的一种债券。若债券到期不能偿还,持券人可依法处理抵押品受偿。

质押债券以动产或权利作担保,通常以股票、债券或其他证券为担保。发行人主要是控股公司,用作质押的证券可以是它持有的子公司的股票或债券、其他公司的股票或债券,也可以是公司自身的股票或债券。质押的证券一般应以信托形式过户给独立的中介机构,在约定的条件下,中介机构代全体债权人行使对质押证券的处置权。

保证债券以第三人作为担保,担保人或担保全部本息,或仅担保利息。担保人一般是发行人以外的其他人,如政府、信誉好的银行或举债公司的母公司等。一般公司债券大多为担保券。

2. 无担保债券

无担保债券也被称为"信用债券",仅凭发行人的信用而发行,不提供任何抵押品或担保人。由于无抵押担保,所以债券的发行主体须具有较好的声誉;并且必须遵守一系列的规定和限制,以提高债券的可信性。国债、金融债券、信用良好的公司发行的公司债券,大多为信用债券。

九、按债券发行所在地不同分类

按债券发行所在地划分,债券可划分为国内债券和国际债券。

1. 国内债券

国内债券是指本国政府、企业等机构在本国发行的、以本国货币为面额的债券。

2. 国际债券

国际债券是指一国政府、信誉好的大公司以及国际机构等,在本国以外的国际金融市场上发行的债券。国际债券是一种跨越国界发行的债券,涉及两个或两个以上的国家。国际债券又可分为外国债券和欧洲债券。

外国债券是指某一国借款人在本国以外的某个国家发行以发行所在地国家货币为面值并还本付息的债券。它的特点是债券发行人属于一个国家,债券的面值货币和发行市场则属于另一个国家。如外国发行者在美国发行的、以美元为面额的"扬基债券",在日本发行的、以日元为面额的"武士债券"。

欧洲债券是指某一国借款人在本国境外市场发行的,以可以自由兑换的第三种货币为面值并还本付息的债券。它的特点是债券发行者、债券发行地和债券面值所使用的货币分别属于不同的国家。例如,法国一家机构在英国债券市场上发行的以美元为面值的债券即为欧洲债券。

第三节 政府债券

一、政府债券的概念和特点

(一)政府债券的概念

政府债券,是指政府及政府有关机构为筹集资金而发行的以承担还本付息责任的各类债务凭证。它产生于西方古代社会,发展于西方中古时期和自由资本主义时期,是社会经济发展的产物。政府债券主要用于以下几个方面。

1. 用于生产性投资,以扩大生产规模,加速经济的发展,增加社会财富,形成偿还能力。

2. 用于社会和个人消费,其目的是为了维持或提高原有的消费水平。

3. 弥补国家财政赤字。如发行国库券主要是为了调节国库短期收支差额,弥补财政收入不足;发行财政债券是为了平衡中长期的财政收支,弥补财政赤字。

4. 弥补国际储备的不足,有助于国家支付能力的提高。

(二)政府债券的特点

1. 自愿性。政府在发行债券时,不凭借权力强制投资者购买,投资者的购买行为完全是自愿的。

2. 安全性高。由于政府债券是政府发行的,政府特别是中央政府具有很高的信用地位,风险最小,投资者不必担心债务人的偿还能力。

3. 流通性强。由于政府债券具有很高的信用,所以其风险较小,价格稳定,很容易变现,以满足投资者对现金的需要。

4. 收益稳定。政府债券由于利息率固定,偿还期限固定,所以市场价格相对平稳,很少受到经济波动的影响,收益也就比较稳定。

5. 免税待遇。大多数国家都规定,购买国债的投资者与购买其他有价证券的投资者相比,可以享受优惠的税收待遇,甚至免税。

二、中央政府债券(国债)

(一)中央政府债券的概念

中央政府债券也称国家债券或国债。国债发行量大、品种多,是政府债券市场上最主要的融资和投资工具。国债是由国家发行的债券,是中央政府为筹集财政资金而发行的一种政府债券,是中央政府向投资者出具的、承诺在一定时期支付利息和到期偿还本金的债权债务凭证。

国债的发行主体是国家,它具有最高的信用度,被公认为是最安全的投资工具,又称"金边债券"。由于国债较高的安全性和流动性,它被广泛地应用于抵押和担保等经济活动中。此外,国债是中央银行的主要交易品种,中央银行通过公开市场业务对国债进行正向或反向操作,实现对货币供应量的调节,进而实现最终的货币政策目标。

(二)国债的分类

1. 按偿还期限分类,可将国债分为短期国债、中期国债和长期国债。

短期国债一般指偿还期限为1年或1年以内的国债,具有周期短、流动性强的特点,在货币市场上占有重要地位。在国际市场上,短期国债的常见形式是国库券,它是由政府发行用于弥补临时收支差额的一种债券。我国20世纪80年代以来也曾使用国库券的名称,但它的偿还期限大多是超过1年的。

中期国债是指偿还期限在1年以上、10年以下的国债,或用于弥补赤字,或用于投资,不再用于临时周转。

长期国债是指偿还期限在10年及10年以上的国债。由于期限长,政府短期内无偿还的负担,常被用作政府投资的资金来源。长期国债在资本市场上有着重要地位。

在国债发展史上,一些西方国家政府还曾发行过一种无期国债。这种国债在发行时并未规定还本期限,债权人仅有权按期索取利息,而无权要求清偿,但政府可以随时从市场上买入而将其注销。

2. 按资金用途分类,可将国债分为赤字国债、建设国债、战争国债和特种国债。

赤字国债是指用于弥补政府预算赤字的国债。弥补赤字的手段有多种,除了举借国债外,还有增加税收、向中央银行借款、动用历年结余等。增税会加重社会负担,易引起人们的反对,且还须通过一定的法律程序;向中央银行借款有可能增加货币供应量导致通货膨胀;动用历年结余需视政府过去的年度收支情况。因此,与其他手段相比,国债常被政府用作弥补赤字的主要方式。

建设国债是指发债筹措的资金用于建设项目。政府在社会经济中往往要承担一些大型基础性项目和公共设施的投资,这些项目耗资巨大,因此常由政府通过发债筹集专项资金来建设。

战争国债专指用于弥补战争费用的国债。战争时期,军费开支庞大,在用其他方法无法筹资时,政府就可能以发行国债来弥补。

特种国债是指政府为了实施某种特殊政策而发行的国债。

3. 按流通与否分类,国债可以分为流通国债和非流通国债。

流通国债是指可以在流通市场上交易的国债。可以自由认购、自由转让,通常不记名。转让价格取决于对该国债的供给与需求,一般在证券市场上进行转让,如证券交易所或柜台市场。在不少国家,流通国债占国债发行量的大部分。

非流通国债是指不允许在流通市场上交易的国债。这种国债不能自由转让,可以记名,也可以不记名。发行对象可以是个人或特定机构。以个人为发行对象的非流通国债一般以吸收个人的小额储蓄资金为主,故称为储蓄债券。

(三) 我国国债的品种、特点和区别

目前,我国国债的品种有储蓄国债和记账式国债两种。

1. 储蓄国债

储蓄国债,又分为凭证式国债和电子记账凭证式国债。

凭证式国债是指国家采取不印刷实物券,而用填制国库券收款凭证的方式发行的国债。我国从1994年开始发行凭证式国债。凭证式国债通过各银行储蓄网点和财政部门国债服务部面向社会发行,主要面向老百姓,从投资者购买之日起开始计息,可以记名,可以挂失,但不能上市流通。

电子记账凭证式国债[储蓄国债(电子式)]是指财政部利用计算机网络系统,通过承办银行营业网点柜台面向个人投资者发行的、以电子记账方式记录债权的凭证式国债。投资者购买凭证式国债后如需变现,可以到原购买网点提前兑取,提前兑取时,除偿还本金外,利息按实际持有天数及相应的利率档次计付,经办机构按兑取本金的2‰收取手续费。对于提前兑取的凭证式国债,经办网点还可以二次卖出。与定期储蓄相比,利率比银行同期存款利率高1—2个百分点,提前兑取时按持有时间采取累进利率计息;利息风险小,提前兑取按持有期限长短、取相应档次利率计息,各档次利率均高于或等于银行同期存款利率。

2. 记账式国债

记账式国债又称无纸化国债,它是由财政部面向全社会各类投资者、通过无纸化方式发行的、以电子记账方式记录债权并可以上市流通的债券。记账式国债的发行采用公开招标方式,分为证券交易所市场发行、银行间债券市场发行以及同时在银行间债券市场和证券交易所市场发行(又被称为跨市场发行)三种情况。个人投资者可以购买证券交易所市场发行和跨市场发行的记账式国债,而银行间债券市场的发行主要面向银行和非银行金融机构等机构投资者。

三、地方政府债券

(一) 地方政府债券的定义

地方政府债券是由地方政府发行并负责偿还的债券,简称地方债券,也可称为"地方公债"或"地方债"。地方债券是地方政府根据本地区经济发展和资金需求状况,以承担还本付息责任为前提,向社会筹集资金的债务凭证。地方债券一般以当地政府的税收能力作为还本付息的担保,筹集资金一般用于交通、通讯、住宅、教育、医院和污水处理系统等地方性公共设施的建设。地方发债有两种模式:第一种是地方政府直接发债;第二种是中央发行国债,再转贷给地方。在某些特定情况下,地方政府债券又被称为"市政债券",地方政府债券的发行主体是地方政府,地方政府一般由不同的级次组成,而且在不同国家有不同的名称。

(二)地方政府债券的分类

地方政府债券按资金用途和偿还资金来源分类,通常可以分为一般债券(普通债券)和专项债券(收益担保债券)。

1. 一般债券(普通债券)

一般债券是指省、自治区、直辖市政府(含经省级政府批准自办债券发行的计划单列市政府)为没有收益的公益性项目发行的、约定一定期限内主要以一般公共预算收入还本付息的政府债券。一般债券主要是地方政府为缓解资金紧张或解决临时经费不足而发行的债券,所筹集的资金主要用于满足地方政府基本职能的需要,不与特定项目相联系。这些项目本身不具有增值能力,还本付息完全由地方政府的税收承担。它的安全性主要由地方政府的税收状况决定。

2. 专项债券(收益担保债券)

地方政府专项债券是指省、自治区、直辖市政府(含经省级政府批准自办债券发行的计划单列市政府)为有一定收益的公益性项目发行的、约定一定期限内以公益性项目对应的政府性基金或专项收入还本付息的政府债券。专项债券主要是地方政府为筹集资金筹建某项具体工程而发行的债券,一般用于某项特定的公用事业,如铁路、桥梁、水电煤等项目,它的本息是从投资项目所取得的收益中支取,往往还加上地方政府的税收做额外担保。此种债券的资信度往往低于一般(责任)债券,其收益率要高于一般(责任)债券。

第四节 金融债券、公司债券、企业债券

一、金融债券

(一)金融债券的概念与特征

金融债券是由银行和非银行金融机构为筹集资金而发行的债务凭证。金融债券仅凭银行等金融机构的信用发行,不需要财产抵押,属于无抵押债券。金融债券有以下特征:

1. 金融债券的发行主体是银行或非银行金融机构,均接受中央银行的管理,信用度较高。

2. 金融债券的期限一般是中期和短期,从一年到五年不等。

3. 金融债券的利率形式灵活,收益稳定。金融债券的利率水平高于银行存款和国债,低于公司债。

（二）金融债券的种类

1. 按利息支付方式分类

（1）附息金融债券。是指在债券上附有各期息票，并可凭息票领取本期利息的债券。其利息支付方式及本金偿还方式与一般附息债券相同。附息金融债券通常为中长期金融债券。

（2）贴现金融债券。是指金融机构在一定期限内按一定贴现率以低于债券票面价值的价格折价发行的一种债券。发行价与票面金额的差价即为发行人支付给投资者的利息。

2. 按发行条件分类

（1）普通金融债券。是指按票面价值出售，期限固定，利率略高于同期银行存款利率，到期一次还本付息的金融债券。需要注意的是，普通金融债券尽管形式上类似于定期存单，但其本质上是债券，由发行人统一给定发行条件，到期前持券人不能要求发行人提前兑付，是可以转让流通的非个人性的有价证券。

（2）累进利息金融债券。是指由金融机构发行的期限浮动、利率与期限挂钩的分段累进计息方式的债券。期限一般为1—5年，平价发行。债券持有者可以在最短与最长期限之间随时到发行银行兑付。其利息采用累进制，即将债券的利率按债券的期限分成几个不同的等级，每一个时间段按相应利率计付息，然后将几个等级部分的利息相加便可得出该债券的总的利息收入。

（三）我国的金融债券

我国金融债券的发行开始于北洋政府时期，后来，国民政府时期也曾多次发行过金融公债、金融长期公债和金融短期公债。新中国成立之后的金融债券发行始于1982年。该年，中国国际信托投资公司率先在日本的东京证券市场发行了外国金融债券。为推行金融资产多样化，筹集社会资金，国家决定于1985年由中国工商银行、中国农业银行发行金融债券，开办特种贷款。这是我国经济体制改革以后国内发行金融债券的开端。在此之后，中国工商银行和中国农业银行又多次发行金融债券，中国银行、中国建设银行也陆续发行了金融债券。近年来，我国金融债券品种不断增加，主要要以下几种：

1. 政策性金融债券。政策性金融债券是政策性银行在银行间债券市场发行的金融债券。1999年以后，我国金融债券的发行主体集中于政策性银行，其中，以国家开发银行为主，金融债券已经成为其筹措资金的主要方式。2007年6月，中国人民银行、国家发展和改革委员会发布《境内金融机构赴香港特别行政区发行人民币债券管理办法》，境内政策性银行和商业银行经批准可在香港发行人民币债券。

2. 商业银行债券

商业银行金融债券是依法在中华人民共和国境内设立的金融机构法人在全国银行间债券市场发行的、按约定还本付息的有价债券。

商业银行次级债券是指商业银行发行的、本金和利息的清偿顺序列于商业银行其他负债后、先于商业银行股权资本的债券。

混合资本债券是指商业银行为补充附属资本发行的、清偿顺序位于股权资本之前但列于一般债券和次级债务之后、期限在15年以上,发行之日起10年内不可赎回的债券。

3. 证券公司债券。是指证券公司依法发行的、约定在一定时期内还本付息的有价债券。

4. 保险公司次级债券。是指保险公司经批准定向募集的、期限在5年以上(含5年),本金和利息的清偿顺序列于保单责任和其他负债之后、先于保险公司股权资本的保险公司债券。

5. 财务公司债券。主要是为满足企业集团发展的过程中财务公司充分发挥金融服务功能的需要,改变财务公司资金单一的现状,满足其调整资产负债期限结构和化解金融风险,同时也为增加银行间的债券市场的品种,扩大市场规模。

6. 金融租赁公司和汽车金融公司的金融债券。金融租赁公司是指经中国银行业监督管理委员会批准设立、以经营融资租赁业务为主的非银行金融机构;汽车金融公司是指经中国银行业监督管理委员会批准设立,为中国境内的汽车购买者及销售者提供金融服务的非银行金融机构。符合条件的金融租赁公司和汽车金融公司可以在银行间债券市场发行和交易金融债券。中国人民银行和中国银行业监督管理委员会依法对金融租赁公司和汽车金融公司的金融债券的发行进行监督管理。

7. 资产支持债券。资产支持债券是指由银行业金融机构作为发起机构,将信贷资产信托给受托机构,由受托机构发行的、以该财产所产生的现金支付其收益的有价债券。

二、公司债券

(一) 公司债券的概念及特征

1. 公司债券的概念

公司债券是指股份公司为筹集中长期资金而发行的,承诺在一定时期内还本付息的债务凭证。在西方国家公司债券即企业债券。

2. 公司债券的特征

(1) 风险性较大。公司债券的还款来源是公司的经营利润。如果公司经营不善,就会使投资者面临利息甚至是本金损失的风险。

(2) 收益率较高。投资于公司债券要承担较高的风险,其收益率也较高。

(3) 债券持有者比股票持有者有优先索取利息和优先要求补偿的权力。公司债券的持有者只是公司的债权人,不是股东,因而无权参与公司的经营管理。但是公司债券持有者比股东有优先的收益分配权,并在公司破产清理资产时,有比股东优先收回本金的权利。

(4) 对于部分公司债券来说,发行者与持有者之间可以互相给予一定的选择权。如在可转换债券中,发行者给予持有者将债券兑换成本公司股票的选择权;在可提前赎回的公司债券中,持有者给予发行者在到期日前提前偿还本金的选择权。获得这种选择权的当事人必须向对方支付一定的费用。

(二) 公司债券的分类

1. 信用公司债

又称无担保公司债,是指公司对所发行的债券不设立具体财产作担保,只凭公司的信用为担保而发行的公司债券。这种债券在英美比较流行。那些经营较好、信誉好的大公司都发行部分无担保公司债券。这种债券发行量不大,期限也较短,但利率较高。

2. 不动产抵押公司债券

是指发行公司对其发行的债券以公司的不动产如土地、房屋等作担保,保证公司按期还本付息。如公司不能履行其义务,债券持有者有权对其提供的抵押品处理抵偿。

3. 证券抵押信托公司债

是指以公司的其他有价证券作为担保而发行的公司债券。作为担保的各种有价证券,通常委托信托银行保管,当公司到期不能偿债时,即由信托银行处理质押和证券并代为偿债,这样就能够保护投资者的利益。

4. 保证公司债

是指由第三者对债券的还本付息作担保而发行的公司债。通常是由母公司或银行作担保,担保人在背面"背书",或担保全部本息,或仅担保利息。

5. 设备信托公司债

是指发行公司为筹集购买设备资金并以该设备作为抵押品而发行的公司债。发行这种债券,由债券发行公司、受托人(信托公司)、设备出售商三方签订一项设备信托契约,将债券由受托人公开发行,并用发行债券所筹资金垫付购买设备的货款,由受托人将设备租赁给发行公司,并由发行公司出具分期偿付的本票作为租金,受托人以收到的租金支付债券的利息并偿还本金,直到此项债券本息偿清以后,发行公司方能取得该项设备的所有权。这种债使投资者更具安全感,并且受托人承担购买设备及企业生产经营中的风险。

6. 参与公司债与非参与公司债

(1) 参与公司债。指投资者除可获得固定利息外,还可以参与公司红利分配的公司债。此种债券兼有债券和股票的性质。发行者多属信誉不好、经营不佳的企业。

(2) 非参与公司债。指投资者只能按照事先约定的利率获得利息,无权参与公司红利的分配。

7. 分期公司债

指发行公司一次发行、分次偿还的公司债。一般是每隔半年或一年偿还一批,这样能减轻一次还本付息的负担。

8. 收益公司债

是指根据公司盈亏状况来支付利息的公司债。当公司有盈利时就支付利息,否则就不支付利息。通常在公司改组时,为减轻债务负担,债权人被要求将原来的公司债改为收益公司债。

9. 可转换公司债

是指债券持有者在一定期间内按一定价格、一定比率和一定条件将债券转换成公司股票的公司债。这种债券既具有债券的安全性,又具有股票的投机性,较受投资者的欢迎。

10. 可交换债券

可交换债券是指上市公司的股东依法发行,在一定期限内依据约定的条件可以交换成该股东所持有的上市公司股份的公司债券。

可交换债券与可转换债券的相同之处,是其发行要素与可转换债券相似,也包括票面利率、期限、换股价格和换股比率、换股期限等。对投资者来说,与持有标的上市公司的可转换债券相同,投资价值与上市公司价值相关,在约定期限内可以以约定的价格交换为标的股票。

11. 附新股认购权公司债

是指债权人拥有按持有债券的一定比例,按一定价格认购该公司股票权利的公司债。这种债券的持有者既可得到债券的固定利息,又可在股票价格上获得利益。此种债券有两种类型:分离型附新股认购权公司债,即除公司债券外,所发行的新股认购权证券可作为有价证券独立转让;非分离型附新股认购权公司债,即不允许单独转让认股权。

三、企业债券

我国企业债券是指在中国境内具有法人资格的企业在境内按法定程序发行的约定在一定期限内还本付息的债务凭证。发行企业债券的目的是为落实国家产业政策,完成在建工程和收尾工程,解决企业资金的不足。企业债券主要分为:

1. 短期融资券和超短期融资券

短期融资券是指企业依照《短期融资券管理办法》规定的条件和程序在银行间债券市场发行和交易,约定在一定期限内还本付息,最长期限不超过365天的有价证券。短期融资券的发行采取注册制发行,可以在银行间债券市场机构投资人之间流通转让。

超短期融资券是指具有法人资格,信用评级较高的非金融企业在银行间债券市场发行的、期限在270天(九个月)以内的短期融资券。

2. 中期票据

中期票据是指具有法人资格的非金融企业在银行间债券市场按照计划分期发行的、约定在一定期限内还本付息的债务融资工具。

3. 中小非金融企业集合票据

中小非金融企业是指国家相关法律法规及政策界定为中小企业的非金融企业,在银行间债券市场以同一产品设计、统一券种冠名、统一信用增进、统一发行注册方式共同发行的,约定在一定期限内还本付息的债务融资工具。

中小非金融企业发行集合票据,应在中国银行间债券市场交易商协会注册。中小非金融企业发行集合票据募集的资金应用于符合国家相关法律法规及政策要求的企业生产经营活动。中小非金融企业发行集合票据应制订偿债保障措施,并在发行文件中披露中小非金融企业发行集合票据应由符合条件的承销机构承销,并可在银行间债券市场流通转让。

4. 非定向公开发行债券

非公开定向发行是指具有法人资格的非金融企业,向银行间市场特定机构投资人发行债务融资工具,并在特定机构投资人范围内流通转让的行为。在银行间债券市场以非公开定向发行方式发行的债务融资工具称为非公开定向债务融资工具。定向工具不向社会公众发行。定向投资人是指具有投资定向工具的实力和意愿,了解该定向工具投资风险,具备该定向工具风险承受能力并自愿接受交易商协会自律管理的机构投资人。

5. 中小企业私募债

中小企业私募债是高收益、高风险债券品种,又被称为"垃圾债",具体是指中小微型企业在中国境内以非公开方式发行和转让,发行利率不超过同期银行贷款基准利率的3倍,期限在1年(含)以上,约定在一定期限还本付息的企业债券。

第五节　债券信用评级

一、债券信用评级概述

债券信用评级,指证券信用评级机构就某一特定债券对债务人信誉的一种评价。在证券市场较为发达的国家,除了信誉很高的中央政府外,地方政府债券和公司债券发行者都自愿向证券信用评级机构申请评级,以便较为顺利地销售债券。

债券的信用评级是指按一定的指标体系对准备发行债券的还本付息的可靠程度作出客观公正的评价,其目的是将评价的债券信用等级指标公之于众,以弥补信息不充分或不对称的缺陷,保护投资者的利益。其评价的对象很广泛,除了中央政府发行的债券外,凡需要公开发行的其他债券,如地方政府债券、公司债券、可转换公司债券、大面额可转让存单、商业票据、外国债券等都需要进行信用评级。债券的信用评级对发行者、投资者和管理机构都有重要意义。

二、债券信用评级的功能

债券的信用评级对债券发行者、投资者和管理机构都有重要意义。

1. 债券信用评级有利于降低投资风险

对于大众投资者来说,由于受诸多因素的限制,一般他们很难深入了解和正确评价债券发行人的资信状况。而债券信用评级机构按一定的程序和方法,对证券市场中债券发行人的可靠性、安全性程度作出分析判断,并用专用符号提供书面报告,其最主要、最直接的作用是提供债券发行人风险程度的信息,以使投资者能有效地规避风险,在权衡风险与收益的基础上,作出合理的投资决策,及时地分散投资风险,提高债券投资的收益。

2. 债券信用评级有利于降低筹资成本

信用评级也能为债券发行人提供其所需的必要的和可靠的信息,帮助其制定恰当的筹资决策。一般说来,信用评级等级高,投资者会要求较高的风险补偿,因而发行成本高。通过专业信用评价机构的信用评级,有助于消除投资者对债券发行人的资信状况不确定性的顾虑,从而帮助债券发行人以尽可能低的成本完成其债券的发行。

3. 债券信用评级有利于规范交易

债券信用评级制度的实施,提高了证券市场交易的透明度,给管理层在审查核准发行人发行债券申请时提供一个参考标准,既加快了审核进度,又具有可操作性。一个权威的、独立的债券信用评级机制对证券市场的健康、快速发展尤为重要,它起到一种把关、过滤、调节和标签的作用,能自然澄清各种谣传和猜测,给市场带来自律和规范。

三、国际债券评级机构

债券信用评级机构是指专门从事证券投资研究、统计咨询和质量评估的公司。它是独立的私人企业,不受政府控制。债券信用评级机构的评级结果比较客观,又由于这些机构聚集了大量的证券分析、市场研究、会计、统计、法律等方面的专家,并采取严格的评级程序,因此,仅就评定技术而言,保证了他们所提供的债券评级的准确性和权威性。目前国际上公认的最具权威的信用评级机构主要有美国的穆迪投资者服务公司和标准普尔公司、惠誉国际等。

1. 穆迪投资者服务公司(Moody's Investors Service)

由约翰·穆迪于1909年创立。约翰·穆迪在1909年首创对铁路债券进行信用评级,1913年,穆迪开始对公用事业和工业债券进行信用评级。穆迪投资者服务公司的总部设在美国纽约,其股票在纽约证券交易所上市(代码MCO)。穆迪投资者服务公司是国际权威投资信用评估机构,同时也是著名的金融信息出版公司。穆迪投资者服务公司现已在12个国家开设了15个分支机构,投资信用评估对象遍布全球。目前,阅读和使用穆迪所发布的各类信息的客户已达1.5万余家,其中有3 000多家客户属于机构投资者,它们管理着全球80%的资本市场。美国穆迪投资者服务公司是全球最大的信用评估公司,它将债券信用评级分为9个等级,分别以Aaa、Aa、A、Bbb、Bb、B、Ccc、Cc、C表示,其中前四个为投资级,后五个为投机级。

2. 美国标准普尔公司(Standard Poors)

标准普尔是世界权威金融分析机构,由普尔先生(Henry Varnum Poor)于1860年创立。标准普尔为投资者提供信用评级、独立分析研究、投资咨询等服务。其中包括反映全球股市表现的标准普尔全球1 200指数和作为美国投资组合指数的基准的标准普尔500指数等一系列指数。美国标准普尔公司是全球第二大信用评估公司,它将债券信用评级结果分为10个等级,分别以AAA、AA、A、BBB、BB、B、CCC、CC、C和D表示,其中前四个为投资级,后六个为投机级。

3. 惠誉国际

惠誉国际是全球第三大国际评级机构,是唯一的欧资国际评级机构,总部设在纽约和伦敦。在全球设有40多个分支机构,拥有1 100多名分析师。惠誉的长期信用评级分为投资级和投机级,包括AAA、AA、A、BBB、BB、B、CCC、CC、C、RD和D共11个级别,其中,前四级为投资级,后七级为投机级。以上信用级别由高到低排列,AAA等级最高,表示最低的信贷风险;D为最低级别,表明一个实体或国家已对所有金融债务违约。惠誉的短期信用评级大多针对到期日在13个月以内的债务。短期评级更强调的是发债方定期偿付债务所需的流动性。短期信用评级从高到低分为F1、F2、F3、B、C、RD、D共7级。

四、我国债券信用评级

我国的债券信用评级机构于1987年诞生,至1998年我国有50多家债券信用评级机构。据不完全统计,截至目前,中国的信用评级机构已有100家左右,目前规模较大的全国性评级机构共有10家,分别是:中诚信国际、中诚信证券、联合资信、联合评级、大公、新世纪、鹏元资信、东方金诚、中债资信以及远东。其中中诚信国际、中诚信证券同属于中诚信,联合资信、联合评级同属于联合。

本 章 小 结

债券是一种重要的投资工具,是一种有价证券,是由政府、公司(企业)、金融机构为筹集资金而出具的承诺按一定利率定期支付利息,并到期偿还本金的债权债务凭证。我们在这一章里介绍了债券的概念、特征、性质和种类。作为投资工具,债券表现出期限性、收益性、安全性和流动性的基本特征。但不同种类的债券的特性也不同,债券的分类标准也比较多。本章我们重点研究了政府债券、金融债券和公司债券作为投资工具而表现出的不同特点。最后介绍了债券的信用评级,包括信用评级的功能,国际著名债券评级机构。

本章练习题

一、名词解释

债券　附息债券　贴现债券　凭证式国债　记账式国债　欧洲债券　外国债券　政府债券　公司债券　企业债券　金融债券

二、单项选择题

1. 下列对债券的表述不正确的是(　　)。

A. 债券的发行人(政府、金融机构、企业等机构)即债务人,是资金的借入者

B. 债券的投资者主要包括金融机构、企业、各类基金、居民,不包括政府和事业单位

C. 债券的发行人需要还本付息

D. 债券体现的是一种债权债务关系

2. 一般地,安全性最高的债券是(　　)。

A. 金融债券　　　　　　　　　B. 企业债

C. 国债　　　　　　　　　　　D. 地方政府债券

3. 以下关于债券的说法不正确的是(　　)。

A. 债券一般定期支付利息、到期偿还本金

B. 一般责任债券是由中央政府发行的

C. 国债信用风险低,因而收益也低

D. 按照发行人的不同,债券可以划分为政府债券、公司债券和金融债券

4. 下列关于可转换债券的说法,错误的是(　　)。

A. 持有者无权选择转股权
B. 可转换债券的利率一般低于普通公司债券利率
C. 既有债权性,又有股权性
D. 转股价格不一定高于股票的市场价格

5. (　　)是影响债券定价的外部因素。

A. 通货膨胀水平　　　　　　　B. 市场性
C. 提前赎回规定　　　　　　　D. 拖欠的可能性

三、多项选择题

1. 债券的特征有(　　)。

A. 无期限性　　　　　　　　　B. 流动性
C. 安全性　　　　　　　　　　D. 偿还性
E. 收益性

2. 储蓄国债(电子式)的特点是(　　)。

A. 收益安全稳定
B. 采用实名制,可以流通转让
C. 由财政部负责还本付息,免缴利息税
D. 采用实名制,不可流通转让

3. 我国的企业债券和公司债券在以下哪些方面有所不同(　　)。

A. 发行方式以及发行的审核方式不同
B. 担保要求不同
C. 发行主体的范围不同
D. 发行定价方式不同

4. 关于外国债券论述中不正确的是(　　)。

A. 在日本发行的外国债券被称为扬基债券
B. 在美国发行的外国债券被称为武士债券
C. 外国债券是指某一国家借款人在本国发行以外国货币为面值的债券
D. 债券发行人属于一个国家,债券的面值货币和发行市场则属于另一个国家

5. 以下关于债券的描述,(　　)是正确的。

A. 债券是一种有价证券
B. 投资债券的风险大于股票
C. 按照发行债券主体的不同可划分为实物债券和凭证式债券
D. 国际债券主要分为外国债券和欧洲债券
E. 可转换债券既有债权性,又有股权性

6. 按债券形态分类,可分为(　　)。

A. 实物债券　　　　　　　　　B. 凭证式债券
C. 金融债券　　　　　　　　　D. 记账式债券
E. 公司债券

四、思考题

1. 什么是债券?它具有哪些基本特征?
2. 债券与股票的区别与联系是什么?
3. 债券按照发行主体分类共有哪几种?
4. 什么是实物券式、凭证式和记账式国债?
5. 政府债券分为哪几种?它们之间的区别在哪里?
6. 金融债券的概念及特点是什么?
7. 什么是公司债券,它具有哪些特征?
8. 什么是企业债券,它有哪些种类?
9. 什么是欧洲债券?与外国债券有什么区别?
10. 债券信用评级的功能有哪些?
11. 国际著名债券评级机构有哪些?

第四章　证券投资基金

【学习目标】
- 掌握基金概念,基本要素、特点;
- 掌握证券投资基金的种类;
- 了解我国证券投资基金的设立、发行和交易。

第一节　证券投资基金概述

一、证券投资基金的概念

证券投资基金是现代证券市场的一种新型投资方式或投资制度。具体说证券投资基金就是汇集不特定多数且有共同投资目的的投资者的资金,委托专业的金融投资机构进行科学性、组合性、流动性投资,借以分散与降低风险,共同受益的一种投资方式或制度。

证券投资基金于 1868 年最早出现在英国,第一次世界大战后在美国盛行,本世纪 80 年代以来获得了空前的发展。在不同的国家和地区,证券投资基金的称谓有所不同。美国称为共同基金或互惠基金,英国和香港地区称为单位信托基金,日本、韩国、台湾地区称其为证券投资信托基金,我们统一称为证券投资基金。尽管称谓不同,但它们的本质及运作原理是相似的。

二、证券投资基金的产生与发展

证券投资基金起源于 19 世纪 60 年代,迄今为止,它大致经历了产生、发展、成熟三个阶段。

1. 1868 年至 1920 年是证券投资基金的产生阶段

19 世纪 60 年代,随着第一次产业革命的成功,英国成为全球最富裕的国家,它的工业总产值占世界工业总产值的三分之一以上,国际贸易额占世界总贸易额的 25%,因此国内资金充裕,利率较低。与此同时,美国、德国、法国等国家正开始进行工业革命,需要大量的资金支持,在这种背景下,英国政府为了提高国内投资者的收益,出面组织了由专业人士管理运作的以投资美国、欧洲及殖民地国家证券为主要对象的"外国和殖民地政府信托投资"基金。它标志着证券投资基金开始起步。

2. 1921 年至 20 世纪 70 年代是证券投资基金的发展阶段

如果说第一次产业革命属于轻工业革命的话,第二次产业革命则是重工业革命,在这场革命中,钢铁、汽车、电力、石化等工业迅速兴起。经过19世纪70年代到20世纪初的30多年历程,美国经济跳跃式地超过了英国,国民生产总值位居世界第一位。尤其是在第一次世界大战后,美国的经济更是空前繁荣。在此背景下,1921年4月,美国设立了第一家证券投资基金组织——美国国际证券信托基金,这标志着证券投资基金发展中"英国时代"的结束而"美国时代"的开始。之后在1924年3月21日,"马萨诸塞投资信托基金"设立,这意味着美国式证券投资基金的真正起步。1940年美国仅有证券投资基金68只,资产总值达4.48亿美元,到1979年证券投资基金数量已经发展到524只,资产总值达945.11亿美元。

3. 20世纪80年代以后是证券投资基金趋于成熟的阶段

证券投资基金的成熟阶段主要体现在三个方面:一是证券投资基金在整个金融市场中占有了重要的地位;二是证券投资基金成为一种国际化现象;三是证券投资基金在金融创新中得到了快速的发展,有力地促进了金融运行机制的创新。目前,证券投资基金已经成为发达国家的金融运行和国际金融市场中一支举足轻重的力量。截至2014年第二季度末,全球共同基金有78 033只,资产值增至32万。按照基金类型,37%为股票型基金,23%为混合型基金,19%为债券型基金,4%为货币市场基金。基金产业已经与银行业、证券业、保险业一起成为现代金融体系的四大支柱产业。

中国证券投资基金在管理部门的大力扶植下,依托高速成长的新兴市场环境,在短短的几年时间里获得了突飞猛进的发展。1997年11月,《证券投资基金管理暂行办法》出台,标志着中国证券投资基金业进入了规范发展的阶段。1998年3月,金泰、开元证券投资基金的设立,标志着规范的证券投资基金开始成为中国基金业的主导方向。2001年华安创新证券投资基金作为一只开放式基金,成为中国基金业发展的又一个阶段性标志。2004年6月1日,《中华人民共和国证券投资基金法》正式实施,以法律形式确认了基金业在资本市场的地位和作用,成为中国基金业发展史上的一个重要里程碑。截至2018年末,我国证券市场共有基金5 626只。其中封闭式基金669只,累计份额8 706.16亿份,资产净值8 965.29亿元;开放式基金4 956只,累计份额120 263.35亿份,资产净值121 361.21亿元。在基金规模快速增长的同时,基金品种创新也呈加速趋势。一方面,开放式基金后来居上,逐渐成为基金设立的主流形式;另一方面,基金产品差异化日益明显,基金的投资风格也趋于多样化,除传统的成长型、混合型外,债券基金、收益型基金、价值型基金、指数基金、行业基金、保本基金、货币市场基金等纷纷问世。而中外合资基金的从无到有、数量逐渐增加更引人注目,中国基金业对外开放的步伐越来越快。截至2018年末,我国境内共有基金管理公司120家,其中中外合资公司44家,内资公司76家。

三、证券投资基金的特点

证券投资基金作为一种间接投资工具,与其他投资工具相比,具有如下特点:

1. **小额投资,风险分散**

基金投资的起点金额很低,有的基金甚至无投资金额的限制。这样,投资者就可以方便灵活地加入基金,使零星的钱也能不断增值。

投资于少数几种或某一种股票的风险是很大的,万一所持有的股票因公司经营不善而价格暴跌,将会使投资者血本无归。而持有基金凭证则不会发生这样的情况。因为基金总是将资金分散投资于各种股票或其他证券,有些基金条款规定,投资组合不得小于20个品种。即使是单一市场基金也不准只购买一种股票,而且每一种股票购入都有一定比例限制,不得超过该比例。例如美国法律规定,基金投资于某一证券的总金额不得超过基金总资产净值的5%,持有某一证券的比例不得超过该证券发行额的10%。证券投资基金把投资者不同数额的资金汇集成一笔巨额资金,因而有能力进行多元化组合投资,从而减少风险,提高了投资收益率。

2. 专业管理

证券投资基金所筹集的资金都交给专业管理人员操作,这些专业管理人员大都受过专业训练,经验丰富,对国内外的经济形势、产业情况、上市公司的情况等比较了解,并与证券市场、经纪人有密切的联系。因此,能避免个人投资的盲目性,犯错误的概率相对较小。

3. 流动性强

证券投资基金的买入和卖出十分简便,通常可以直接到基金管理公司购买,或通过委托投资顾问代买。投资者大量的买卖不致引起基金价格的波动,而给自己带来负面影响,这非常适合于大额投资者。证券投资基金发行后能挂牌上市进行交易,因此,具有较强的流动性和变现性。

4. 品种多样

基金种类繁多,包罗金融市场上所有的金融产品。在西方发达国家证券市场上,证券投资基金的数量已过万种,并且大多数基金都进行跨国投资或离岸投资,任何一种被市场看好的行业或产品,都可以通过设立基金去投资,所以,投资者对证券投资基金选择的余地非常广阔,适合各种类型的投资者投资。

5. 费用低廉

个人投资者进行投资时,若要请求投资顾问机构代为管理或寻求投资咨询,需要支付相当数额的管理费。而投资于基金,这笔费用就可由所有的基金投资人分摊。另外,在国外,证券交易的佣金是不固定的,大额的交易者可以享有相当的优惠,使基金的单位佣金极为低廉。

四、证券投资基金的主要当事人

(一) 基金持有人

基金份额持有人即基金投资者,是基金的出资人、基金资产的所有者和基金投资的受益人。

基金的持有人分为两类:一是公众或个人投资者;二是机构投资者。

一般来说,基金持有人的权利包括:基金收益权、转让或处分权。基金收益权,即以持有的基金份额,承担基金投资的亏损和收益;转让或处分权,即封闭式基金通过证券市场自由转让的权利,开放式基金持有人有赎回的权利等。其义务包括遵守基金契约;缴纳基金认购款项及规定的费用;承担基金亏损或者终止的有限责任;不从事任何有损基金持有人利益的活动。

（二）基金管理人

证券投资基金管理人是负责基金发起设立与经营管理的专业性机构。《中华人民共和国证券投资基金法》规定,基金管理人由依法设立的基金管理公司担任。基金管理公司通常由证券公司、信托投资公司或其他机构等发起成立,具有独立法人地位。

基金管理公司应具备条件：注册资本不低于一亿元人民币,且必须为实缴货币资本;主要股东具有从事证券经营、证券投资咨询、信托资产管理或者其他金融资产管理的较好的经营业绩和良好的社会信誉,最近三年没有违法记录,注册资本不低于三亿元人民币;取得基金从业资格的人员达到法定人数;有符合要求的经营场所、安全防范投资和与基金管理业务有关的其他设施。

我国《证券投资基金法》规定：基金管理人应当履行下列职责：依法募集资金,办理或者委托经国务院证券监督管理机构认定的其他机构代为办理基金份额的发售、申购、赎回和登记事宜;办理基金备案手续;对所管理的不同基金财产分别管理、分别记账,进行证券投资;按照基金合同的约定确定基金收益分配方案,及时向基金份额持有人分配收益;进行基金会计核算并编制基金财务会计报告;编制中期报告;计算并公告基金净值,确定基金份额申购、赎回价格;办理与基金财产管理业务有关的信息的披露事项;召集基金份额持有人大会;保存基金财产管理业务活动的记录、账册、报表和其他相关资料;以基金管理人的名义,代表基金持有人利益行使诉讼权利或者实施其他法律行为;国务院证券监督管理机构规定的其他责任。

我国基金管理公司的业务主要包括：证券投资基金业务、受托资产管理业务和投资咨询服务;此外,基金管理公司还可以从事社保基金管理和企业年金管理业务、QDII业务等。

（三）基金托管人

基金托管人是依据基金运行中"管理与保管分开"的原则对基金管理人进行监督和保管基金资产的机构,是基金持有人权益的代表,是基金资产的名义持有人。

我国的《证券投资基金法》规定：基金托管人由依法设立并取得基金托管资格的商业银行、保险公司或信托投资公司等金融机构担任。

我国的《证券投资基金法》规定,基金托管人应当履行以下责任：安全保管基金财产;按照规定开设基金财产的资金账户和证券账户;对所托管的不同基金财产份额分别设立账户,确保基金财产的完整与独立;保存基金业务托管业务活动的记录、账册、报表和其他相关资料;按照基金合同的约定,根据基金管理人的投资指令,及时办理清算、交割事宜;办理与基金托管业务有关的信息披露事项;对基金财务报告、中期和年度基金报告出具意见;复核、审查基金管理人计算的基金资产净值和基金份额申购、赎回价格;按照规定召集基金份额持有人大会;按照规定监督基金管理人的投资运作;国务院证券监督管理机构规定的其他职责。

证券投资基金三个主要当事人在基金运作中的关系：投资人委托管理人投资、委托托管人托管;管理人接受委托进行投资管理,监督托管人并接受托管人的监督;托管人保管基金资产,执行投资指令,同时,监督管理人并接受管理人的监督。

五、证券投资基金同各种金融投资方式比较

（一）证券投资基金与债券

(1) 债券投资方式是国家、金融机构、公司以债券方式向社会借款,是一种债权、债务关系;证券投资基金则以委托方式接受社会的投资委托,是一种信托投资关系。

(2) 债券的发行者是政府、金融机构、公司等,而基金的发行者是基金管理公司。

(3) 发行债券是公司为追加资金的需要,所筹措的资金列入公司负债;而发行基金股份或受益凭证是为了形成一个以分散组合投资为特色,以降低风险达到资产增值为目的基金组织,所筹集的资金构成基金组成单位。

(4) 从期限上看,债券是债权的代表,债券的性质决定了债券要在一定时期内还本付息;基金较灵活,可有期,可无期。有期限的,在到期时经基金证券持有人大会同意、主管机关批准,还可以延期。

(5) 从返还性上看,债券到期必需还本付息;基金则较灵活。

(6) 债券发行主体承担投资风险,证券投资基金则不承担风险。

（二）证券投资基金与股票

(1) 股票表示的是对公司的所有权,是一种所有权关系;契约型基金反映的是一种信托投资关系。

(2) 发行股票是股份公司筹集自有资本的需要;证券投资基金筹资用作金融资本。

(3) 股份公司的投资基本是单一企业、单一产品的产业投资,风险比证券投资基金大;证券投资基金分散投资于各类企业股票和各类金融商品,其组合风险要比投资单一股份公司小得多。

(4) 股份公司的股票一经发行,不可退回,而开放型证券投资基金发行的受益凭证则随时可以要求赎回。

(5) 大多数证券投资基金是有经营期限的,到时可以解散清偿,投资者可以收回投资,绝大多数证券投资基金解散时可以使投资者的资本增值,且可随时变现。而股票除非公司破产,否则是无期限的。

第二节　证券投资基金的分类

证券投资基金的种类繁多,按照不同的标准,可以划分为不同的类型。

一、按不同的组织形态或法律基础划分

按基金组织形态或法律基础的不同,可分为契约型证券投资基金与公司型证券投资基金。

（一）契约型基金

契约型基金又称单位信托基金,是依据信托契约原理而设立的证券投资基金。它通

过发行受益凭证来筹集资金。其结构通常包括三个当事人。

基金管理人。是证券投资基金的设定人,即设定、组织各种基金的类型,发行受益凭证,把所筹资金交由受托人管理,并对所筹资金进行具体投资运用。

基金托管人。即接受委托管理基金财产者,一般为信托公司或银行。根据信托契约规定,具体办理证券、现金的管理及其他有关的代理业务和会计核算业务。

受益人。受益人即受益凭证持有人,即投资者。他们购买了受益凭证,参加基金投资,成为契约当事人之一,享有获得收益等项权利。

因此,契约型证券投资基金的三方当事人之间存在着这样一种关系:基金管理人依照契约运用信托财产进行投资,基金托管人依照契约负责保管信托财产,投资者依照契约享受投资收益。

(二) 公司型基金

公司型证券投资基金是依据公司法而成立的证券投资基金。即发起人发起组织以投资为目的的投资公司或叫基金公司,发行证券投资基金股份,投资者购买公司股份、参与共同投资的信托财产形态。投资者为基金公司股东,具有股东的所有权利,即享有与股份相应的参与公司审议决策权、收益分配权和剩余资产分配权等。由股东大会选举出董事会、监事会,然后由董事会选聘公司的总经理,负责公司的投资业务管理。公司型基金本身为一家股份有限公司。其结构通常包括四个当事人。

1. 投资公司

是公司型基金的主体,即基金的设立者,在基金创设完成后,还要负责制订基金的投资政策、管理证券资产以及聘用投资顾问和投资经理等工作。

2. 管理公司

是投资公司的顾问。负责向公司提供调查资料的服务、办理管理事务,它必须按公司董事会研究确定的资产运用和证券买卖决策执行,而不能自行决策。

3. 保管公司

投资公司指定银行或信托公司为保管公司。负责对基金经理人的投资活动进行监督。为明确双方的权利和义务,投资公司与保管公司之间要签订保管契约。

4. 承销公司

负责投资公司股票的承销业务。

(三) 契约型和公司型证券投资基金的区别

契约型证券投资基金与公司型证券投资基金有以下几点区别:

1. 信托财产的法人资格

公司型证券投资基金具有独立的法人资格,因为在公司共同证券投资基金的形态上,每一个基金的创立都要求是一个基金公司,即一个基金公司的内核就是一个共同证券投资基金,基金与公司是内容与形式的关系。而契约型证券投资基金没有法人资格,因契约型证券投资基金的投资人只是通过购买某一基金受益凭证而享有该基金收益分配权,不具有像公司型证券投资基金投资人那样的股东权利。

2. 信托财产经营管理依据不同

公司型证券投资基金依据投资公司或基金管理公司章程进行招股、运作与管理。而契约型证券投资基金是依据单个基金的信托契约来进行募集、经营与管理的。

3. 投资者的地位不同

公司型证券投资基金发行的证券为股票,投资者为股东,可以参加股东大会,行使股东权利。契约型证券投资基金发行的证券为受益凭证,是契约关系的当事人,即受益人。

4. 融资渠道不同

公司型证券投资基金在业务进展顺利,资金运用良好的情况下,如需增加投资组合的总资产时,可以向银行借款。而契约型证券投资基金一般不向银行借款。

从当前世界证券投资基金类型看,欧美的证券投资基金一般为公司型,其中以美国、英国为典型代表。亚洲地区如日本、韩国、台湾地区等的证券投资基金一般为契约型。

二、按基金单位是否变动划分

按基金单位是否变动划分为开放型证券投资基金与封闭型证券投资基金。

(一)开放型证券投资基金

开放型基金又称追加型基金,它是指基金设立时,对基金的总份数不固定,可就经营策略和实际需要连续发行,投资者可随时购买基金份额或将所持基金份额转卖给发行者赎回现金。购买或赎回的价格是以当时的基金单位资产净值为基础的。另外这种基金不设定存续期限,可以永远存在下去。

(二)封闭型证券投资基金

封闭型证券投资基金又称单位型证券投资基金,它是指基金设立时,以某一特定货币总额为设定单位,待资金筹足后,便将其封闭起来单独运作。其发行在外的股票或受益凭证数量是固定的,发行期满后基金就封闭起来,不再增加新的股份或受益凭证。投资者在信托契约期限未到时,不得向发行人要求赎回,如想变现,可到证券交易所将其持有的证券售出收回投资,但交易的价格不仅以基金单位资产净值为基础,而在很大程度上由市场供求决定。另外,封闭式基金通常有设定的存续期限,例如10年,20年等。

在美国90%以上的基金都是开放式的,新加坡和我国的台湾、香港地区的开放式基金也占较大比例,日本的基金几乎均属开放式的。在我国,现已很少发行封闭式基金,大多是开放式基金。

(三)开放型和封闭型证券投资基金的区别

在选择基金进行投资时,投资者应充分注意开放式基金与封闭式基金的区别。

1. 基金单位发行数量的限制不同

封闭型基金发行有数量的限制,而开放型基金则没有。

2. 基金的买卖方式不同

封闭型基金有明确的经营限期,未到期时,持有者不能赎回现金,可通过证券市场出售;而开放型基金随时可赎回现金。

3. 基金单位买卖价格不同

开放型基金买卖价格直接反映其净资产价值,不会出现折价现象,投资者投资于此类基金至少可以保持其净资产价值,这就大大降低了投资风险。封闭型基金的买卖价格却随时根据市场供求关系变化而变化。这将对投资产生不同影响,如当市价上涨时,基金买卖价格可能上涨到很高,这时投资者的基金资产价格可能增加;反之,当市价下跌时,基金价格可能下跌得很低,这时投资者就要承受其资产价值的损失,因此封闭型基金的投资风险相对大一些。

4. 基金的买卖费用不同

在买卖封闭型基金时需要缴纳一定比率的手续费、证券交易税,加上买卖封闭型基金一般要通过证券商进行,因而买卖封闭型基金的费用要高于开放型基金的费用。

5. 基金单位交易的每手额度有所不同

在美国,封闭型基金每手交易额度比较大,多在1万美元,所以,它适合机构投资者和个别资金较多的个人投资者需要,集资面比较广。

6. 投资目标市场不同

封闭型基金投资的多为规模比较大、开放程度较低、资金周转速度慢、灵活程度较低、不适应大规模短线投资的证券市场。相反,开放型基金投资的多为规模比较大、开放程度比较高、资金周转速度比较快、筹资容易、能适应大规模短线投资的证券市场。

7. 基金经理投资方式有所不同

封闭型基金由于不准投资者赎回资金,使基金经理掌握的资产比较稳定,可以进行长线投资。而开放型基金因允许投资者赎回资金,基金经理则需留一部分可以随时出手的金融商品,以便应付大规模的赎回,这样,他就不能把全部资金都用作长线投资。

(四)交易所交易的开放式基金

1. ETF

ETF(exchange-trade fund),即交易型开放式指数基金,通常又称为交易所交易基金。交易所交易基金从法律结构上说仍然属于开放式基金,但它主要是在二级市场上以竞价方式交易,并且通常不准许现金申购及赎回,申购赎回必须以一揽子股票换取基金份额或者以基金份额换回一揽子股票。对一般投资者而言,交易所交易基金主要还是在二级市场上进行买卖。

2. LOF

LOF(listed open-end fund)是指在交易所上市交易的开放式证券投资基金,也称为"上市型开放式基金"。LOF的投资者既可以通过基金管理或其委托的销售机构以基金净值进行基金的申购、赎回,也可以通过交易所以交易系统撮合成交价进行基金的买入、卖出。

3. ETF与LOF的区别与联系

LOF与ETF的相同之处是二者同时具备了场外和场内的交易方式,为投资者提供了套利的可能。

二者的区别表现在:ETF本质上是指数型的开放式基金,是被动管理型基金,而LOF则是普通的开放式基金增加了交易所交易方式,ETF与投资者交换的是基金份额和一篮子股票,而LOF则是与投资者交换基金;再次,在一级市场上,即申购、赎回时,ETF的投资者一般是较大型的投资者,如机构投资者和资金规模较大的个人投资者,而LOF则没有限定;最后,在二级市场的净值报价上,ETF每15秒钟提供一个基金净值报价,而 LOF 则是一天提供一个净值报价。

三、按投资计划所设定的证券投资内容是否可以变更划分

按投资计划所设定的证券投资内容是否可以变更划分,可划分为以下三种:

1. 固定型基金

固定型基金是指基金按证券投资计划,其投资的证券资产编定后,不论其价格如何变化,证券投资基金公司都不得通过出卖、转让等方式任意改变已编入的证券资产内容。这种基金的优点是便于投资者了解基金的具体运作情况。其缺点是基金资产的管理与运用缺乏灵活性,往往会失去一些获利时机。

2. 融通型基金

融通型基金是指基金运作者可以根据市场情况自由决定基金资产的内容和结构。这种基金具有能避免损失和获得最大收益的优点。

3. 半固定型基金

半固定型基金介于固定型基金与融通型基金之间。即基金投资的证券资产编定后,投资管理运作者在一定的条件和范围内,可以变更编定的基金资产内容。其优点是具有投资管理的灵活性,但不能使投资者明确掌握基金的运作情况。例如,在国债范围内,选择买卖不同期限和利率的国债。

四、按证券投资基金的资金来源不同划分

按证券投资基金的资金来源不同可分为四种:

1. 国内基金

即基金资本来源于国内并且运用到国内金融市场上的基金。

2. 国外基金

国外基金是指资本来源于国内,但投资于国外证券市场的投资基金。

3. 国家基金

即指基金资本从国外投资者那里筹集运用于国内金融市场的基金。

4. 海外基金

海外基金是指基金资本来源于国外,并投资于国外证券市场的投资基金。

五、按证券投资基金的投资地区不同划分

按证券投资基金的投资地区不同可划分为两种:

1. 区域基金

区域基金是指将资金投放在一定地区的各个金融市场上的基金。这些地区往往是按照其地理位置和经济发展共同性而划分的。如北美经济区、西欧经济区、亚太经济区、东南亚经济区、拉美经济区等。该种基金的投资空间比环球基金小,但比单一市场基金大,既可避免环球基金回报率平均化削弱基金表现的缺陷,又可以分散一定的市场风险。当今世界基金市场常见的区域基金有欧洲基金、北美基金、太平洋基金、远东基金、东南

亚基金、东盟基金等。

2. 环球基金

环球基金又称国际基金、世界基金,它是投资于全球各个金融市场的基金。它可以分为以下三类:

(1) 国际股票基金。主要品种有优质股票基金、中小型股票基金、高技术产业股票基金、认股权证基金等。

(2) 国际债券基金。主要品种有美元债券基金、英镑债券基金、欧洲货币单位基金等。

(3) 环球商品基金。主要品种有黄金基金、能源基金、资源基金等。环球基金的特点是投资空间广,它以全球各个金融市场的金融产品为投资对象,因而能最大程度地分散市场风险。另外,因为它投资众多的市场,其收益率比较低,即使有一些市场的投资收益率比较高,但也会被其他市场投资收益率平均化。

六、按证券投资基金的投资渠道的不同划分

按证券投资基金的投资渠道的不同可划分为如下几种:

(一) 股票基金

股票基金是基金中最为悠久的一大类,即以股票为投资对象的基金。股票基金按股票分类可划分为优先股票基金和普通股基金。股票基金功能齐全,一是它既能获取收益,又能获取增值,既有高风险品种,又有低风险品种,能适应多种投资者的需要;二是股票基金为投资境外股票,提供了条件;投资于股票基金是利用股市波动,低买高卖,谋求资本增值,因此,基金对股市行情具有很大的影响。

(二) 债券基金

债券基金是以债券为投资对象的基金。根据债券的期限长短可分为短期债券基金、中期债券基金、长期债券基金;根据投资地域可分为国际债券基金、欧洲债券基金、美国债券基金、英国债券基金;按币种可分为美元债券基金、英镑债券基金、日元债券基金等;按发行主体可划分为政府债券基金、市政债券基金、公司债券基金。债券属于收益型基金,适合于长期投资,其风险和回报率也往往低于股票基金。

(三) 货币基金

货币基金是以各类货币市场金融工具为投资对象的基金。如银行存单、银行票据、商业票据、短期国债等。货币基金的特点是:没有首次认购费,只收取管理费,投资成本低;货币基金一般不规定经营期限,可以无限期延续下去;货币基金的单位价格一般固定不变,其收益率通过利率表示;货币基金的资产较为庞大,可进行金融批发业务,争取到银行较高的利率,并可按每日计算复利;货币基金包括世界主要国家的货币,而且因免交首次的购买费,投资者可以用很低的转换费用,在各种货币基金中自由灵活地转换。总之,货币基金具有避风港的作用,被称为停泊基金。

(四) 专门基金

专门基金是以分类行业股票为投资对象的基金,也称次股票基金。它包括贵金属基

金、资源基金、地产基金、科技基金、小型公司基金等。专门基金的投资风险较高,尽管不少专门基金是投资在环球或区域同一行业的股票上,但毕竟是单一性股票,易受市场行情的影响。

1. 贵金属基金

是一种主要投资于黄金、白银及其他与贵金属有关的证券和黄金期货的证券投资基金。最典型的是投资于生产成本低、开采期限长、管理较好的金矿公司的股票。由于黄金具有保值作用,所以对投资者很具有吸引力。投资者投资于黄金基金比直接购买黄金更有利,这是因为在金市看好时金矿公司盈利,投资者可以分配到股利。

2. 地产基金

是一种主要投资于房地产或房地产抵押有关的公司发行的股票的证券投资基金。按照是否直接投资房地产可以将其划分为两类:一类是直接投资房地产公司发行的股票上,如加拿大怡东太平洋房地产股票信托基金,就是主要投资于香港和东盟各国房地产股票上;另一类是间接投资房地产的基金,即房地产抵押基金,该基金主要是通过投资房屋抵押市场而间接投资房地产。

3. 小型公司基金

它又称新兴成长基金。该基金以追求资本成长而不是以当期收入为目的,主要投资于新兴产业中具有成长潜力的小公司或高成长潜力(如高科技)的中小公司发行的股票。在很多情况下,小型公司的股票比那些已经稳定的老公司股票具有更好的发展前景,因此成长潜力很大。但是小公司的股票也有较高的风险,所以它属于高风险基金。

4. 资源基金

是一种主要投资于国家资源(如能源)公司发行的证券上的证券投资基金。

5. 科技基金

是一种投资在高科技公司发行的证券上的证券投资基金。它追求的是资本成长,是一种高风险高回报的基金。

(五)衍生基金

1. 期货基金

是一种以期货为投资对象的证券投资基金。期货不仅有套期保值功能,而且是一种高收益和高风险的投资方式,只要预测准确,就可以小博大,短期内获得很高的投资回报。一般的基金市场管理当局对经营期货基金都有一些严格的规定。

2. 期权基金

是以期权作为主要投资对象的基金。期权基金风险较小,适于稳定收入的投资者。

3. 认股权证基金

就是以认股权证为投资对象的基金。该基金通过认股权证买卖,以获取资本成长。在二级市场上,认股权证交易价基本上是正股市价与认股价之差,所以认股权证价格市场波动幅度比正股大几倍,投资风险和收益也相应大几倍。

(六)对冲基金和套利基金

1. 对冲基金

是一种利用对冲投资技巧投资的证券投资基金。基金经理在进行投资时利用股票市场上认股权证和期货指数走势是同步的,因此两者在图上表现为直线;认股权证是一种杠杆性投资工具,本身具有放大效应,因此其走势图为非直线的而呈弧线状。当股市呈现牛市指数上升时,持有认股权证所赚取的利润将超过出售期指所带来的损失;反之,当股市呈现熊市指数下降时,出售的期指所得利润大于持有认股权证的损失。因此,不论股市怎样波动,只要做好对冲都会有利可获。认股权证和期指均属高风险、收益稳定的基金,这种基金适合于既想保本又希望增值的投资者。

2. 套利基金

是指利用套利技巧进行投资的一种基金。证券套利是证券商利用两个证券市场上某种证券差价,或利用同一市场某种现货价与期货价之差进行套利。只要掌握套利技巧,基金就能盈利,且风险可降低到零,每年基金资产回报率可望达到25%以上,目前套利基金也有利用各金融市场利率之差进行套利的。

(七)雨伞基金或基金中基金

1. 雨伞基金

是指在一个母基金下再设立若干子基金,基金的各子基金独立进行投资决策,以方便和吸引投资者在其中自由选择转换的一种经营方式。其最大的特点就是方便投资者转换基金,并且不收或少收转换费,以此来留住投资者,防止投资者将资金转到其他基金管理公司。

2. 基金中基金

是以本身或其他信托基金的受益凭证为投资对象的基金。其特点是具有双重的专家经营和双重的分散风险,保护了投资者的利益。不利之处是加大了投资者的投资成本。

两类基金的不同之处在于,雨伞基金不是基金,基金中基金确实是一种基金;另外,基金中基金是否改变投资由基金经理做决定,而雨伞基金则完全由投资者决定。

(八)创业基金

创业基金是以那些不具备上市资格的小型企业或新型企业,甚至是仅仅处在构思中的企业为投资对象的基金。创业基金具有高风险高收益的特征。创业基金投资于未上市公司的目的不是要控股,而是通过资金和技术援助取得部分股权,促进受资公司的发展,使资本增值。一旦公司发展起来,股票上市了,基金公司经理便在股票市场上出售股票以获得增值,另寻新的投资对象。

第三节 我国证券投资基金的设立、发行和交易

一、封闭式基金的设立、发行和交易

(一)封闭式基金的设立

封闭式基金的设立一般是基金发起人按法律、法规的要求,起草设立报告、基金契约等相关文件,提交监管机构审批,经批准后,准备发行基金的一系列活动。

1. 设立的条件

证券投资基金尤其是公募的封闭式基金,是众多投资人的资金汇集而成的资金集合

体,为了保护投资人的权益,必须对基金的设立条件和程序等进行严格的规定。

在我国,申请设立封闭式基金,应当具备以下主要条件:基金主要发起人为按照国家有关规定设立的证券公司、信托投资公司、基金管理公司;每个发起人的实收资本不少于3亿元,主要发起人有3年以上从事证券投资经验、连续盈利记录,但是基金管理公司除外;发起人、基金托管人、基金管理人有健全的组织机构和管理制度,财务状况良好,经营行为规范;基金托管人、基金管理人有符合要求的营业场所、安全防范措施和与业务有关的其他设施等。

2. 设立的程序

制定基金文件,向主管机构提出申请。基金文件是指构成基金组建计划的主要文件,如契约型基金的信托契约,公司型基金的公司章程与重大文件及协议书。这些文件必须对基金管理人、托管人及投资人间的权利、责任以及基金的投资政策、收益分配等进行明确的界定。

制定相应文件后,就应选择基金管理人与托管人。协商同意后,基金经理人、基金发起人与基金托管人签订《信托契约》或《基金公司章程》和《托管协议》,并向主管机关申报审查。

发布基金招募说明书,准备发行基金证券。基金管理人和托管人承报的有关文件,通过资格审查、经主管机关批准后,即可在报纸等传播媒介上刊登招募说明书,在银行开设专门账户,准备发行基金证券。

(二) 基金的发行

封闭式基金的发行是指基金的设立申请在获得监管机构批准后,通过与证券交易所联网的证券营业网点,或者经批准的商业银行的营业网点,向广大的社会公众和机构投资人发售基金单位的活动。封闭式基金发行可分为不同类型:

1. 按对象和发行范围划分,可分为公募发行和私募发行

公募发行又叫公开发行,指面向不特定的社会公众发行基金的方式,即合法的投资者都可以认购基金单位。私募发行是指面向少数特定的投资者发行的基金单位,发行的对象一般是有资金实力的机构和个人。根据《证券投资基金管理暂行办法》的规定,我国的证券投资只能采用公募发行的方式。

2. 按发行渠道分为网上发行和网下发行

网上发行是指通过证券营业网点进行发售。网上发行时,一般分为为两个步骤:

第一步,投资者在证券营业部开设股票账户(或基金账户)和资金账户,这就获得了一个可以申购基金的资格。基金发行当天,投资者如果在营业部开设的资金账户存有可申购基金的资金,就可以到基金发售网点填写基金申购单申购基金。

第二步,投资者在申购日后的几天内,到营业部布告栏确认自己申购基金的配号,查阅有关报刊公布的摇号中签号。若中签,则会有相应的基金单位划入账户。

网下发行主要是通过证券营业网点以外的渠道如商业银行渠道进行发售。网下发行时,投资者在规定的时间里到当地的证券登记公司开设股票账户(或基金账户),并将申购资金直接存入指定的银行或证券营业网点账户中;之后,负责发售的机构按照规定

的程序进行比例配售。投资者获得配售的基金将自动转入账户,未获配售的余款将在规定的时间内退还给投资者。

3. 按发行方式来看,封闭式基金有自办发行和承受发行

自办发行即基金公司通过自己的销售渠道直接向投资者发售基金单位,采用这种方式的费用较低。承办发行即通过中介机构向投资者发售基金单位,它又可分为代销和包销。

(三) 封闭式基金的交易

封闭式基金交易是指封闭式基金发行募集成功后,基金管理公司向证券交易所提出上市申请,获准后在证券二级市场上进行的买卖活动。

1. 上市交易条件

基金份额上市交易,应符合下列条件:(1) 基金份额总额达到核准规模的80%以上;(2) 基金合同期限为5年以上;(3) 基金募集金额不低于2亿元人民币;(4) 基金份额持有人不少于1 000人;(5) 基金份额上市交易规则规定的其他条件。

2. 交易账户的开立

投资者买卖封闭式基金必须开立深、沪证券账户或深、沪基金账户卡及资金账户。基金账户只能用于基金、国债及其他债券的认购及交易。每个投资者只能开设和使用一个资金账户,并只能对应一个股票账户或基金账户。

3. 交易价格

封闭式基金的交易价格是指封闭式基金在证券市场挂牌交易时的价格。封闭式基金的买卖价格以基金单位的资产净值为基础,但也由市场供求等多种因素来确定。所以,封闭式基金单位交易过程中经常会出现溢价或折价的现象。

4. 委托与交收

同买卖股票一样,投资者可通过证券营业部委托申报或通过无形报盘,电话委托申报买卖基金单位,委托、成交具有以下特点:

(1) 基金单位的买卖委托。基金单位的买卖委托采用"公开、公平、公正"的原则和"价格优先、时间优先"的原则。

(2) 基金交易委托的单位。基金交易的买卖委托采用以标准手数为单位进行。根据最新规定,价格变化单位为0.001元。

(3) 在证券市场的营业日可以委托买卖基金单位。我国封闭式基金的交收同A股一样实行$t+1$交割、交收,即指达成交易后,相应的基金交割与资金交收在成交日的下一个营业日($t+1$日)完成。

(四) 封闭式基金的变更、终止和清算

1. 封闭式基金的变更

封闭式基金的变更是指基金在运作过程中,因为基金提前终止、基金合并或分立、基金转换等特殊的情况和原因,使基金本身或其运作过程发生重大改变。基金发生变更行为必须报主管机关核准。通常的变更行为有:

(1) 由于某些特殊原因需要分立基金,或本基金要与其他基金合并。

(2) 因故需要改变基金的性质,如由封闭式基金变为开放式基金。

(3) 基金扩募或续期,即增加基金规模或延长基金存续期限。

当封闭式基金扩募或者续期时,应当具备下列条件,并经过中国证监会审查批准:

(1) 年收益率高于全国基金平均收益率。

(2) 基金托管人、基金管理人最近3年内无重大违法、违规行为。

(3) 基金持有人大会和基金托管人同意扩募或者续期。

2. 封闭式基金的终止

封闭式基金的终止是指封闭式基金因规定的原因不能续存,要终止上市交易。根据我国有关规定,有下列情形之一的,基金将终止:① 封闭式基金存续期满未续期的;② 基金持有人大会决定终止的;③ 原基金管理人、基金托管人职责终止没有新基金管理人、基金托管人承接的;④ 基金合同或者基金章程规定的其他情形。

3. 封闭式基金的清算

基金清算是基金终止后的活动或结果。基金终止时,应当组织清算小组对基金资产进行清算。根据我国有关规定,自基金终止之日起3个工作日内应成立清算小组,基金清算小组在中国证监会的监督下进行基金清算;基金清算小组成员由基金发起人、基金管理人、基金信托人、具有从事证券相关业务资格的注册会计师、具有从事证券法律业务资格的律师以及中国证监会指定的人员组成。

二、开放式基金的发行、申购与赎回

(一) 开放式基金的发行

1. 发行方式

开放式基金的发行是指基金的申报获得中国证监会批准后,基金管理人利用其自身的直销网点和符合条件的销售代理人的营业网点向投资人首次销售基金份额的行为。开放式基金发行是开放式基金运作过程中的一个基本环节。基金发行成功后,才能进入基金的日常申购、赎回环节。从内容上讲,开放式基金的发行内容主要包括发行渠道、发行日期、销售形式、发行价格和发行数量等。

在我国,开放式基金以公开募集的方式发行,在基金管理公司的直销网点和与基金管理公司建立代理销售关系的银行和证券公司的指定营业网点,向投资人公开发行。

2. 发行流程

基金管理人在监管机构指定的报刊上刊登发行公告、招募说明书和基金契约等文件,通过报刊、电视、电台等公开媒体或宣传推介会,在销售网点张贴发行告示、海报、宣传手册等形式,向投资人公告基金的发行信息、宣传推介基金产品。基金开始发行后,进入设立募集期,通过基金管理公司的直销网点、符合条件的银行或证券公司的营业网点向投资人发售基金单位。根据《开放式证券投资基金试点办法》的规定,开放式基金的设立募集期限不得超过3个月。募集期内,如果净销售额超过2亿、同时最低认购户数达到100人,即满足开放式基金成立的条件,可宣告基金成立。如果基金发行期结束后,未达到上述条件,基金管理人应当承担募集费用,将已募集的资金并加计银行活期存款利息自募集期满之日起30天内退还基金认购人。

3. 发行价格

开放式基金的发行价格是指投资人购买基金证券的单价。在我国,开放式基金的发行价格由单位基金资产净值加一定的认购手续费用构成。其中单位基金净值在发行期为基金面值,为人民币1.00元;认购费用是投资人在认购基金时由投资人支付的一次性费用。此认购费用如在认购时支付,则称为前端收费;如在赎回时支付,则称为后端收费,后端收费一般随持有期而消减。对某些基金而言,若持有期超出一定期限,后端收费可以免除。

4. 发行期限

基金管理人应当自开放式基金设立申请获得批准之日起6个月内进行设立募集;超过6个月尚未开始设立募集的,原申请内容如有实质性改变,应当向中国证监会报告;原申请内容没有实质性改变的,应当向中国证监会备案;开放式基金的设立募集期限不得超过3个月,设立募集期限自招募说明书公告之日起计算。

(二) 开放式基金的申购与赎回

申购、赎回可以通过基金管理人的直销中心或与基金销售代理人的代销网点进行,也可以通过电话、传真、互联网等形式进行。基金管理人应在申购、赎回开放日前3个工作日在至少一种中国证监会指定的媒体上刊登公告。申购和赎回的工作日为证券交易所交易日,工作日的具体业务办理时间为上海证券交易所、深圳证券交易所交易日的交易时间。

1. 基金份额的申购

申购是指投资者在开放式基金募集期结束后,申请购买基金份额的行为。

申购份额的确定:基金管理人接到投资人的购买申请时,应按当日公布的基金单位净值加一定的申购费用作为申购价格。

申购的计价方法采用"未知价"法,通常按照"金额申购"的方式进行,以申请日的基金单位资产净值为基础进行交易。申购费用的计算采用内扣法,申购金额包括申购费用和净申购金额。计算公式如下:

$$净申购金额 = 申购金额 - 申购费用$$

$$申购份额 = \frac{净申购金额}{申请日基金单位资产净值}$$

申购费用按单笔申购金额所对应的申购费率乘以单笔确认的申购金额计算而得。

2. 基金的赎回

赎回是指基金份额持有人要求基金管理人购回其所持有的开放式基金份额的行为。在我国,赎回采用"未知价"法,按照"份额赎回"的方式进行,以申请日的基金单位资产净值为基础进行交易。公式如下:

$$赎回费 = 赎回当日基金单位资产净值 \times 赎回份额 \times 赎回费率$$

$$赎回金额 = 赎回当日基金单位资产净值 \times 赎回份额 - 赎回费$$

发生巨额赎回并延期支付时,基金管理人应当通过邮寄、传真或者招募说明书规定其他方式,在招募说明书规定的时间内通知基金投资人,说明有关处理方法,同时在指定媒体及其他相关媒体上公告;公告的时间最长不得超过3个证券交易所交易日。

3. 开放式基金的终止

通常情况下,当开放式基金出现下述情形时可以终止。

(1) 基金经基金持有人大会表决终止。

(2) 因重大违法、违规行为,基金被中国证监会责令终止。

(3) 基金管理人因解散、破产、撤销等事由,不能继续担任本基金的管理人,而无其他适当的基金管理机构承接其权利及义务。

(4) 基金托管人因解散、破产、撤销等事由,不能继续担任本基金的托管人,而无其他适当的基金托管机构承接其权利及义务。

(5) 由于投资方向变动而引起的基金合并、撤销。

(6) 法律、法规规定中国证监会允许的其他情况。

4. 开放式基金的清算

基金终止后,应当按法律、法规和基金契约的有关规定对基金进行清算。

自基金终止之日起30个工作日内成立基金清算小组。基金清算小组在中国证监会的监督下进行基金清算。在基金清算小组接管基金资产之前,基金管理人和基金托管人应按照基金契约和托管协议的规定继续履行保护基金资产安全的职责。

本 章 小 结

证券投资基金是现代证券市场的一种新型投资方式或投资制度。在促进证券市场发展中起到了积极作用,受到投资者和各国政府的欢迎,在世界各地得到了迅速的发展,成为一种重要的投资方式,证券投资基金也随之成为证券市场上的一种重要的投资工具。证券投资基金起源于19世纪60年代,迄今为止,它大致经历了产生、发展、成熟三个阶段。证券投资基金作为一种间接投资工具,与其他投资工具相比,具有如下特点:小额投资,风险分散;专业管理;流动性强,品种多样,费用低廉。证券投资基金的主要当事人有:基金持有人、基金管理人、基金托管人。证券投资基金的种类繁多,按照不同的标准,可以划分为不同的类型。按基金组织形态或法律基础的不同,可分为契约型证券投资基金与公司型证券投资基金;按基金单位是否变动划分为开放型证券投资基金与封闭型证券投资基金;按投资计划所设定的证券投资内容是否可以变更划分,可划分为固定型基金、融通型基金、半固定型基金;按证券投资基金的资金来源不同可分为国内基金、国外基金、国家基金、海外基金等;按证券投资基金的投资地区不同可划分为区域基金、环球基金。封闭式基金的设立、发行和交易,开放式基金的发行、申购与赎回。

本章练习题

一、名词解释

证券投资基金　封闭式基金　开放式基金　契约型基金　公司型基金　货币基金　对冲基金　套利基金

二、单项选择题

1. 证券投资基金通过发行基金单位集中的资金,交由(　　)管理和运用。
   A. 基金托管人　　　　　　　　B. 基金承销公司
   C. 基金管理人　　　　　　　　D. 基金投资顾问

2. 证券投资基金托管人是(　　)权益的代表。
   A. 基金监管人　　　　　　　　B. 基金管理人
   C. 基金份额持有人　　　　　　D. 基金发起人

3. 衡量一个证券投资基金经营业绩的主要指标是(　　)。
   A. 基金资产总值　　　　　　　B. 基金负债
   C. 基金份额净值　　　　　　　D. 基金资产净值

4. 封闭式基金期满终止,清查核资后的(　　)按投资者的出资比例进行分配。
   A. 基金总资产　　B. 基金净资产　　C. 可分配收益　　D. 基金资本

5. 开放式基金的交易价格取决于(　　)。
   A. 基金总资产值　　　　　　　B. 基金单位净资产值
   C. 供求关系　　　　　　　　　D. 以上都不准确

6. 在下列几种基金中,一般(　　)的年管理费率最低。
   A. 债券基金　　B. 货币基金　　C. 股票基金　　D. 认股权证基金

三、多项选择题

1. 契约型基金的当事人有(　　)。
   A. 管理人　　　B. 托管人　　　C. 承销公司　　　D. 投资者

2. 债券基金收益与市场利率的关系具体表现为(　　)。
   A. 市场利率下调,基金收益下降　　B. 市场利率上调,基金收益下降
   C. 市场利率上调,基金收益上升　　D. 市场利率下调,基金收益上升

3. 作为一种成效卓著的现代化投资工具,基金所具备的明显特点是(　　)。
   A. 集合投资　　B. 较高收益　　C. 分散风险　　D. 专家管理

4. 我国1997年11月颁布的《证券投资基金管理暂行办法》规定,我国的基金类型为(　　)。
   A. 封闭型　　　B. 契约型　　　C. 开放型　　　D. 公司型

5. 一般说来,证券投资基金当事人之间的关系包括(　　)。
   A. 基金份额持有人和基金管理人之间的关系
   B. 基金管理人和基金托管人之间的关系
   C. 基金份额持有人和基金托管人之间的关系
   D. 基金份额持有人、基金管理人、基金托管人与证券业协会之间的关系

四、思考题

1. 什么是证券投资基金？它具有哪些特点？
2. 证券投资基金的主要当事人有哪些？
3. 证券投资基金与股票、债券的联系与差异表现在哪些方面？
4. 如何对证券投资基金进行分类？
5. 开放型基金和封闭型基金有哪些区别？
6. 封闭型基金是如何发行与交易的？
7. 开放式基金是如何申购和赎回的？

第五章　金融衍生工具

【学习目标】
- 掌握金融衍生工具的概念、特征、分类；
- 掌握金融期货、股票指数期货；
- 熟悉金融期权、股票指数期权；
- 了解存托凭证、可转换证券、认股权证。

第一节　金融衍生工具概述

一、金融衍生工具的概念

金融衍生工具又称金融衍生品，是与基础金融产品相对应的一个概念，指建立在基础产品和基础变量之上，其价格取决于基础金融产品的价格（或数值）变动的派生金融产品。这里所说的基础产品是一个相对的概念，不仅包括现货金融产品（如债券、股票、银行定期存款单等），也包括金融衍生工具。作为金融衍生工具基础变量种类繁多，主要是各类资产价格、价格指数、利率、汇率、费率、通货膨胀率以及信用等级等，近些年来，某些自然现象（如气温、降雪量、霜冻、飓风）甚至人类行为（如选举、温室气体排放）也逐渐成为金融衍生工具的基础变量。

二、金融衍生工具的特征

由金融衍生工具的定义可以看出，它们具有四个显著特征：

1. 跨期性

金融衍生工具是交易双方通过对利率、汇率、股价等因素变动趋势的预测，约定在未来某一时间按照一定条件进行交易或选择是否交易合约。

2. 杠杆性

金融衍生工具交易一般只需要支付少量的保证金或权利金就可以签订远期大额合约或互换不同的金融工具。金融衍生工具的杠杆效应一定程度上决定了它的高投机性和高风险性。

3. 联动性

这是指金融衍生工具的价值与基础产品或基础变量紧密联系、规则变动。通常，金融衍生工具与基础变量相联系的支付特征由衍生工具合约规定，其联动性关系既可以是简单的线性关系,也可以表达为非线性函数或者分段函数。

4. 不确定或高风险性

金融衍生工具的交易后果取决于交易者对基础工具(变量)未来价格(数值)的预测和判断的准确程度。基础工具价格变幻莫测决定了金融衍生工具交易盈亏的不稳定性,这是金融衍生工具高风险性的重要诱因。基础金融工具价格不确定性仅仅是金融衍生工具风险性的一个方面。

三、金融衍生工具的分类

金融衍生工具可以按照基础工具的种类、风险—收益特性以及自身交易方法的不同而有不同的分类。

(一)按产品形态分类

根据产品的形态,金融衍生工具可以分为独立衍生工具和嵌入式衍生工具。

1. 独立衍生工具

这是指其本身即为独立存在的金融合约,例如期权合约、期货合约或者互换交易合约等。

2. 嵌入式衍生工具

这是指嵌入到非衍生合同(以下简称"主合同")中的衍生金融工具,该衍生工具使主合同的部分或全部现金流量将按照特定利率、金融工具价格、汇率、价格或利率指数、信用等级或信用指数,或类似变量的变动而发生调整,例如目前公司债券条款中包含的赎回条款、返售条款、转股条款、重设条款等。

(二)按照交易场所分类

金融衍生工具按交易场所可以分为两类。

1. 交易所交易的衍生工具

这是指有组织的交易所上市交易的衍生工具。

2. OTC交易的衍生工具

这是指通过各种通信方式,不通过集中的交易所,实行分散的、一对一的衍生工具。

(三)按照基础工具种类分类

金融衍生工具从基础工具分类角度,可以划分为股权类产品的衍生工具、货币衍生工具、利率衍生工具、信用衍生工具以及其他衍生工具。

1. 股权类产品的衍生工具

这是指股票或者股票指数为基础工具的金融衍生工具,主要包括股票期货、股票期权、股票指数期货、股票指数期权以及上述合约的混合交易合约。

2. 货币衍生工具

这是指以各种货币作为基础工具的金融衍生工具,主要包括远期外汇合约、货币期货、货币互换以及上述合约的混合交易合约。

3. 利率衍生工具

这是指以利率或利率的载体为基础工具的金融衍生工具,主要包括远期利率协议、利率期货、利率期权、利率互换以及上述合约的混合交易合约。

4. 信用衍生工具

这是指以基础产品所蕴含的信用风险或违约风险为基础变量的金融衍生工具,用于转移或防范信用风险,是20世纪90年代以来发展最为迅速的一类衍生产品,主要包括信用互换、信用联结票据等。

5. 其他衍生工具

除了以上四类金融衍生工具之外,还有相当数量金融衍生工具是在非金融变量的基础上开发的,例如用于管理气候变化风险的天气期货、管理政治风险的政治期货、管理巨灾风险的巨灾衍生产品等。

(四) 按照金融衍生工具自身交易的方法及特点分类

金融衍生工具从其自身交易的方法和特点可以分为金融远期合约、金融期货、金融期权、金融互换和结构化金融衍生工具。

1. 金融远期合约

金融远期合约是指交易双方在场外市场上通过协商,按约定价格(称为"远期价格")在约定的未来日期(交割日)买卖某种标的金融资产(或金融变量)的合约。金融远期合约规定了将来交割的资产、交割的日期、交割的价格和数量,合约条款根据双方需求协商确定。金融远期合约主要包括远期利率协议、远期外汇合约和远期股票合约。

2. 金融期货

金融期货是以金融工具(或金融变量)为基础的期货交易。主要包括货币期货、利率期货、股票指数期货和股票期货四种。近年来,不少交易所又陆续推出更多新型的期货品种,例如房地产价格指数期货、通货膨胀指数期货等。

3. 金融期权

这是指合约买方向卖方支付一定费用(称为"期权费"或"期权价格"),在约定日期内(或约定日期)享有按事先确定的价格向合约卖方买卖某种金融工具的权利的契约。包括现货期权和期货期权两大类。除交易所交易的标准化期权、权证之外,还存在大量的期权,这些新型期权通常被称为奇异型期权。

4. 金融互换

这是指两个或两个以上的当事人按共同商定的条件,在约定的时间内定期交换现金流的金融交易。可分为货币互换、利率互换、股权互换、信用违约互换等类别。

5. 结构化金融衍生工具

前述4种常见的金融衍生工具通常也被称作建构模块工具,它们是最简单和最基础的金融衍生工具,而利用其结构化特性,通过相互结合或者与基础金融工具相结合,能够开发设计出更多具有复杂特性的金融衍生产品,后者通常被称为机构化金融衍生工具,或简称为结构化产品。例如,在股票交易所交易的各类结构化票据,目前我国各家商业银行推广的挂钩不同标准资产的理财产品等都是其典型代表。

第二节 金融期货

一、期货概述

(一) 金融期货概念

期货交易市场的出现远早于金融期货交易市场。1967年,日本就已经开始进行稻谷的期货交易。金融期货是指以各种金融工具或金融商品(如外汇、利率、股价指数等)作为标的物的期货交易方式。期货交易以规范的合约形式操作,因此也称为期货合约买卖。

期货合约是期货交易所为进行期货交易而制定的协议书,是通过交易所买卖双方向对方承诺在一确定的未来某一时间,交割规定的商品而达成的书面协议。假如你买(或卖)下一宗期货合约,就等于你已同意在合约指定的期限,在指定的地点,接收(或付出)某等级和数量的商品(或货币、有价证券)等,按约定价格付(或收)款。在实践中,大多数期货合约在期满之前就了结了履约义务,如先买的在到期前卖出,先卖的在到期前买进,而不实际地去交割。

期货合约都是标准化的,各期货交易所对其交易的商品或有价证券在等级、数量、交割期、交货地点等方面都作了统一具体规定。标准化的金融期货合约包括以下内容:

(1) 交易单位。即交易所规定的每张期货合约所包含的交易数量。

(2) 最小变动价位。期货交易所通常规定的最小价位的变动价格,称为TICK。进行交易时每单位金融期货报价必须是它的倍数。

(3) 每日价格最大波动限度。即每个交易日价格上下浮动的限额。它是以上一个交易日的收盘价为基准而制定的上限额和下限额。

(4) 合约月份。即交易所为集中交易量以提高流动性而规定的期货合约的月份。交割月中的某一日指定为交割日,不同的金融期货,其交割月份也不尽相同。

(5) 交易时间。即交易所规定的各类金融期货的营业日和每一营业日内的具体交易时间。

(6) 最后交易日。即期货合约规定的交割月的最后营业日或最后营业日以前的某一营业日。

(7) 交割等级。即期货合约规定的金融期货商品进行实物交割时应具备的品质和要求。

(8) 交割方式。即期货合约规定的金融期货商品进行实物交割而采取的结算方式。

(二) 金融期货的特征

(1) 金融期货合约的标准化。主要包含以下四个标准:标准化的合同面额和合同数量;标准化的交易时间;实行涨跌停限制,规定价格的最大波幅和价格的最小变化幅度;标准化的合同标的物。

(2) 交易所组织交易。期货交易所直接接入每一笔期货,充当期货买卖的相对方,即买方的卖方和卖方的买方。

(3) 保证金制度。保证金是履约保证,保证金比率依期货合约和交易所不同而有区所,但一般都低于100%,因此期货交易是一种"以小驭大"的杠杆投资工具。

(4) 合约对买卖双方强制执行。合约到期时,买卖双方必须按合同规定进行实物交割。不过,实践中一般都是在合约到期前通过数额相等方向相反的交易取消了。

(三) 金融期货交易的参与者

在金融期货市场上,参与金融期货交易的主要有期货佣金商、经纪商代理人、保值者、套利者与投机者。他们都不是真正的投资者。

1. 期货佣金商

即期货经纪商,是指依法设立的以自己的名义代理客户进行期货交易并收取一定手续费的中介组织,一般称之为"期货经纪公司"。

期货经纪商是客户和交易所之间的纽带,客户参加期货交易只能通过期货经纪商进行。由于期货经纪商代理客户进行交易,向客户收取保证金,因此,期货经纪商还有保管客户资金的职责。为了保护投资者利益,增加期货经纪的抗风险能力,各国政府期货监管部门及期货交易所都制定有相应的规则,对期货经纪商的行为进行约束和规范。

2. 经纪商代理人

也称经纪人,是直接从事金融期货交易的个人,经纪商代理人通常受雇于期货佣金商、介绍经纪人等,或与他们联合,代他们寻求订单、客户或客户资金。经纪商代理人必须在期货交易委员会注册登记,并具有国家期货协会会员资格。

3. 保值者

在美国主要是证券商,他们通过买卖证券的差价,库存证券的资本利得,以及利用借入款来购买证券,以便用利息与储存成本的正利差来获得一定收入。

4. 套利者

指利用同一证券的现货期货两种价格的内在联系,以及同一证券期货在不同交割月份和不同市场上的价格之间的联系从事套期保值的投资者或投机者。他们通过同时在现货市场和期货市场进行数额相等、头寸相反的对冲交易,以盈补亏,求得稳定预期收益,从而获得一定盈利。

5. 投机者

主要通过对市场价格趋势的预测,从事低价买入、高价卖出的"买空卖空"活动而赚取利润。

(四) 金融期货的种类

1. 利率期货

利率期货是以利率为标的物的期货合约。世界上最先推出的利率期货是于1975年由美国芝加哥商业交易所推出的美国国民抵押协会的抵押证期货。利率期货主要包括以长期国债为标的物的长期利率期货和以三个月短期存款利率为标的物的短期利率期货。

2. 外汇期货

外汇期货是以汇率为标的物的期货合约。货币期货是适应各国从事对外贸易和金融业务的需要而产生的,目的是借此规避汇率风险。1972年美国芝加哥商业交易所的国际货币市场推出第一张货币期货合约并获得成功。之后,英国、澳大利亚等国相继建立货币期货的交易市场,货币期货交易成为一种世界性的交易品种。

3. 股票价格指数期货

股票价格指数期货亦称股指期货,是为适应人们管理股市风险,尤其是系统性风险的需要而产生的一种金融期货,其标的物是股票价格指数。股票价格指数期货采用现金结算的方式,其合约的价值通常是以股票价格指数乘以一个固定的金额来计算的。

二、股票指数期货

(一) 股票指数期货

股票指数期货是一种以股票指数作为买卖基础的期货,是买卖双方根据预先约定好的价格同意在未来某一特定时间进行股票指数交易的一种协定。

股票指数期货既是期货的一种,当然是在期货市场进行买卖,但它又与股市有关,因为所买卖的是股票的指数。因此,可以说股票指数期货是期货市场与股票市场的共同产物,它既具备了期货的特点,又包含了股票的特色。

股票指数期货与其他期货一样,是远期买卖合约。比如,它以3、6、9、12月作为交收月份。另外,它的买卖以保证金方式进行,买入或卖出一张合约,都要垫付一笔保证金,作为日后合约到期时履行交收责任的保证。

股票指数期货不是以股票进行交收,这点与传统的期货合约不同,以往的期货合约到期必须用该物品,并以某些指定规格完成交收手续,但由于股票指数是一种极特殊的商品,它没有具体的实物形式,双方在设定股票指数期货合约时实际上只是把股票指数按点数换算成货币形式,也就是股票指数期货是采取现金交收方式进行的,这是股票指数期货合约与其他期货合约的根本区别。

股票指数期货合约的面值,通常是该指数的数值乘以一个固定的金额。例如美国的价值线综合指数、标准普尔500种综合股票指数及纽约证券交易所综合指数,每张合约的价值为指数值乘以500美元。如现时期货市场内标准普尔500种指数是120点,那么一张标准普尔500种指数期货合约的价值是60 000美元(500×120=60 000),每一次指数的变动以0.05为一单位,也就是25美元(0.05×500=25)。

(二) 股票指数期货的产生和发展

上世纪70年代以来,西方国家受石油危机的影响,经济不稳定,利率波动剧烈,同利率有关的债务凭证纷纷进入期货市场,特别是1981年里根上台,把根治通货膨胀作为美国经济的首要任务,实行强硬的紧缩政策,利率大幅上升,给美国股票市场以沉重打击,股价狂跌。美国1981年第三季度纽约股票交易所、美国股票交易所以及场外所经营的股票90%跌价,纽约股票交易所中有17种股票下跌的市价达10亿美元以上,场外交易市价跌得更猛,证券商自动报价全国协会的综合指数下跌15.56%,有376种股票损失价值达40%。如何保证股票持有人不受损失或少受损失,对市场提出了建立更加有效的套期保值方式的要求。

1982年2月24日,美国堪萨斯市期货交易所推出了第一份被称为价值线综合平均指数的股票指数期货合约,这种买卖双方在市场上根据股票指数的起落事先约定买卖时间和价格的期货合约,受到广大股民的热烈欢迎。之后,其他形式的股票指数期货合约也相继引入期货市场。

1982年4月2日,芝加哥商品交易所推出了标准普尔500种股票指数的期货合约。这种指数代表了在纽约证券交易所、美国证券交易所和场外交易买卖的500种普通成分股的加权平均指数,它以全新的概念开拓了大量新的投资机会和领域。

随后,美国纽约证券交易所1982年5月6日,推出了综合股票指数合约。芝加哥期货交易所1984年7月23日推出了主要市场指数合约。

1983年澳大利亚悉尼期货交易所根据澳大利亚证券交易所普通股票指数制定了自己的股票指数期货合约。1984年2月,英国伦敦也推出名为"金融时报证券交易所100种股票指数"。作为亚洲的主要金融中心的香港于1986年5月正式在香港期货交易所推出股票指数期货的交易。

然而,股票指数期货的发展并非一帆风顺。1987年10月爆发了一场震惊世界的股票危机,股票市场全线崩溃,称为黑色星期一,全世界股票市场无一幸免。尽管如此,股票指数期货这一新的金融商品没有因此而消失,相反,却在困境中逐渐成熟,目前,已成为世界金融市场的主要金融工具。

(三) 股票指数期货的特点

它是一种买空卖空式的保证金买卖,其本质是以小利博大利。以香港期货交易所规定为例,现时每份合约的保证金为25 000港元。当恒生指数期货的点为4 000点时,每份合约的价值就是200 000港元(香港合约的单位价格为恒生指数乘以50,即4 000×50=200 000),也就是说,客户只要交足25 000港元的保证金,便可交易一份价格8倍于保证金的股票指数期货合约(不算佣金和印花税)。在美国,一份股票指数期货合约的保证金约为合约价值的10%。假设某日美国标准普尔500种股票指数为184.75点,那么一份合约的价值是92 375美元(184.75×500),应缴纳的保证金为9 237.5美元。如果期货市场的变化与股票指数期货合约交易人所预测的结果基本相符,他便可以通过交纳很少的一部分钱而获得可观的利润。

它是以现金交收和清算的,与一般商品期货有很大的不同,使投资者未必非要持有股票才可以涉足股票市场,一般来说,投资者在购买股票时所遇到的最大难题是明知整个股票市场的走势却无法真正把握购买哪一种股票为好,这是因为虽然整个股市的走向可以预测,但个别股票的变化却完全可能与之背离,从而造成投资者在股票投资上的风险或损失。股票指数期货的出现正好解决了这个问题,投资者参与股票指数期货交易可以省略挑选股票的麻烦而同样可以获取利润。

(四) 股票指数期货交易的功能

1. 套期保值功能

对于一个有多种股票的人,要想使手中的股票价值不发生贬值的风险,股票指数期货是最有效的保值手段,这种保值的原理是根据股票价格和股票价格指数变动趋势是同方向、同幅度,因为股票价格指数是根据一组股票价格变化的情况编制的指数,那么,在股票的现货市场与股票指数的期货市场作相反的操作,就可抵消出现的风险,例如手中的股票发生了贬值,那么股票价格指数也会相应下跌,在期货市场上买空以对冲掉卖空的合约即可盈利。

股票指数期货合约的套期保值一般分为股票指数期货合约的卖出套期保值和股票指数期货合约的买入套期保值。

(1) 股票指数期货合约的卖出套期保值。卖出套期保值活动的参与者主要是手中已经持有股票的个人或者机构。当他们对未来股市的走势无法把握的情况下,为防止股价下跌的风险,他们就会卖出股票指数期货合约。这样,一旦股市真的下跌,交易者就可以从出售股票指数期货合约的交易中获利,来弥补由于股市下跌在股票交易中所受的损失,例如表5-1所示。

表 5-1

日 期	现货市场	股票指数期货市场
4月5日	买进 100 股股票 A 股票市价 60 元/股 总价为 60×100＝6 000 元	股票价格指数 130 卖出 1 张期货合约,合约总值为: 130×50＝6 500 元
5月10日	股票市价 55 元/股 手中股票总价: 55×100＝5 500 元	股票价格指数 120 买入 1 张期货合约,到期时应付出: 120×50＝6 000 元
损益	亏损 500 元	盈利 500 元

期货市场的盈利抵消了股价下跌的损失,使其达到保值的目的。

(2) 股票指数期货合约的买入套期保值。当股票持有者卖出股票后股市反而上升,这时他会遭受一定的损失,或者一个投资者将收到一笔证券投资基金,但在资金没有到手之前,他可能认为市况会在短期内急升,为了便于控制购入股票时间,他可以在期货市场买入指数期货,预先固定了将来购入股票的价格,等资金一到,便可以运用这笔资金进行投资。这时可用购入股票指数合约的方法。

例如,某投资者欲购面值 100 000 港元的股票,但资金未到位,他担心股价会在他拿到这笔钱之前就上涨,为此,他采取下列方法保值(表5-2)。

表 5-2

日 期	现货市场	股票指数期货市场
1月10日	预料股市急升,虽欲购价值 100 000 港元的股票,但资金未到位	买入 1 张 2 月份到期的股票指数期货合约,点数为 2 000 点,合约总值为 100 000 港元(2 000×50)
2月10日	股市上扬,欲购股票的市价上升到 105 000 港元	卖出 1 张 3 月份到期的股票指数期货合约,点数为 2 100 点,合约总值为: 105 000 港元(2 100×50)
损益	亏损 5 000 港元	盈利 5 000 港元

结果是期货市场盈利抵补了现货市场的亏损。

2. 投资功能

由于股票指数期货合约是以股票指数作为交易的基础,因此买入股票指数期货合约实际上是一种间接买卖股票的经济活动。从某种特定的角度来说,买入股票指数期货合约甚至优于直接购买股票。因为一是购买股票指数期货合约可以减少风险。二是投资股票指数期货合约比直接投资股票的成本要低很多,一般只交实际成交额10%左右的保证金。三是股票指数期货交易的手续比股票交易手续简单。

第三节 金融期权

一、金融期权

(一)概念

期权是指一种选择的权利或自由,可供选择一物和按规定价格有权出售或购买一物品。期权交易就是一种权利的有偿使用。期权合约的购买者通过付出一笔较小的费用,便得到一种权利。这种权利,使他能以预先商议好的价格、数量和日期,向期权的卖方购买或出售某项金融资产。在金融市场中,期权交易实际上就是这种权利的交易。

(二)期权交易与期货交易的区别

(1)交易的对象不同。期权交易的对象是一种权利,其最终结果不一定有实物的买卖;期货交易的对象是代表具体形态的金融资产的期货合约。

(2)交割的期限不同。期权合约所赋予买方的权利,在美国是合约期限内任何时候都可行使,在西欧是到期日才能行使;而期货合约到期日前如不用相反的合约平仓,只有到期时才要求以实物交割。

(3)承担的责任不同。期权合约只对卖方有强迫性,当价格变动对买方不利时,买方可单方面放弃合约,任其作废;而期货合约的责任是双方的,对买方和卖方都有强迫性,如果没有平仓,到期必须由买方和卖方履行合约。

(4)履约的保证不同。期货交易的保证金,只作履约保证;而期权交易的期权费,则是卖方的一笔固定收入,一旦合约成交,卖方就可以先收入一笔期权费。

(5)盈亏的程度不同。从理论上讲,期权交易的买方盈利无限而亏损有限,卖方盈利有限而亏损无限;在期货交易中,在合约到期前或平仓前,买方的盈亏和卖方的盈亏都随市场行情的变化而无限。

(三)期权合约的构成要素

1. 买方(taker)

是购买期权的一方。

2. 卖方(grantor)

是出售期权的一方。

3. 协定价格

也称基本价格或合同价,是期权买方与卖方商定的某项远期金融资产的交易价格。

4. 期权权利金

价格期权费,是买方向卖方支付的费用。

5. 交易的金融资产的品种和数量

以股票为例,期权合约中规定的通常都是比较活跃的股票,每份合约协定股票的数量因地而异,在美国是 100 股,在澳大利亚是 1 000 股。

6. 期权的有效期

美式期权与欧式期权不同。

7. 通知日

在期权买方要求履行权利时,他必须在预先确定的到期日之前的某一天通知卖方,以便使卖方做好准备,这一天就是通知日,也称声明日。

8. 到期日

即期权合约有效期的终点,也称履行日或交割日。

(四)期权交易的类型

1. 按性质分类

(1)看涨期权。又称延买期权,即买方有权以双方预先商定的价格,在预先商定的到期日之前买进某种金融商品的合约。投资者买进看涨期权,是因为他坚信价格会在合约期限内上升。如果他预测错误,则损失期权费。

(2)看跌期权。又称延卖期权,即买方有权以双方预先商定的价格,在预先商定的到期日之前卖出某种金融商品的合约。投资者之所以买进看跌期权,是因为他坚信价格会在合约期限内下降。如果他预测错误,则损失期权费。

(3)双重期权。指期权买方有权以事前确定的成交价买入,也有权选择以这一成交价卖出商品的合约。它等同于某一成交价的看涨期权和看跌期权的组合。双重期权一般出现在以下场合:期权买方相信市场有大幅度波动,但又不能准确地判定市场是大幅度上升还是大幅度下降;而卖方则相信市场价格波动是狭窄的。对买方来说,在双重期权下可两头获利,所以,期权费也略高于前两者。

2. 按内容分类

(1)股票期权交易。指期权交易的买方和卖方经过协商之后,以买方支付一笔约定的期权费为代价,取得一种在一定期限内按协议价格购买或出售一定数额股票的权利。股票期权交易是历史上产生最早的期权交易。

(2)外汇期权交易。指交易双方按约定的汇价,就将来是否购买或出售某种外汇选择权而预先达成的合约。当汇率上浮时,买进看涨期权可以盈利;当汇率下浮时,买进看跌期权则可盈利。

(3)股票指数期权。1983 年 3 月初,芝加哥期权交易商会发明了一种既不建立在任何指数期货基础上,又不根据任何流行指数的指数期权——普尔 100 指数期权。紧接着,又陆续出现了纽约证券交易所综合指数期权、美国证券交易主要市场指数期权、价值指数期权。由于股票指数期权能紧随股票市场,所以发展很快。

二、股票期权

(一)股票期权的概念

从本质上看,股票指数期货合约的期权交易与股票的期权交易并没有太大区别,交易方法也大同小异。这里在介绍股票指数期货合约期权交易之前,先对股票期权交易进行说明。

(二)股票期权交易的发展。

股票期权交易在美国已经有了多年的历史,早在20世纪20年代纽约金融区新街的小饭店中就有这种交易,但由于条件较差、通信不发达,尽管有经纪人撮合,成交量还是很有限的,经常是有卖者找不到买者,或有买者而无卖者,交易规模一直不大,对股票市场没有产生很大影响。

1973年4月26日,芝加哥期权交易所首先推出了挂牌期权合同,使买卖双方能在交易所直接见面进行交易。为了便于成交,像其他商品交易所一样,把股票期权合同标准化,一个合同规定为100股,使交易简化和规范化。开始芝加哥期权交易所只做延买期权,1977年6月1日起又做延卖期权。继美国之后,英国伦敦证券交易所于1978年也开始做股票期权交易。

(三)股票期权的分类

股票期权分为延买期权、延卖期权和双向期权。

1. 延买期权

是指期权的买方买到一种权利,他可以在规定的时间内按某一协定价格购买一定数量的股票。如果股票价格上涨,他按约定的低价买入,在市场以高价售出,从中获利。反之,股价下降,则要承受损失。

例如,某公司每股股票为10美元,期权买方与卖方协商保险金为1美元/股,每个合同为100美元,买方有权在约定的6个月内按每股10.5美元从卖方处购进100股。

如果在这期限内股票价格升到13美元,他可以按10.5美元买入100股,支付1 050美元,然后在交易所以13美元一股卖出100股,获得13×100=1 300美元,利润1 300－1 050=250美元,减去保险金100美元,净利润为250－100=150美元。

还有一种选择,由于股价上涨,期权保险金由1美元/股升至3美元/股,他可以让出这种延买期权,100股为100×3=300美元,赚300－100=200美元,收益年为$\frac{200}{100}$＝200%。

花较少的代价,获巨大利润,这正是期权能吸引大批投资者的魅力所在。

如果股价没有像预测的那样上涨,而是下跌,假定在半年内,像1987年10月19日纽约股票市场"黑色星期一"那样,股价大跌,期权买方有两种选择:

一是使期权到期,损失预付保险金100美元,这是最大损失,但相比股票持有人来说损失要小得多。

二是在期权有效期内对行情上涨失去信心,中途削价出售期权,如每股 0.5 美元,100 股卖出 50 美元,损失 50 美元。

2. 延卖期权

是指在规定的时间内按一种协定价格出售一定数量的股票,如股票下跌,期权的买方有权按协定价格卖给期权的卖方约定数量的股票,然后在交易所以下跌的价格购入股票,从中获利。这种期权的对方是对股价行情看跌的人,也就是说只有股价下跌才会获利。

例如,某一公司每股股票为 20 美元,经协商,期权买方支付 150 美元保险金(每月 1.5 美元,100×1.5=150 美元),购买一个延卖期权,使其有权在半年内可用 19 美元/股卖出 100 股,如果股价下跌为 15 美元/股,他可以按 19 美元/股卖出 100 股,获 1 900－1 500=400 美元,减去预付保险金 150 美元,净利润 400－150=250 美元。

另一方面,如股价下跌,延卖期权保险金也会走俏,比如可能上涨至每股 3.5 美元,100×3.5=350 美元,他可以卖出这个延卖期权,减去预付 150 美元,净利润为 350－150=200 美元。

如果股价没有像预期那样下跌,而是上涨,该投资者可让延卖期权到期自动作废,他承担的最大损失是预付的 150 美元保险金。

3. 双向期权

是指期权的买方既有权卖又有权买,也就是在股价下跌时有权卖,股价上涨时有权买。

双向期权是两头获利,所以保险金要高于前两种情况,这种期权交易通常在市场十分混乱,股价波动剧烈,反复无常时才有人去做。

影响股票期权交易的因素有,一是买卖股票期权的协定价格,二是期限长短,三是保险金的高低。

(四)股票指数期货合约的期权交易

1. 股票指数期货合约期权交易的特点

股票指数期货合约的价格是以点数表示行市,如美国综合股票指数期货合约每点以 500 美元为计算单位,所以期权合约的价格是以点数来衡量的,这与股票期权直接以货币表示有很大差别。如协定价格为 150 的纽约证券交易所综合股票指数期货合约的 3 月份保险金的点数为 6.75,则这份协定价格为 150 的合约保险金为 3 375 美元(6.75×500)。

2. 股票指数期货合约期权交易方法

具体交易方法可分为购买期权、售出期权和对冲期权三种。

(1) 购买期权

购买期权又分为购买延买期权与购买延卖期权。

购买延买期权的投资者是希望从股市的上升得到好处,但他所购买的期权不是为股票设计的,而是为股票指数期货合约而推出的。

以纽约证券交易所综合股票指数期货合约的期权交易为例,假设一个投资者在 1991

年1月5日纽约证券交易所综合股票指数为138点时购进一份3月份到期的股票指数期权,保险金的点数为9.05,则他需付出4 525美元(9.05×500)的保险金。如果到了1991年3月,该期权有效期结束之前股市看好,纽约证券交易所综合股票指数由138点上升到162点时,该投资者行使延买期权,以事先约定好的协商价格69 000美元(138×500)购进一份股票指数期货合约,又以当时的市场价格81 000美元(162×500)将该合约出售,所得利润为12 000美元(81 000－69 000)。最终净利润为7 475美元(12 000－4 525)。

购买延卖期权的投资者认为股市的走向趋淡。例如一个投资者预计股市走势在较长时间内是下跌,便购买一张将于6月份到期,协定价格为144点的纽约证券交易所综合股票指数期货合约的期权,保险金点数为13.10,那么他应付出6 550美元(13.10×500)的保险金。

如该期权在6月份到期之前,股市受多方因素影响开始下降,纽约证券交易所综合股综合指数由年初的144点跌到现在的128点,该投资者行使延卖期权,以市场价格64 000美元(128×500)购进股票指数期货合约,随后以协定价格将该份合约出售,即72 000美元(144×500),这样,该投资者的盈利为8 000美元(72 000－64 000),除去保险金的净利润为1 450美元。

(2) 售出期权

售出期权分为出售延买期权与出售延卖期权。

购买延卖期权者的动因是对股市看好,以便赚取协定价格与实际价格的差价。然而,股票市场与任何其他形式的市场一样,人们对市场前景的看法在相同时间相同地点是不可能一致的,当一个投资者看好股市从而决心购买期权图利时,必定会有其他投资者看淡股市,而向购买者出售延买期权,以求赚取保险金又能保住它,它所期望的是期权到期之前股市的走向使股票指数期货合约的价格与期权的协定价格相等或者低于协定价格,这样延买期权的购买者便不会执行期权,而延买期权的出售者便可以得到全部的保险金。

第一种情况,假设某投资者对股市看淡,出售了一份协定价格为140点的6月份到期权,购买期权者所付保险金点数为7.85,则期权出售者得到3 925美元(7.85×500)的保险金。

如果到了6月份,股票指数期货合约的价格未变,仍然是140,这时延买期权的购买者便不会行使期权,于是期权出售者便可以保住这笔保险金。

第二种情况,如临近6月份到期日时,股票指数期货合约的价格略有上升,比如协定价格由140升到141.43,该期权的购买者便可能行使期权,而该期权出售者在保险金上损失715美元(1.43×500),使保险金收入由原来的3 925美元下降到3 210美元(3 925－715)。

第三种情况,如股票指数期货合约的价格急剧上升到159.86,这时对购买期权者来说是极好的事情,他一定行使期权,而对期权出售者来说,他有义务根据事先的约定以140的协定价格向该期权的购买者提供股票指数期货合约。这时期权出售者的亏损为

9 930美元(19.86×500)。除去保险金的收入3 925美元,净亏损仍为6 005美元。

因此对于购买期权出售者只有合约到期后,股票指数期货合约的价格低于、等于或略高于协定价格,他才能保住全部或部分保险金。

出售延卖期权者与出售延买期权者的目的都是一样的,都是为了赚取保险金,但在他出售延卖期权时,认定股市的走势是看好的。并且,他所希望的是当他出售的延卖期权到期时,股票指数期货合约的市场价格等于或者略低于原来的协定价格,这时他才可能赚取全部或部分保险金。

例如,某投资者的协定价格160出售一张3月份到期的延卖期权,收入保险金6 550美元。

如期权到期前,股票指数期货合约的价格不变或者高于160的协定价格,期权购买者不会行使权利,则该期权的出售者便可保住全部6 550美元的保险金;

如到期前,期货合约价格下跌,由160降到150,延卖期权的购买者将会行使权利,即以150价格购进期货合约,又将以160的协定价格将该合约出售给延卖期权的出售者,从而获利,而期权的出售者将承担5 000美元(10×500)的损失,但由于价格变化较小,这时延卖期权的出售者仍有1 550美元(6 550−5 000)的收益。

如价格波动再大一点,延卖期权的出售者就可能毫无利益可得了,甚至亏本。

(3) 对冲期权

对冲交易可分为期权与期权的对冲交易和期权与期货的对冲交易。

① 期权与期权的对冲交易

假设一个投资者购买了9月份到期、协定价格为140的纽约证券交易所综合股票指数的延买期权,3个月后,该股票指数上升了18点,这时该投资者纯收入为2 750美元(158×500−140×500),保险金点数为12.50,则保险金为6 250美元(12.50×500),由于他所购买的期权到9月份才到期,如果股市继续看好,则他所获得的利润还会增大。但是,股市也有可能朝相反的方向移动,这样,对该投资者来说,则会前功尽弃。

因此,为了保险起见,该投资者可以在6月份时购进一份9月份到期的纽约证券交易所综合股票指数期货合约的延卖期权。假设6月份时9月份延卖期权的保险金为16.10点,即8 050美元(16.10×500)。到9月份时,可能出现2种情况。

一种是该指数继续上升,比如上升24点,则该投资者通过行使延买期权,账面盈利为21 000美元(182×500−140×500),减去延买期权保证金6 250美元以后的纯收入为14 750美元(21 000−6 250)。由于该投资者在6月份还购买了一份延卖期权。如果股市看好,他就可以不执行延卖期权,让其自然到期,但购买这张延卖期权的成本要从赢利中扣除,即14 750−8 050=6 700美元,投资者实际赢利6 700美元。

另一种是该指数下降,如到9月份时,出现与投资者预测相反的变化,即股市受经济或其他因素的影响从6月份开始逆转向下,他在延买期权上的损失便可以通过行使延卖期权加以弥补,计算原理同上。

② 期权与期货合约对冲。方法就是在购买股票指数期货合约的同时,购买一份延卖期权。

假设投资者预计股市上升,便购进一份3月期的股票指数期货合约,如果3个月后股市真的看好,他便可以从点数的增加中获得利润。可是一个谨慎的投资者是不会甘冒这一风险的,因为一旦股市逆转向下,他的损失就不单单是在购买股票指数期货合约中所付出的保险金,甚至会累及他的财产。因此为了保险金起见,他会购进一张延卖期权,一旦出现熊市,他可以利用从延卖期权中赚取的利润来弥补股票指数期货合约交易中的损失。当然如果出现的是牛市,他最多不行使延卖期权而已,让其自动失效,然后从股票指数期货合约上的赢利中减去购买延卖期权的费用。

第四节　其他金融衍生工具

一、存托凭证

(一) 存托凭证的概念

存托凭证是指在一国证券市场流通的代表外国公司有价证券的可转让凭证。存托凭证(RD)主要以美国存托凭证(ADR)形式存在,即主要面向美国投资者发行并在美国证券市场交易。我国已有部分B股上市公司和H股上市公司在美国发行了存托凭证。

(二) 存托凭证的种类

1. 无担保的存托凭证

由一家或多家银行根据市场的需求发行,基础证券发行公司不参与,存券协议只规定存券银行与ADR持有者之间的权利义务关系。

2. 有担保的存托凭证

由基础证券的发行公司委托一家存券银行发行。发行公司、存券银行和托管银行三方签署存券协议。协议内容包括ADR与基础证券的关系。ADR持有者的权利、ADR的转让、清偿、红利或利息的支付以及协议三方的权利义务等。采用有担保的ADR,发行公司可以自由选择存券银行。

(三) 存托凭证的优点

存托凭证之所以能够取得较快的发展,除资本市场国际化这个大背景之外,对发行人和投资者而言,均具有一定的吸引力。

1. 对发行人的优点

对发行人而言,发行存托凭证能够带来下列好处:

(1) 市场容量大,筹资能力强。以美国存托凭证为例,美国证券市场最突出的特点就是市场容量极大,这使在美国发行ADR的外国公司能在短期内筹集到大量的外汇资金,拓宽公司的股东基础,提高其长期筹资能力,提高公司证券的流动性并分散风险。

(2) 避开直接发行股票与债券的法律要求,上市手续简单,发行成本低。

除此之外,发行存托凭证还能吸引投资者关注,增强上市公司曝光度,扩大股东基础,增加股票流动性;可以通过调整存托凭证比率将存托凭证价格调至美国同类上市公司股价范围内,便于上市公司进入美国资本市场,提供新的筹资渠道。对于有意在美国拓展业务,实施并购战略的上市公司尤其具有吸引力;便于上市公司加强与美国投资者的联系,改善投资者关系;便于非美国上市公司对其美国雇员实施员工持股计划等。

2. 对投资者的优点

(1) 以美元交易,且通过投资者熟悉的美国清算公司进行清算;

(2) 上市交易的 ADR 须经美国证券交易与交易委员会(SEC)注册,有助于保障投资者利益;

(3) 上市公司发放股利时,ADR 投资者能及时获得,而且是以美元支付;

(4) 某些机构投资者受投资政策限制,不能投资非美国上市证券,ADR 可以规避这些限制。

二、可转换证券

(一) 可转换证券概念

1. 可转换证券

是在一定条件下其持有者可将它转换成另一种证券。可转换证券分为两种:一种是可转换债券,即公司发行债券时可以将其转换成普通股票;另一种是可转换优先股,即公司发行的优先股在一定条件下将其转换为普通股票。

2. 可转换证券的特征

(1) 转换前的证券性质。可转换证券在转换前一直保持着发行证券的性质。如可转换债券,在其转换之前具有债权性,像其他普通债券一样,也具有利率和期限等因素。

(2) 转换后的证券性质。可转换证券在一定的条件下可以转换成规定的其他证券,在证券完成转换之后,其所具有的是转换后的证券性质。如可能转换债券,在其转换为普通股票之后,则其债权转换为股权,投资者由公司的债权人转为公司的股东,享受分配股息和红利等权益。

(3) 可转换性。可转换证券最主要的特征是可以在一定条件下转换成普通股票,一般在证券发行时就对转换条件作了规定。它的转换条件可以以转换比例表示,也可以转换价格表示。

(4) 转换期限。即指证券发行公司受理一种证券转换成另一种证券的期限。如可转换债券,转换期限一般有两种情况:一种是投资者可在发行后的某一日至到期前日或到期日行使转换权,这种情况给持有者一定的限制,使持有者过早地将债权转换成股权。另一种情况是从发行日至到期的前日或到期日,这种转换限制较小,使投资者选择余地较大。

(二) 可转换证券的价值

1. 转换率与转换价格

转换率是一定面额转换证券可兑换成普通股的股数。如转换率为 25∶1,即说明每一个可转换证券可转换成 25 股股票。

转换价格是规定转换的普通股的价格,即持有者按什么价格转换成普通股。如,一转换债券面值为 1 000 元,转换价格为 40 元,那么,投资者在转换时能转换成 25 股普通股,所以,转换价格 40 元与转换率 25∶1 其实是一致的,这样,只要规定了其中一种,另

一种也随之确定了,如用公式表示则为:

$$\text{转换率} = \frac{\text{可转换证券面值}}{\text{转换价格}}$$

$$\text{转换价格} = \frac{\text{可转换证券面值}}{\text{转换率}}$$

2. 可转换证券的理论价值

可转换证券的理论价值又称投资价值。

可转换证券的转换价值等于预期股票价格乘以转换率。其计算公式为:

$$CV = P_0(1+g)^t \cdot R = P_t \cdot R$$

式中:CV,债券的转换价值;P_0,期初的股票价格;g,股票价格的预期增长率;R,转换率;P_t,t 期末的股票价格。

债券转换成普通股后,其理论价值为:

$$P = \sum_{t=1}^{n} \frac{C}{(1+r)^t} + \frac{CV}{(1+R)^N}$$

式中:P,债券的理论价值;C,债券的年利息;r,可转换债券的预期收益率;n,离到期的年限;N,转换前的年数($N \geqslant n$)。

例如,某可转换债券,面值为 1 000 元,票面利率为 8%,转换率为 40,转换年限为 5 年,如当前的普通股市价为 26 元一股,股票价格预期每年上涨 10%,而投资者预期的可转换债券收益率为 9%,则该债券的理论价值为:

$$CV = P_0(1+g)^t \cdot R = 26 \times (1+10\%)^5 \times 40 = 1\ 675 \text{ 元}$$

$$P = \sum_{t=1}^{n} \frac{80}{(1+9\%)^t} + \frac{1\ 675}{(1+9\%)^5} = 1\ 400 \text{ 元}$$

3. 可转换证券的转换价值

转换价值是可转换证券实际转换时按转换成普通股的市场价格计算的理论价值。转换价值等于每股普通股的市价乘以转换率。其计算公式为:

$$CV = P_0 \cdot R$$

在上例中,可转换债券转换率为 40,若股票市价为 26 元一股,其转换价值为:

$$CV = 26 \times 40 = 1\ 040 \text{ 元}$$

显然,此时的转换价值低于债券的理论价值,即 1 040 元 < 1 400 元,投资者不会行使转换权。

4. 可转换证券的市场价格

可转换证券的市场价格必须保持在它的理论价值和转换价值之上。如果价格在理论价值之下,该证券价格低估,这是显而易见的;如果可转换证券的价格在转换价格之下,购买该证券并立即转化为股票就有利可图,从而使该证券价格上涨直到在转换价值之上。

(1) 转换平价

转换平价是指可转换证券持有人在转换期限内依据可转换证券的市场价格和转换比率,把债券转换成公司普通股票的每股价格。

转换平价是一个非常有用的数字,因为一旦实际股票的市场价格上升到转换平价水平,任何进一步的股票价格上升肯定都会使可转换证券的价值增加。因此,转换平价可视为一个盈亏平衡点。

(2) 转换升水和转换贴水

一般来说,投资者在购买可转换证券时都要支付一笔转换升水。每股的转换升水等于转换平价与普通股票的当期市场价格(也称为基准股价)的差额,或者说是可转换证券持有人在将债券转换成股票时,相对于当初认购转换证券时的股票价格(即基准股价)而作出的让步,通常被表示为当期市场价格的百分比。其计算公式为

$$转换升水 = 转换平价 - 基准股价$$

$$转换升水比例 = \frac{转换升水}{基准股价}$$

如果转换平价小于基准股价,基准股价与转换平价的差额就被称为转换贴水。其计算公式为

$$转换贴水 = 基准股价 - 转换平价$$

$$转换贴水比率 = \frac{转换贴水}{基准股价}$$

(3) 转换期限

可转换证券具有一定的转换期限。这是说该证券持有人在该期限内,有权将持有的可转换证券转化为公司股票。转换期限通常是从发行日之后若干年起至债务到期止。

三、认股权证

(一) 认股权证的概念

认股权证是股份公司增发股票时,能够按照特定的价格在有效期内购买一定数量该公司股票的选择权凭证。认股权证本身不是股票,既不享受股利收益,也没有投票权,它实质上相当于公司发行的一种股票买入期权。认股权证规定的购买价格称为执行价格,执行价格一般高于普通股票的市场价格。认股权证在发行时没有价值,只有当股票市场价格高于执行价格时,才有价值。所以能在证券市场上进行交易,其交易方式与股票交易相似,既可在场内交易,又可在场外交易。认股权证的有效期很长,一般为3~10年,有的公司发行的认股权证没有到期日,这称为永久性认股权证。

认股权证可以连在债券、优先股上,称为不可分的认股权证;也可与债券等分开,称为可分开认股权证。

认股权证从是否可购回可分为可购回认股证和不可购回认股权证。可购回认股权

证指发行公司可按某一规定的价格购回的认股权证。而不可购回认股权证发行公司则无权购回。公司利用认股权证的可购回性可迫使认股权证持有者执行权利,认购公司股票,达到筹集资金的目的。

(二) 认股权证的价值

认股权证的价值可分为内在价值和时间价值。

1. 内在价值

认股权证的执行价格与股票的市场价格之间的差,是确定内在价值的基础。其计算公式为:

$$V = \frac{M-S}{N}$$

式中:V,认股权证内在价值;M,普通股的市场价值;S,认股权证的执行价格;N,购买一股普通股需持有的认股权证份数。

影响认股权证内在价值的要素:① 普通股的市场价格。当其他两个因素确定时,普通股市场价格越高,则认股权证内在价值越高,反之则越低。② 认股价格。当其他两个因素确定时,认股价格与认股权证的内在价值成反方向变化,认股价格变低,认股权证内在价值越高。

2. 时间价值

即认股权证的市场价格和内在价值之差。它由如下因素决定:

(1) 时间。距到期日时间越长,时间价值越大;

(2) 股价的变动。认股权证价值随股价上升而上升,而在股价下跌时不会变为负值,所以股价变化大的股票认股权证价值要比股价平稳的股票认股权证价值大。

(3) 杠杆作用。认股权证是一种有价证券,具有投机价值。因为普通股市场价格与认股权证价格之差很小,认股权证价格相对于股票市场来说是很低的,这就使投机者用很少的投入就能获得较高的收益。

例如,某公司在发行债券时同时发行认股权证,规定每认购1 000元面值债券公司送一个股权证,在债券到期前的5年内每5个认股权证可按25元价格购买一股普通股票。当普通股票价格为30元时,则认股权证的价值为:

$$V = \frac{30-25}{5} = 1 \text{元}$$

当股价涨到40元一股时,认股证价值为:

$$V = \frac{40-25}{5} = 3 \text{元}$$

从以上计算可看出,股价涨幅为33.3%,而认股权证的涨幅为200%。当股价下跌时,认股权证的跌幅也大于股票价格。

本 章 小 结

金融衍生工具的特征有跨期性、杠杆性、联动性、不确定性。金融衍生工具可以按照基础工具的种类、风险——收益特性以及自身交易方法的不同而有不同的分类,金融衍生工具从基础工具分类角度,可以划分为股权类产品的衍生工具、货币衍生工具、利率衍生工具、信用衍生工具以及其他衍生工具。金融期货是指以各种金融工具或金融商品(如外汇、利率、股价指数等)作为标的物的期货交易方式。金融期货的特征有金融期货合约的标准化、交易所组织交易、保证金制度、合约对买卖双方强制执行。金融期货的种类有利率期货、外汇期货、股票价格指数期货。股票指数期货是一种以股票指数作为买卖基础的期货,是买卖双方根据预先约定好的价格同意在未来某一特定时间进行股票指数交易的一种协定。股票指数期货交易的功能有套期保值功能、投资功能。期权是指一种选择的权利或自由,可供选择之物和按规定价格有权出售或购买一物品。股票期权分为延买期权、延卖期权和双向期权。其他金融衍生工具还有存托凭证、可转换证券等。

本章练习题

一、名词解释

金融期货 金融期权 可转换证券 认股权证 股票指数期货 套期保值 看涨期货 看跌期货 延买期权 延卖期权

二、单项选择题

1. 国际货币市场中的国库券期货标的物的期限是( )。
   A. 91 天   B. 90 天   C. 92 天   D. 89 天

2. 看涨期权的买方对资产具有( )的权利。
   A. 买入   B. 卖出   C. 持有

3. 看跌期权的买方对资产具有( )的权利。
   A. 买入   B. 卖出   C. 持有

4. 投资者之所以买入看跌期权,是因为他预期这种金融资产的价格在近期内将会( )。
   A. 上涨   B. 下跌   C. 不变

5. 认股权证的认购期限一般为( )。
   A. 2~10 年   B. 3~10 年   C. 2 周~30 天   D. 2 周~60 天

三、多项选择题

1. 金融期货的类型主要有( )。
   A. 外汇期货   B. 股票期货   C. 股价期货   D. 利率期货
   E. 股价指数期货

2. 金融期权的种类主要有( )。
   A. 金融期货合约期权   B. 外币期权
   C. 股票指数期权   D. 利率期权

E. 股票期权

3. 存托凭证的优点为（　　）。

A. 市场容量大，筹资能力强

B. 发行一级 ADR 的手续简单，发行成本低

C. 减轻公司利息负担

D. 提高公司知名度，为日后在国外上市奠定基础

E. 解决公司经营或财务上的困难

4. 认股权证的三要素是（　　）。

A. 认股方式　　　B. 认股期限　　　C. 认股价格　　　D. 认股时间

E. 认股数量

四、思考题

1. 简述金融衍生工具的特征。
2. 金融衍生工具可分为哪些种类？
3. 什么是金融期货的套期保值功能？
4. 什么是期权合约？在标准化的期权合约中，一般都包括哪些内容？
5. 股票指数期货的概念及交易特点是什么？
6. 存托凭证有哪些优点？
7. 可转换证券有哪些特征？

第六章 证券发行市场

【学习目标】
- 掌握发行市场的含义、作用;熟悉证券发行分类;
- 掌握证券发行制度;
- 熟悉证券承销制度;
- 掌握我国的股票发行类型和股票发行条件;掌握我国股票的发行方式和发行定价方式;
- 掌握我国公司债的发行管理、发行条件;熟悉债券发行方式和发行定价方式。

第一节 证券发行市场概述

一、证券发行市场的含义与作用

证券发行市场也称为一级市场或初级市场,是指股份公司或政府等发行主体向投资者出售证券的场所。证券发行市场由证券发行人、证券投资者和证券中介机构三部分组成。通常没有固定的交易场所,是一个无形的市场。

证券发行市场作为证券市场的重要组成部分,其作用主要表现在以下几个方面:

(一)为资金需求者提供筹措资金的渠道

证券发行市场拥有大量的运行成熟的金融工具供发行人选择,发行人可以参照各类证券的期限、收益水平、参与权、流通性、风险性、发行成本等不同特点,根据自己的需要和可能来选择、确定发行何种证券,并依据当时市场上的供求关系和价格行情来确定证券发行数量和价格。

发行市场上还聚集了众多为发行人服务的中介机构,它们接受发行人的委托,利用自己的信誉、资金、人力、技术和网点等向公众推销证券,有助于发行人及时筹措到所需资金。发达的发行市场还可以突破地区限制,为发行人扩大筹资渠道和对象,在境内和境外面向全球的各类投资者筹措资金,并通过市场竞争逐步使筹资成本合理化。

(二)为投资者提供投资和获利的机会,实现储蓄向投资转化

证券发行市场的存在为资金持有者提供了多样化的投资机会,政府、企事业单位和个人投资者可利用其持有的暂时闲置的资金购买各种证券,实现社会储蓄资金向生产资金转化。

(三)形成资金流动的收益导向机制,促进资源优化配置

在市场经济条件下,资金一般都是逐利的。证券发行市场通过市场机制选择证券的

发行主体,那些产业前景好、业绩优良、具有发展潜力的企业更容易从发行市场筹集所需要的资金,从而使资金流向那些能产生更好经济效益的行业和企业,实现资源的优化配置。

二、证券发行的分类

证券发行的种类决定了证券发行市场的分类。证券发行最基本的分类标准是按照发行对象和有无中介机构介入进行分类,这也是证券发行主体在选择证券发行方式时首要考虑的问题。

(一) 按发行对象分类:公募发行和私募发行

1. 公募发行

公募发行又称为公开发行,是发行人向社会不特定的投资者发售证券。在公募发行方式下,任何合法的投资者都可以认购拟发行的证券。

(1) 公募发行的优点:以不特定的投资者作为发行对象,投资者数量众多,可以大规模发行证券,资金筹集潜力大;投资者数量多、范围大、分布广,可以避免发行的证券过于集中或被少数人操作;有利于增强证券的流动性,提高发行人的社会知名度;为发行人未来的证券融资打下基础。

(2) 公募发行的缺点:发行条件比较严格,发行程序比较复杂;发行所需时间较长,不利于发行者把握良好的市场时机;发行费用较高。

公募发行是世界各国发行证券采取的主要方式,适合于证券发行数量多、筹资额大、准备申请证券上市的发行人。发行人要符合国家证券主管部门规定的各项发行条件,要有较高的信用,经审批或核准后方可发行,各国的发行条件一般都比较严格,有一定的法律法规程序。

2. 私募发行

私募发行也称为非公开发行或私下发行、内部发行,是指发行人向特定的少数投资者发售证券。私募发行的对象主要有两大类,一类是公司的老股东或发行人的员工,另一类是投资基金、社保基金、保险公司、商业银行等金融机构或与发行人有密切关系的客户或其他第三方。

(1) 私募发行的优点:发行手续简单,有利于缩短发行时间;节约发行费用,降低发行成本;有利于对股东和员工进行股权激励;有利于巩固和发展企业的公共关系。

(2) 私募发行的缺点:特定投资者数量有限,所发行证券流通性较差;证券集中于少数特定投资者手中,容易导致被少数人控制;不利于提高发行人的社会知名度。

(二) 按是否有发行中介机构分类:直接发行和间接发行

1. 直接发行

直接发行又称自营发行,是指证券发行人不通过中介机构,直接向投资者推销、出售证券。一般适用于有既定发行对象或知名度高、发行量少、风险低的证券发行。

(1) 直接发行的优点:由于没有发行中介机构的参与,节约了发行成本。

(2) 直接发行的缺点:直接发行要求发行人熟悉证券发行市场及证券发行工作程

序;直接发行没有发行中介的参与,发行人要自己承担证券发行中的全部风险,可能面临发行失败及其带来的损失。

2. 间接发行

间接发行是指发行人委托证券中介机构代理出售证券的发行。中介机构多为银行、信托投资公司和证券公司等,它们有众多的专业管理人员和各地联网的营销网点,掌握发行技巧,了解市场情况,对顺利发行证券具有较大的优势,委托他们来发行证券,虽然成本较高,但相对风险较小。承销证券的中介机构称为承销商或经销商。

一般情况下,间接发行是最基本、最常见的方式,特别是公募发行大多采用间接发行;而私募发行则以直接发行为主。我国《公司法》规定,公司向社会公开募集新股,必须由依法设立的证券经营机构承销,即只能采取间接发行方式。

三、证券发行制度

股票发行制度主要有三种,即审批制度、核准制度和注册制度,每一种发行监管制度都对应一定的市场发展状况。在市场逐渐发育成熟的过程中,股票发行制度也应该逐渐改变,以适应股票市场的发展需求。

(一)审批制度

我国股票发行曾采用过的审批制度,是完全行政化的发行制度,有着强烈的计划经济色彩。拟发行公司在申请公开发行股票时,要征得地方政府或中央企业主管部门同意后,向所属证券管理部门提出发行股票的申请。经证券管理部门受理审核同意转报中国证监会核准发行额度后,公司可提出上市申请,经审核、复审,由中国证监会出具批准发行的有关文件后方能发行。

审批制通常是证券市场不发达的国家所采取的发行审核制度。它的缺点是显而易见的:

1. 审批制使得证券市场的供求机制完全是行政化而不是市场化的。发行股票不是根据企业融资和证券市场的发展需要,而是基于计划行政思维的结果。公开发行股票的首要条件是取得指标和额度,因而股票发行额度成了各部门、各省市争夺的稀缺资源。

2. 地方政府既作为公司上市的主要决定者,又作为地方行政实体,往往就倾向于将其所控制下的问题较多的国有企业拿去上市融资,而较少考虑这些企业是否具有持续经营能力,至于那些经营业绩尚好的民营企业通常得不到上市额度,无法获取发展急需的资金。这就造成了我国股票市场发展初期上市公司质量普遍不高的现象。

3. 审核制度下的两级行政审批的安排存在诸多弊端。所谓两级行政审批,即企业先向其所在地政府或主管中央部委提交额度申请,经批准后报送中国证监会复审。这种安排的弊端,一是地方政府负责对企业进行实质性审核,涉足企业事务,模糊了职责关系;二是企业申请上市要经过两级审核,导致发行费用很高;三是诱使企业为获取上市资格而对政府部门进行寻租行为。

(二)核准制度

核准制度是介于注册制度和审批制度之间的中间形式。核准制一方面取消了指标和额度管理,同时引进证券中介机构,加大市场参与各方的行为约束;另一方面证券监管机构同时对股票发行的合规性和适销性条件进行实质性审查。

所谓实质性审查,是指除了对发行人申报文件的真实性、准确性、完整性和及时性进行审查以外,还会对发行人的营业性质、财力、素质、发展前景、发行数量和发行价格等条件进行审查。证券监管机构通过采取书面审查与实地核查相结合的方式,得出审查结果,最后根据审查结果,证券监管机构作出发行人是否符合发行条件的价值判断和是否核准申请的决定。

在我国,核准制的发行审核流程具体是指证券发行人提出发行申请,保荐机构向中国证监会推荐,中国证监会进行合规性初审后,提交发行审核委员会审核,最终经中国证监会核准后发行。

相比审批制来说,核准制的行政干预色彩要淡很多,体现出了市场化的导向,其主要特点如下:

1. 加强中介机构责任,在选择和推荐企业方面,由主承销商培育、选样和推荐企业,增加了承销商的责任。

2. 在公司发行股票的规模上,由公司根据资本运营的需要自行选择,没有额度限制,满足了公司持续生长的需要。

3. 在发行审核上,强调强制性信息披露和合规性审核,发挥股票发行审核委员会的独立审核的功能。

4. 在股票发行定价上,由发行人与主承销商协商,并充分反映投资者的需求,使股票发行定价真正反映公司股票的内在价值和投资风险。

5. 在股票发行方式上,提倡鼓励发行人和主承销商进行自主选择和创新,最大限度地利用各种优势,建立证券发行人和承销商各担风险的机制。

核准制的缺陷和不足体现在:一是股票发行由中国证监会审核把关,客观上形成了政府对新股发行人的盈利能力和投资价值的"背书"作用,降低了市场主体的风险判断与选择,中国证监会的责任和压力不断加重,同时弱化了发行人、保荐机构以及会计师事务所等方面的责任;二是由中国证监会对新股发行"管价格、调节奏、控规模",虽然短期有稳定股指和投资者心理的作用,但却不利于市场自我约束机制的培育和形成,甚至造成市场供求扭曲,对股市中长期发展不利;三是行政干预过多且主观色彩浓厚,市场主体难以作出稳定、明确的预期,造成了市场主体与机构的博弈,不利于规范市场主体行为和市场稳定运行。

(三) 注册制度

注册制度是在市场化程度较高的成熟股票市场所普遍采用的一种发行制度,又称"申报制"或"登记制",实质上是一种发行公司的财务公开制度,是指发行人在发行证券之前,必须按照法律向主管机关申请注册的制度。证券监管机构审查注册申请书时,除了核实发行申请人是否具备法定的发行基本条件外,主要对其申报文件的真实性、准确性、完整性和及时性作合规性的形式审查,而不对发行人及所发行的证券有无价值作出实质判断。只要具备法定发行条件和提供了真实信息,则注册申请自送达后一定时期即自动生效。

注册制的特征主要有以下四点：一是企业拥有发行股票筹集资本的绝对自主权，只要不违背国家利益和公众利益，企业能否发行股票，以及发行股票的时间和价格，均由企业和市场自主决定；二是实行以信息披露为中心的监管理念，注册制要求企业必须向投资者披露所有能够影响投资决策的信息，政府不对企业的资质和投资价值进行实质性判断，监管机构不对信息披露的真实性负责，但要对招股说明书的齐备性、一致性和可理解性负责；三是各市场参与主体勤勉尽责，发行人是信息披露的第一责任人，中介机构承担对发行人信息披露的把关责任，投资者根据公开披露信息自行作出投资决策并自担投资风险；四是实行宽进严管，重在事中和事后监管，严惩违法违规，保护投资者合法权益。

四、证券承销制度

证券发行的最终目的是将证券推销给投资者。发行人推销证券的方法有两种：一种是由发行人自己直接销售，称为自销；另一种是将证券销售业务委托给专门的证券经营机构销售，称为承销。

根据发行风险的承担、所筹资金的划拨以及手续费的高低等因素划分，承销方式有包销和代销两种。

（一）包销

包销是指发行人与承销机构签订承购合同，由承销商按一定价格买入拟发行的全部证券，然后以高于买入价的价格向社会公众投资者发售，由承销商承担全部风险的承销方式。在全额包销中，承销商和发行人之间并非委托代理关系，而是买卖关系，即承销商将证券低价买进，高价卖出，赚取价差收益。对发行人来说，采用全额包销方式可以保证如期得到所需资金，并且无须承担发行风险，一般适用于那些资金需求量大、知名度低并且缺乏证券发行经验的发行人。全额承销是西方成熟证券市场中最常见、使用最广泛的方式。

（二）代销

证券代销是指承销商与发行人签订代销协议，在约定期限内代理发行人向社会公众投资者发售证券，在承销期结束时，将未售出的证券全部退还给发行人的承销方式。在代销中，发行人和承销商之间是委托代理关系，承销商只充当发行代理人的角色，不承担任何发行风险，因此代销佣金比较低。代销比较适用于那些信誉好、知名度高的企业，发行成本比较低。

（三）余额包销

余额包销是指承销商按照规定的发行规模和发行条件，在约定的期限内向社会公众投资者发售证券，到销售截止日，未售出的证券由承销商按协议价全部认购的承销方式。余额包销实际上是先进行代销，然后全额包销，是代销和全额包销结合的一种承销方式。

我国《证券法》规定，证券的代销、包销期限最长不得超过90日。证券公司在代销、包销期内，对所代销、包销的证券应当保证先行出售给认购人，证券公司不得为本公司预留所代销的证券和预先购入并留存所包销的证券。

第二节 股票发行市场

一、股票发行的目的

股票的发行主体是股份有限公司。股票是股份公司发售给股东证明其投资并拥有该公司股份资本所有权,并据以取得股息和红利的有价证券。股份公司之所以向股东发行股票,主要是基于以下目的:

(一)筹集资本金,组建公司

任何企业的设立都必须筹集资本金作为企业开办的本钱。股份公司设立所需的资本金,必须通过发行股票来实现资本金的筹集。股份公司发行股票筹集的资本金可作为公司的自有资本长期使用,无需归还。而且可以作为公司的资本基础,是公司设立和存在的基础,是公司从事经营活动的前提。

(二)追加筹资,扩大经营

股份公司在市场竞争中为了扩大经营,做强做大,需要大量资金支持,此时股份公司必须通过增发股票来实现追加筹资。

(三)优化公司资本结构

资本结构是指企业长期资金中债务资本和自有资本的结构和比例关系,是反映企业财务风险的重要标志。如果公司资本结构中债务资金占比过高,为提高公司的偿债能力和公司信用,可通过增发股票筹集股权资本,以降低负债比率,优化公司资本结构。

(四)其他目的

有时股份公司为了满足某些财务和经营活动的需求而发行股票,例如,为了发放股票股利,为实现本公司可转换债券的发行和转股,为公司兼并中的换股等情况。

二、股票发行类型

股票的发行可以分为首次发行和增资发行两大类。

(一)首次发行

首次发行也叫初次发行。根据《公司法》和《证券法》的相关规定,股份有限公司设立时应向发起人或募资股东发行股票,此时发行的股票是公司的首次发行。如果股份有限公司达到证券交易所上市条件,向有关部门申请上市并获得核准或注册后,则可以通过证券承销机构,在证券交易所向社会公众首次公开发行股票(Initial Public Offering, IPO)并上市交易。通过首次公开发行,股份有限公司不仅募集到所需的资本金,而且完成了股份分散,成为上市的公众公司。

(二)增资发行

增资也叫股权再融资,是公司设立后,为扩大公司股权资本规模,依照法定程序增加公司资本和股份总数的行为。增资发行是股份公司为了达到增加股本的目的而发行股票的行为。公司增资发行股票,根据股东取得股票时是否缴纳资金,可分为有偿增资发行和无偿增资发行。

1. 有偿增资发行

公司增资发行新股,认购者必须按照股票的发行价格支付资金以获得股票。有偿增资主要包括配股、增发和非公开发行。

(1) 配股。配股是按持股比例向公司原有老股东分配新股认购权,允许其优先认购股份的方式。这种增资方式有利于保护老股东的权益,特别是控股股东或者大股东对公司的控制权。公司老股东对配股权拥有选择权。配股价一般会低于股票的市场价格。

(2) 增发。增发是向社会不特定对象公开募集股份的增资方式。其目的是向社会公众募集资金,扩大股东人数,分散股权,增强股票流通性,并可避免股份过分集中。公开增发股票的定价一般以市场价格为基础,是上市公司最常用的增资方式。

(3) 非公开发行。非公开发行是向特定对象发行股票的增资方式。其特定对象主要包括:公司控股股东、实际控制人及其控制的企业;与公司业务有关的企业和往来银行;证券投资基金、证券公司、信托投资公司等金融机构;公司董事和员工等。根据我国《上市公司证券发行管理办法》的相关规定,上市公司非公开发行股票的特定对象必须符合股东大会决议规定的条件;发行对象不超过十名;如果发行对象为境外战略投资者的,应当经国务院相关部门事先批准。并且认购者自发行结束之日起,十二个月内不得转让;控股股东、实际控制人及其控制的企业认购的股份,三十六个月内不得转让。非公开发行股票发行价格不低于定价基准日前二十个交易日公司股票均价的百分之九十。

2. 无偿增资发行

无偿增资发行是指公司的原有老股东不必缴付现金即可无偿获得新股的增资发行方式。无偿增资的对象仅限于公司的原有老股东。这种增资方式一方面可以增加公司的股本规模,调整公司的资本结构;另一方面,可以增强老股东对公司的信心,提高公司信誉。无偿增资发行包括公积金转增股份、发放股票股利和进行股票分割等方式。

(1) 公积金转增股本。公积金转增股本是将公司的资本公积金、盈余公积金转为资本金,按原有老股东的持股比例转股,使老股东持股数量得以增加的增资方式。公司资本公积金主要来自于公司股票发行的溢价收入;而盈余公积金是根据法律规定,在税后净利中按一定比例提取的法定盈余公积和按公司股东大会决议提取的任意盈余公积。根据有关法律法规和相关制度的规定,公司可以利用资本公积和盈余公积转增股本。公积金转增股本可以进一步明确产权关系,有助于投资者正确认识股票投资的价值所在,提高股东对公司长期发展和积累的信心,形成公司积累的内在动力机制。

(2) 发放股票股利。发放股票股利是指公司向原有老股东发放股票作为现金股利的替代,从而增加公司股本的增资方式,也叫红利增资,我国市场中常称之为送股。这种方式扩大了公司股本规模,提高了公司股票的流通性。

(3) 进行股票分割。股票分割是将公司发行的原面额较大的股票均等地分成若干小面额股票的行为,也叫股票拆细。股票分割会增加公司股票的发行数量,但并不会增加公司的股本规模,因此,它本质上并不属于增资发行,但可以为公司未来增资发行创造条件,因为一般来说,公司之所以进行股票分割,主要是因为该公司股票的市场价格过高,已经对投资者的投资积极性造成障碍,进而影响公司增资发行新股。

三、股票发行条件

根据《公司法》、《证券法》等相关法律法规的规定,股票的发行必须具备一定的发行资格和发行条件。股票发行人必须是具有股票发行资格的股份有限公司或经批准筹备设立的股份有限公司。一般来说,股份有限公司根据其是否申请并获批在证券交易所上市交易,可分为上市公司和非上市公司两类。上市公司只是股份有限公司中达到上市条件,并向有关部门提出上市申请并获得批准在证券交易所内发行和交易的股份有限公司,它们只是股份有限公司中的一小部分。大部分股份有限公司都没有达到上市条件,或已经达到上市条件但并没有申请上市,它们属于非上市公司。

(一) 首次公开发行股票的条件

股票发行的类型主要是首次公开发行股票与上市公司发行新股两种,其中上市公司发行新股包括公开发行新股与非公开发行新股。

1. 在主板和中小企业板上市的公司首次公开发行股票的条件

公司在主板和中小板首次公开发行股票并上市,除应当符合《公司法》第七十六条关于设立股份有限公司应具备的条件之外,作为拟上市公司,还应当符合以下条件:

(1) 发行人应当是依法设立且合法存续的股份有限公司。

(2) 发行人已合法并真实取得注册资本项下载明的资产。

(3) 发行人的生产经营符合法律、行政法规和公司章程的规定,符合国家产业政策。

(4) 发行人最近3年内主营业务和董事、高级管理人员没有发生重大变化,实际控制人没有发生变更。

(5) 发行人的股权清晰,控股股东和受控股股东、实际控制人支配的股东持有的发行人股份不存在重大权属纠纷。

(6) 发行人在独立性方面不得有严重缺陷,即发行人的资产完整,人员、财务、机构和业务独立。

(7) 发行人具备健全且运行良好的组织机构,已经依法健全股东大会、董事会、监事会、独立董事、董事会秘书制度,相关机构和人员能够依法履行职责。

(8) 发行人具有持续盈利能力。

(9) 发行人财务状况良好。比如:财务管理规范,财务指标良好,依法纳税,发行人不存在重大偿债风险,不存在影响持续经营的担保、诉讼以及仲裁等重大事项,财务资料真实完整等。

(10) 发行人募集资金用途符合规定。

(11) 发行人不存在违法行为。

2. 在创业板上市的公司首次公开发行股票的条件

在创业板上市的公司一般是自主创新企业等成长型创业企业,经营规模普遍较小,具有较大的发展潜力和较好的成长性,但同时也具有较大的经营管理风险。在创业板上市相较于主板上市而言,其门槛相对较低。发行人申请首次发行股票并在创业板上市,

应当符合下列条件:

(1) 发行人是依法设立且持续经营3年以上的股份有限公司。有限责任公司按原账面净资产值折股整体变更为股份有限公司的,持续经营时间可以从有限责任公司成立之日起计算。

(2) 最近两年连续盈利,最近两年净利润累计不少于1 000万元;或者最近一年盈利,最近一年营业收入不少于5 000万元。净利润以扣除非经常性损益前后孰低者为计算依据。

(3) 最近一期末净资产不少于2 000万元,且不存在未弥补亏损。

(4) 发行后股本总额不少于3 000万元。

(5) 发行人的注册资本已足额缴纳,发起人或者股东用做出资的资产的财产权转移手续已办理完毕。发行人的主要资产不存在重大的权属纠纷。

(6) 发行人应当主要经营一种业务,其生产经营活动符合法律、行政法规和公司章程的规定,符合国家产业政策及环境保护政策。

(7) 发行人最近两年内主营业务和董事、高级管理人员均没有发生重大变化,实际控制人没有发生变更。

(8) 发行人的股权清晰,控股股东和受控股股东、实际控制人支配的股东所持发行人的股份不存在重大权属纠纷。

(9) 发行人资产完整,业务及人员、财务、机构独立,具有完整的业务体系和直接面向市场独立经营的能力。与控股股东、实际控制人及其控制的其他企业之间不存在同业竞争,以及严重影响公司独立性或者显失公允的关联交易。

(10) 发行人具有完善的公司治理结构,依法建立健全股东大会、董事会、监事会以及独立董事、董事会秘书、审计委员会制度,相关机构和人员能够依法履行职责。

(11) 发行人会计基础工作规范,财务报表的编制和披露符合企业会计准则和相关信息披露规则的规定,在所有重大方面公允地反映了发行人的财务状况、经营成果和现金流量,并由注册会计师出具无保留意见的审计报告。

(12) 发行人内部控制制度健全且被有效执行,能够合理保证公司运行效率、合法合规和财务报告的可靠性,并由注册会计师出具无保留结论的内部控制鉴证报告。

(13) 发行人的董事、监事和高级管理人员应当忠实、勤勉,具备法律、行政法规和规章规定的资格,且不存在证监会规定的不适宜任职的其他情形。

(14) 发行人及其控股股东、实际控制人最近3年内不存在损害投资者合法权益和社会公共利益的重大违法行为。发行人及其控股股东、实际控制人最近3年内不存在未经法定机关核准,擅自公开或者变相公开发行证券;或者有关违法行为虽然发生在3年前,但目前仍处于持续状态的情形。

(15) 发行人募集资金应当用于主营业务,并有明确的用途。募集资金数额和投资项目应当与发行人现有生产经营规模、财务状况、技术水平、管理能力及未来资本支出规划等相适应。

(二) 上市公司公开发行新股

上市公司首次公开发行股票并上市之后,可以根据生产经营需要增发新股;发行新股可以公开发行,也可以非公开发行。上市公司公开发行新股,可以分为向原股东配售股份(简称"配股")和向不特定对象公开募集股份(简称"增发",即公开增发)。

1. 上市公司公开发行新股的一般条件

(1) 上市公司的组织机构健全,运行良好。

(2) 上市公司的盈利能力具有可持续性,上市公司最近3个会计年度连续盈利。

(3) 上市公司的财务状况良好。

(4) 上市公司最近36个月内财务会计文件无虚假记载,且不存在因违反证券法律、行政法规或规章,受到中国证监会的行政处罚,或者受到刑事处罚;不存在违反工商、税收、土地、环保、海关法律、行政法规或规章,受到行政处罚且情节严重,或者受到刑事处罚;不存在违反国家其他法律、行政法规且情节严重的行为。

(5) 上市公司募集资金的数额和使用符合规定。

(6) 上市公司不存在下列行为:本次发行申请文件有虚假记载、误导性陈述或重大遗漏;擅自改变前次公开发行证券募集资金的用途而未进行纠正;上市公司最近12个月内收到过证券交易所的公开谴责;上市公司及其控股股东或实际控制人最近12个月内存在未履行向投资者作出的公开承诺的行为;上市公司或其现任董事、高级管理人员因涉嫌犯罪被司法机关立案侦查或涉嫌违法违规被中国证监会立案调查;严重损害投资者的合法权益和社会公共利益的其他情形。

2. 上市公司配股的特别规定

2006年修改后的《公司法》对配股条件进行了较大调整,降低了财务门槛,配股不再设定具体的财务指标门槛。《证券法》也对配股条件进行了调整。配股除了应当符合上述上市公司公开发行新股的一般条件外,《上市公司证券发行管理办法》对于上市公司配股还有以下的特别规定:

(1) 拟配售股份数量不超过本次配售股份前股本总额的30%。

(2) 控股股东应当在股东大会召开前公开承诺认配股份的数量。

(3) 采用证券法规定的代销方式发行。

3. 上市公司增发的特别规定

增发除了应当符合上述上市公司公开发行新股的一般条件外,《上市公司证券发行管理办法》对于上市公司增发还有以下的特别规定:

(1) 最近3个会计年度加权平均净资产收益率平均不低于6%。

(2) 除金融类企业外,最近一期末不存在持有金额较大的交易性金融资产和可供出售的金融资产、借与他人款项、委托理财等财务性投资的情形。

(3) 发行价格应不低于公告招股意向书前20个交易日公司股票均价或前1个交易日的均价。

(三) 上市公司非公开发行股票

上市公司非公开发行股票,是指上市公司采用非公开方式,向特定对象发行股票的行为,定向增发即属于此类。非公开发行股票的特点主要有:首先,募集对象的特定性和发售方式的限制性。非公开发行股票的发行对象是特定的,即其发售的对象主要是像私募这样的机构投资者及其他专业投资者,他们具有较强的自我保护能力,能够作出独立判断和投资决策。其次,非公开发行的发售方式是有限制的,即一般不能公开地向不特定的一般投资者进行劝募,从而限制了即使出现违规行为时其对公众利益造成影响的程度和范围。非公开发行股票的优点是给予非公开发行一定的监管豁免,可以在不造成证券法的功能、目标受损的前提下,使发行人大大节省了筹资成本与时间,也使监管部门减少了审核负担。

中国证监会于 2007 年 9 月 17 日发布了《上市公司非公开发行股票实施细则》,对非公开发行股票进行了以下规定:

1. 发行对象与认购条件

非公开发行股票的特定对象应当符合下列规定:特定对象符合股东大会决议规定的条件;发行对象不超过 10 名。发行对象为境外战略投资者的,应当经国务院相关部门事先批准。

发行对象属于下列情形之一的,具体发行对象及其认购价格或者定价原则应当由上市公司董事会的非公开发行股票决议确定,并经股东大会批准;认购的股份自发行结束之日起 36 个月内不得转让:(1) 上市公司的控股股东、实际控制人或其控制的关联人;(2) 通过认购本次发行的股份取得上市公司实际控制权的投资者;(3) 董事会拟引入的境内外战略投资者。

除去以上的发行对象,上市公司应当在取得发行核准批文后,按照《上市公司非公开发行股票实施细则》的规定以竞价方式确定发行价格和发行对象。发行对象认购的股份自发行结束之日起 12 个月内不得转让。

上市公司非公开发行股票的发行价格不能低于定价基准日前 20 个交易日公司股票均价的 90%。此处所称的"定价基准日",是指计算发行底价的基准日。定价基准日可以为关于本次非公开发行股票的董事会决议公告日、股东大会决议公告日,也可以为发行期的首日。上市公司应按不低于该发行底价的价格发行股票。

同时,非公开发行认购的募集资金使用应符合有关规定。如果本次发行将导致上市公司控制权发生变化的,还应当符合中国证监会的其他规定。

2. 上市公司存在下列情形之一的,不得非公开发行股票

(1) 本次发行申请文件有虚假记载、误导性陈述或重大遗漏。

(2) 上市公司的权益被控股股东或实际控制人严重损害且尚未清除。

(3) 上市公司及其附属公司违规对外提供担保且尚未解除。

(4) 现任董事、高级管理人员最近 36 个月内受到过中国证监会的行政处罚,或者最近 12 个月内受到过证券交易所公开谴责。

(5) 上市公司或其现任董事、高级管理人员因涉嫌犯罪被司法机关立案侦查或涉嫌违法违规正被中国证监会立案调查。

(6) 最近一年及一期财务报表被注册会计师出具保留意见、否定意见或无法表示意见的审计报告。保留意见、否定意见或无法表示意见所涉及事项的重大影响已经消除或者本次发行涉及重大重组的除外。

(7) 严重损害投资者合法权益和社会公共利益的其他情形。

3. 创业板上市公司非公开发行的特别规定

2014年2月11日中国证监会通过《创业板上市公司证券发行管理暂行办法》,对创业板上市公司非公开发行股票的行为作出以下规定。

创业板上市公司非公开发行股票的特定对象应当符合下列规定:

(1) 特定对象符合股东大会决议规定的条件。

(2) 发行对象不超过5名。发行对象为境外战略投资者的,应当遵守国家的相关规定。

上市公司非公开发行股票确定发行价格和持股期限,应当符合下列规定:

(1) 发行价格不低于发行期首日前1个交易日公司股票均价,本次发行股份自发行结束之日起可上市交易。

(2) 发行价格低于发行期首日前20个交易日公司股票均价但不低于90%,或者发行价格低于发行期首日前1个交易日公司股票均价但不低于90%的,本次发行股份自发行结束之日起12个月内不得上市交易。

(3) 上市公司控股股东、实际控制人或者其控制的关联方以及董事会引入的境内外战略投资者,以不低于董事会作出本次非公开发行股票决议公告前20个交易日或者前一个交易日公司股票均价的90%认购的,本次发行股份自发行结束之日起36个月内不得上市交易。

上市公司非公开发行股票将导致上市公司控制权发生变化的,还应当符合中国证监会的其他规定。

四、我国股票的发行方式

我国上市公司的股票发行主要采取公开发行并上市的方式,同时也允许上市公司在符合相关规定的条件下向特定对象非公开发行股票。

我国现行的有关法规规定,我国股份公司首次公开发行股票和上市后向社会公开募集股份(公募增发)采取对公众投资者上网发行和对机构投资者配售相结合的发行方式。

(一) 上网定价发行方式

上网定价发行,是指利用证券交易所的交易系统,主承销商作为惟一"卖方",将所承销股票输入其证交所的股票专用账户,以发行价挂牌卖出。各地投资者在指定时间内通过证交所会员交易柜台指定的账户,根据发行价和限购数量缴足申购款进行申购委托。申购结束后,由证交所的交易系统汇总有效申购总量和申购户数,并根据有效申购总量和申购户数确定申购者的认购股数。申购者认购股数的确定分三种情况:

1. 当投资者有效申购量等于该次股票发行量时,按投资者的申购量认购股票。

2. 当投资者有效申购量少于该次股票发行量时,按投资者的申购量认购股票后,认购不足部分由承销团按承销协议包销。

3. 当投资者有效申购量超过该次股票发行量时,由证交所交易系统主机按每1 000股有效申购量确定一个申购号,顺序排号,再通过摇号确定中签申报号,每一个中签申报号认购1 000股。所有中签申报号的股权登记由电脑主机在定价发行结束后自动完成。

（二）向二级市场投资者网下配售发行方式

向二级市场投资者网下配售是指在首次公开发行股票时将一定比例的新股向二级市场投资者配售，投资者根据其持有上市流通证券的市值和折算的申购限量，自愿申购新股。投资者持有上市流通证券的市值，是按招股说明书摘要刊登前一个交易日收盘价计算的上市流通股票和可转换债券市值的总和。比如，在沪市，投资者每持有上市流通股票市值10 000元，可申购新股1 000股，申购新股的数量应为1 000股的整数倍；投资者持有上市流通证券市值不足10 000元的部分，不计入市值；每一个股票账户只能申购一次，重复的申购视为无效申购。投资者申购新股时，无需预先缴纳申购款，中签的投资者认购新股应缴纳的股款，由证券营业部直接从其资金账户中扣缴。

根据中国证监会2010年修订的《证券发行与承销管理办法》的规定，公开发行股票数量少于4亿股的，配售数量不超过本次发行总量的20%；公开发行股票数量在4亿股以上的，配售数量不超过向战略投资者配售后剩余发行数量的50%。

（三）向机构投资者配售发行方式

根据中国证监会2010年修订的《证券发行与承销管理办法》的规定，发行人及其主承销商应当向参与网下配售的询价对象配售股票。这里的询价对象是指符合规定条件的证券投资基金管理公司、证券公司、信托投资公司、财务公司、保险机构投资者、合格境外机构投资者、主承销商自主推荐的具有较高定价能力和长期投资取向的机构投资者，以及经中国证监会认可的其他机构投资者。公开发行股票数量少于4亿股的，配售数量不超过本次发行总量的20%；公开发行股票数量在4亿股以上的，配售数量不超过向战略投资者配售后剩余发行数量的50%。

询价对象可自主决定是否参与股票发行的初步询价，发行人及其主承销商应当向参与网下配售的询价对象配售股票，但未参与初步询价或虽参与初步询价但未有效报价的询价对象，不得参与累计投标询价和网下配售。股票配售对象只能选择网下或者网上两种方式进行新股申购，所有参与该只股票网下报价、申购、配售的股票配售对象均不再参与网上申购。

首次公开发行股票数量在4亿股以上的，可以向战略投资者配售股票。战略投资者是与发行人业务联系紧密且欲长期持有发行人股票的机构投资者。战略投资者应当承诺获得配售的股票持有期限不少于12个月。符合中国证监会规定条件的特定机构投资者及其管理的证券投资产品（股票配售对象）可以参与网下配售。

五、股票发行价格

股票的发行价格是新股票有偿发售时投资者实际支付的价格。股票发行价格的确定是股票发行中最基础和最重要的内容，既要考虑发行人的利益，又要考虑投资者的投资成本，还要考虑上市后的表现。一般来说，在确定股票发行价格时应综合考虑公司的盈利水平、公司发展潜力、股票发行数量、公司所处行业特点以及股票市场运行状况等影响股价的基本因素。

（一）股票发行价格的分类

按照发行价格与票面金额的差异，股票发行价格可以分为平价、溢价和折价。

1. 平价发行

平价发行又称为等价发行、面额发行，是以股票面值为发行价格发行股票。一般来说，股票面值并不代表股票的实际价值，也不能表示公司每股实际资产的价值。票面价值仅仅具有簿记方面的作用，表示每一股份占公司资本的份额。平价发行可以准确地确定每一股份在公司所占有的比例，而且发行价格不受市场行情波动的影响。由于市价通常高于面额，以面额发行能使投资者得到因价格差异带来的收益，因此股东乐于认购，又保证了股份公司顺利地实现筹资的目的。平价发行较简便、易行，不足之处在于发行价格不能反映公司的投资价值和股票的市场表现。平价发行在发达的证券市场用得很少。

2. 溢价发行

溢价发行是以高于股票面值的价格发行，高于面值的部分称为溢价，溢价收益计入公司资本公积金。溢价发行是成熟证券市场最基本、最常用的方式。

（1）时价发行

它是股票以流通市场上的价格为基础而确定的发行价格。时价发行价格一般并不等于市价，而是接近股票流通市场上该种股票或同类股票的近期买入价格。时价发行价格高于股票面额，两者的差额称为溢价，溢价带来的收益计入公司资本公积金。时价发行是成熟市场最基本、最常见的方式，通常在公募发行或第三者配售时采用。

时价发行时决定股票发行价格的主要因素还有公司净资产、盈利水平、发展潜力、行业特点、发行数量以及股票市场的状态及趋势等。

（2）中间价发行

它是指按照介于面额与市价之间的价格发行。中间价发行通常在股东配股时采用。配股采用中间价发行可以增强对原有股东的吸引力，实际上是将发行溢价的一部分返还给股东。

3. 折价发行

折价发行是以低于股票面值的价格发行。折价发行有两种情况：一种是优惠性的，通过折价使认购者分享权益。例如公司为了充分体现对现有股东优惠而采取搭配增资方式时，新股票的发行价格就为票面价格的某一折扣，折价不足票面额的部分由公司的公积金抵补。现有股东所享受的优先购买和价格优惠的权利就叫作优先认股权。若股东自己不享用此权，他可以将优先购股权转让出售。这种情况有时又称作优惠售价。另一种情况是该股票行情不佳，发行有一定困难时，发行者与推销者共同议定一个折扣率，以吸引那些预测行情要上涨的投资者认购。由于各国一般规定发行价格不得低于票面额，因此，这种折扣发行需经过许可方能实行。

根据我国《公司法》和《证券法》等的规定，股份公司发行股票，发行价格可以等于票面面值，也可以超过票面金额，但不得低于票面金额。

（二）股票发行定价方法

无论采用哪种定价方式，发行人和承销商都要事先商定发行底价或发行价格区间。

这一发行底价或价格区间可以通过以下方法进行估算。

1. 协商定价法

协商定价法是指股票的发行价格由发行人与承销商协商确定,并报证券监管部门核准。承销价格与发行价格之间的差额即为承销商的报酬;也可以仅协商议定公开发行价格并报证券监管部门核准,承销商按发行总额的一定比例收取承销费用。

发行人和主承销商在议定发行价格时,主要考虑二级市场股票价格的高低(通常用平均市盈率等指标来衡量)、市场利率水平、发行公司的未来发展前景、发行公司的风险水平和市场对新股的需求状况等因素。

2. 市盈率定价法

市盈率法的本质意义在于测算投资的回收期,所以又称为本益比(P/E)。通过市盈率法确定股票发行价格,首先应该依据注册会计师审核后的盈利预测计算出发行人的每股收益;然后根据二级市场的平均市盈率、发行人的行业情况、发行人的经营状况及其成长性等拟订发行市盈率;最后确定发行价格,即:发行价格=每股收益×发行市盈率。

3. 净资产倍率法

净资产倍率法又称为资产净值法,是指通过资产评估和相关会计手段确定发行人拟募股资产的每股净资产值,然后根据证券市场的状况将每股净资产乘以一定的倍率,以此确定股票发行价格的方法。其公式为:发行价格=每股净资产值×溢价倍率。

第三节 债券发行市场

债券发行市场是债券发行人出售新债券的市场。债券发行人包括中央政府、地方政府、金融机构、公司法人等。

一、债券发行目的

债券发行主体不同,其发行目的也各不相同。一般来说,政府发行债券的目的主要是为了弥补财政赤字和扩大公共投资;金融机构发行债券的目的主要是为了扩大信贷规模和改善负债结构;而公司发行债券的目的则比较复杂。

(一)政府发行债券的目的

1. 平衡财政收支

在一定时期内,政府通过发行债券,弥补财政赤字,平衡预算,以解决财政困难。

2. 扩大政府的公共投资

政府扩大公共投资需要大量资金。为了缓解建设资金的不足,发行政府债券融资作为财政资金的补充。

3. 解决临时资金需要

由于季节性、临时性或其他方面的原因,财政的收支可能会出现临时的不平衡,发行国债可以调剂不同时段内财政收支短暂的失衡,解决临时性的资金需要。

4. 调节经济

政府通过调节国债的发行量、国债利率和贴现率,以调节资金供求和货币流通,起到调节经济或维持经济稳定的作用。

（二）金融机构发行债券的目的

1. 获得长期资金来源

金融债券一般是1年期以上的金融工具，所以金融机构发行金融债券可以获得长期资金来源。

2. 增强负债的稳定性

金融债券期限较长，通过发行金融债券，可以提高长期负债比重，而且金融债券与存款不同，除非债务人要求提前偿付，债权人一般无权要求在到期日前偿还债务，因此提高了负债的稳定性。

3. 扩大资产业务

对金融机构来说，发行金融债券是一种主动负债，金融机构可以根据资金的需要，灵活地发行金融债券进行融资，从而扩大资产业务。

（三）公司发行债券的目的

1. 筹集低成本资金

相较于股票筹资的股利支付，固定的债券利息允许在所得税前支付，发行人可以享受抵税效应，并且债券利率一般低于股利率，所以发行人实际负担的债券融资成本一般低于股票融资的资本成本。

2. 优化资本结构

公司可以通过发行或归还债券来改变负债与股本之间的比例和结构，以达到最优资本结构，更好地利用债务利息抵税这一财务杠杆效应。

3. 维持股东控制权

债券投资者与发行人之间是债权债务关系，债权人不能参与公司决策，无权参加公司的经营管理，因此，发行债券不会改变现有的股东结构和投票权的分配，不会影响现有股东对企业的控制权。

二、债券发行方式

债券发行方式通常分为定向发行、承购包销和招标发行。

（一）定向发行

债券定向发行是指面向少数特定投资者发行债券的行为。一般由债券发行人与某些机构投资者，如商业银行、证券投资基金、保险公司、信托投资公司等金融机构以及养老基金、社保基金等特定机构，直接洽谈债券发行条件和其他具体事务。

（二）承购包销

承购包销是指发行人与由商业银行、证券公司等金融机构组成的承销团通过协商条件签订承购包销合同，由承销团分销拟发行债券的发行方式。凭证式国债发行通常采用这种方式。

（三）招标发行

招标发行是通过招标方式确定债券承销商和发行条件的发行方式。根据标的物的不同,招标发行又可以分为缴款期招标、价格招标和收益率招标三种方式;根据中标规则的不同,可分为荷兰式招标和美式招标。

三、债券发行价格

(一)债券发行价格分类

债券发行价格是指投资者认购新发行的债券实际支付的价格。债券的发行价格可以分为平价发行、溢价发行和折价发行。在面值确定的情况下,调整债券的发行价格可以使投资者的实际收益率趋近于市场收益率水平。

(1)平价发行。平价发行指债券的发行价格和票面额相等,因而发行收入的数额和将来还本数额也相等。前提是债券发行利率和市场利率相同,这在西方国家比较少见。

(2)溢价发行。溢价发行指债券的发行价格高于票面额,以后偿还本金时仍按票面额偿还。只有在债券票面利率高于市场利率的条件下才能采用这种方式发行。

(3)折价发行。折价发行指债券发行价格低于债券票面额,而偿还时却要按票面额偿还本金。折价发行是因为规定的票面利率低于市场利率。

(二)债券发行的定价方式

债券发行的定价方式以公开招标最为典型。按招标标的分类可分为价格招标和收益率招标;按价格决定方式分类可分为美式招标和荷兰式招标。

1. 以价格为标的的荷兰式招标

是以募满发行额为止的所有投标者的最低中标价格作为最后中标价格,全体中标者的中标价格是单一的。

2. 以价格为标的的美式招标

是以募满发行额为止的中标者各自的投标价格作为各中标者的最终中标价,各中标者的认购价格是不相同的。

3. 以收益率为标的的荷兰式招标

是以募满发行额为止的中标者最高收益率作为全体中标者的最终收益率,所有中标者的认购成本是相同的。

4. 以收益率为标的的美式招标

是以募满发行额为止的中标者所投标的各个价位上的中标收益率作为中标者各自的最终中标收益率,各中标者的认购成本是不相同的。

一般情况下,短期贴现债券多采用单一价格的荷兰式招标,长期附息债券多采用多种收益率的美式招标。

四、公司债券的发行与承销

2015年1月15日证监会发布《公司债券发行与交易管理办法》(以下简称《管理办法》),《公司债券发行试点办法》同时废止。

(一)公司债券的发行条件

公司债券可以公开发行,也可以非公开发行。

《管理办法》扩大了发行主体的范围,将原来限于境内证券交易所上市公司、发行境外上市外资股的境内股份有限公司、证券公司的发行范围扩大至所有公司制法人。

公开发行公司债券,应当符合《证券法》、《公司法》的相关规定,经中国证监会核准。资信状况符合以下标准的公司债券可以向公众投资者公开发行,也可以自主选择仅面向合格投资者公开发行:发行人最近三年无债务违约或者迟延支付本息的事实;发行人最近三个会计年度实现的年均可分配利润不少于债券一年利息的1.5倍;债券信用评级达到AAA级;中国证监会根据投资者保护的需要规定的其他条件。未达到前款规定标准的公司债券公开发行应当面向合格投资者;仅面向合格投资者公开发行的,中国证监会简化核准程序。

非公开发行的公司债券应当向合格投资者发行,不得采用广告、公开劝诱和变相公开方式,每次发行对象不得超过200人。上述提到的"合格投资者"应当具备相应的风险识别和承担能力,知悉并自行承担公司债券的投资风险,并符合下列资质条件:经有关金融监管部门批准设立的金融机构;上述金融机构面向投资者发行的理财产品;净资产不低于人民币1 000万元的企事业单位法人、合伙企业;合格境外机构投资者(QFII)、人民币合格境外机构投资者(RQFII);社会保障基金、企业年金等养老基金,慈善基金等社会公益基金;名下金融资产不低于人民币300万元的个人投资者;经中国证监会认可的其他合格投资者。

(二)公司债券的承销

发行公司债券应当由具有证券承销业务资格的证券公司承销。取得证券承销业务资格的证券公司、中国证券金融股份有限公司及中国证监会认可的其他机构非公开发行公司债券可以自行承销。

承销机构承销公司债券,应当依照《证券法》相关规定采用包销或者代销方式。

公开发行公司债券,应当由中国证券登记结算有限责任公司统一登记。公开发行公司债券的结算业务及非公开发行公司债券的登记结算业务,应当由中国证券登记结算有限责任公司或中国证监会认可的其他机构办理。其他机构办理公司债券登记结算业务的,应当将登记、结算数据报送中国证券登记结算有限责任公司。

本 章 小 结

证券发行市场也称为一级市场或初级市场,是指股份公司或政府等发行主体向投资者出售证券的场所。证券发行市场由证券发行人、证券投资者和证券公司等中介机构共同组成。证券发行市场可以为资金需求者提供筹措资金的渠道,为投资者提供投资和获利的机会,形成资金流动的收益导向机制,促进资源优化配置。按发行对象进行分类,证券发行可以分为公募发行和私募发行。按是否有发行中介机构进行分类,证券发行可以分为直接发行和间接发行。股票发行制度主要有三种,即审批制度、核准制度和注册制度,每一种发行监管制度都对应一定的市场发展状况。

证券发行人推销证券的方法有自销和承销两种,自销是由发行人自己直接销售;承销是将证券销售业务委托给专门的证券经营机构销售。股票的发行主体是股份有限公司。股份有限公司主要是基于筹集资本金组建公司,或追加筹资扩大经营,或优化资本结构,或其他原因等目的而发行股票。股票的发行可以分为首次发行和增资发行两大类。我国上市公司的股票发行主要采取公开发行并上市方式,同时也允许上市公司在符合相关规定的条件下向特定对象非公开发行股票。根据我国有关法律规定,我国股份公司股票发行价格可以溢价发行、平价发行,不可以折价发行。

债券发行市场是债券发行人出售新债券的市场。债券发行人包括中央政府、地方政府、金融机构、公司法人等。债券发行方式通常分为定向发行、承购包销和招标发行。债券发行价格是指投资者认购新发行的债券实际支付的价格。债券发行可以平价发行、溢价发行,也可以折价发行。

本章练习题

一、名词解释

证券发行市场 核准制 首次公开发行 承销

二、单项选择题

1. 发行人向社会不特定的投资者发售证券的发行属于(　　)。

   A. 公募发行   B. 私募发行
   C. 直接发行   D. 间接发行

2. 股票的发行价格不得(　　)股票面值。

   A. 高于   B. 低于   C. 等于   D. 都可以

3. 承销商按照规定的发行规模和发行条件,在约定的期限内向社会公众投资者发售证券,到销售截止日,未售出的证券由承销商按协议价全部认购,该方式属于(　　)。

   A. 自销   B. 包销   C. 代销   D. 余额包销

4. 创业板上市的公司首次公开发行股票,其最近一期末净资产不少于(　　),且不存在未弥补亏损。

   A. 1 000万元   B. 2 000万元   C. 3 000万元   D. 4 000万元

5. 以募满发行额为止的中标者各自的投标价格作为各中标者的最终中标价,各中标者的认购价格是不相同的,这种债券发行的定价方式属于(　　)。

   A. 以价格为标的的荷兰式招标   B. 以收益率为标的的荷兰式招标
   C. 以价格为标的的美式招标   D. 以收益率为标的的美式招标

三、多项选择题

1. 证券发行市场的构成包括(　　)。

   A. 证券投资者   B. 证券发行人
   C. 证券中介机构   D. 有价证券

2. 以下属于无偿增资发行的是(　　)。

   A. 配股   B. 公积金转增股本
   C. 发放股票股利   D. 股票分割

3. 证券发行制度根据实施的原则不同可分为( )。
A. 注册制　　　　　B. 核准制　　　　C. 计划制　　　　D. 评审制
4. 在确定股票发行价格时应综合考虑( )等因素。
A. 公司的盈利水平　　　　　　　　B. 公司发展潜力
C. 股票市场运行状况　　　　　　　D. 公司所处行业特点
5. 金融机构发行债券的目的是( )。
A. 获得长期资金来源　　　　　　　B. 增强负债的稳定性
C. 扩大资产业务　　　　　　　　　D. 解决临时资金需要

四、思考题

1. 简述证券发行市场构成。
2. 简述证券发行市场的作用。
3. 简述股票发行的目的。
4. 简述公司发行债券的目的。
5. 简述我国证券发行审核委员会的主要职责。

第七章　证券交易市场

【学习目标】
- 理解证券交易市场的作用；
- 理解和掌握证券交易所特征、职能、组织形式、运作系统和交易机制，以及我国的证券上市制度和我国证券交易所的层次结构；
- 掌握场外交易市场的概念、功能、构成，以及我国的场外交易市场。

第一节　证券交易所

证券交易所是证券买卖双方公开交易的场所，是一个有组织、有固定地点，集中进行证券交易的二级市场，是整个证券流通市场的核心。

第一家专门从事股票交易的市场是 1602 年在荷兰的阿姆斯特丹出现的，此后约 200 年间，英国的乔纳森咖啡馆、美国的梧桐树下，都被视为集中交易的先河。证券交易市场极大地提高了证券的流动性，分散了投资风险。通过不断交易的证券市场，将巨额（通常达几亿、几十亿美元）投资项目分散到几万、几十万投资者手中，风险极大地分散化了。证券交易市场能更好地发挥筹资、投资功能和资本配置功能；也能有效地降低交易成本，为交易提供连续性。

一、证券交易所的特征与职能

（一）证券交易所的特征

证券交易所本身不买卖证券，也不决定证券买卖价格，而是为证券交易提供一定的场所和设施，配备必要的管理和服务人员，并对证券交易进行周密的组织和严格的管理，为保证证券交易顺利进行提供了一个稳定、公开、高效的市场。证券交易所的特征表现如下：

（1）有固定的交易场所和交易时间。

（2）交易者（证券经营机构）必须具备会员资格（交易采取经纪制，一般投资者不能直接进入交易所买卖证券，只能委托会员在经纪人之间进行交易）。

（3）交易对象限于符合一定标准、在交易所挂牌上市的证券。

（4）交易价格通过公开竞价方式决定。

（5）成交速度和成交率较高。

（6）实行"三公"（公开、公平、公正）原则，对证券交易严格监管。

（二）证券交易所的职能

证券交易所的主要职能有以下方面：

（1）提供买卖证券的交易席位和有关交易设施及相应的服务。

（2）制定有关场内买卖证券的上市、交易、清算、交割、过户等各项规则，并审核、监督规则的执行情况。

（3）管理交易所成员的交易行为，执行场内交易的各项规则，对会员违纪现象及交易中的反常情况作出快速、相应的处理。

（4）管理和公布有关证券交易的资料和信息。

（5）中国证监会赋予的其他职能。

二、证券交易所的组织形式

证券交易所的组织形式大致可以分为两类，即公司制和会员制。

（一）公司制

公司制证券交易所是以股份公司形式组织，并以营利为目的的法人团体，一般由金融机构及各类民营公司组建。

公司制证券交易所章程中明确规定了作为股东的证券经纪商和证券自营商的名额、资格和公司的存续期，还规定公司的股东、高级职员、雇员不得担任证券交易所的高级职员，以保证交易的公正性。另外，公司制证券交易所必须遵守本国公司法的规定，在政府证券主管机构的管理和监督下，吸收各类证券挂牌上市。

（二）会员制

会员制证券交易所是由会员自愿组成，不以营利为目的的社会法人团体。我国的上海证券交易所和深圳证券交易所均按会员制方式组建，是非营利性的事业法人。

《证券法》规定：证券交易所的设立和解散由国务院决定。证券交易所必须制定章程，证券交易所章程的制定和修改必须经国务院证券监督管理机构批准。

会员制证券交易所的组织机构由会员大会、理事会、监察委员会和其他专门委员会、总经理及其他职能部门组成。根据《证券法》和《证券交易所管理办法》第十七条的规定，会员大会是证券交易所的最高权力机构，其职权包括：制定和修改证券交易所章程；选举和罢免会员理事；审议和通过理事会、总经理的工作报告；审议和通过证券交易所的财务预算和决算报告；决定证券交易所的其他重大事项。

三、证券交易所的运作系统

（一）集中竞价交易系统

（1）交易系统，包括交易主机、参与者交易业务单元或交易席位和通信网络。

（2）结算系统，指对证券交易进行结算、交收和过户的系统。

（3）信息系统，包括交易通信网、信息服务网、证券报刊和因特网。

（4）监察系统，包括行情监控、交易监控、证券监控和资金监控。

（二）大宗交易系统

（1）大宗交易是指在交易所正常交易日收盘后的限定时间内，在机构投资者之间进行的一笔笔数额较大的证券交易。

（2）大宗交易分为有涨跌幅限制和无涨跌幅限制两种。无涨跌幅限制的大宗交易需在前收盘价的上下30%或当日竞价时间内已成交的最高和最低成交价格之间，由买卖双方采用议价协商方式确定成交价，并经证券交易所确认后成交。

（3）大宗交易不计入当日行情，其成交价格不作为该证券当日的收盘价，也不纳入指数计算，但其成交量计入该证券当日的成交总量。

（三）固定收益证券综合电子平台

（1）交易品种，包括国债、公司债券、企业债券、分离交易的可转换公司债券。

（2）固定收益平台设立交易商制度。一级交易商是指经证券交易所核准在平台交易中持续提供双边报价及对询价提供成交报价的交易商。

（3）交易方式。其一是报价交易商可匿名申报也可实名申报的报价交易；其二是交易商必须以实名方式申报的询价交易。

（四）综合协议交易平台

1. 原则规定

符合法律法规和证券交易所交易规则规定的证券大宗交易以及专项资产管理计划收益权份额等证券的协议交易，均可通过综合协议交易平台进行。

2. 交易品种

权益类证券（A股、B股、基金等）大宗交易，债券（国债、企业债券、公司债券、分离交易的可转换公司债券、可转换公司债券和债券质押式回购等）大宗交易，专项资产管理计划收益权份额协议交易和证券交易所规定的其他交易。

四、证券交易所交易机制

（一）证券交易流程

1. 开户。投资者进入股市的第一步是办理证券账户。证券账户可以视为投资者进入股票交易市场的通行证，只有拥有它，才能进场买卖证券。除开设证券账户以外，投资者还须事先在证券经纪商的某个证券营业部开立证券交易结算的资金账户，资金账户用于投资者证券交易的资金清算，记录资金的币种、余额和变动情况。

2. 委托买卖。投资者开立了证券账户和资金账户后，就可以在证券营业部办理委托买卖。所谓委托买卖是指证券经纪商接受投资者委托，代理投资者买卖股票，从中收取佣金的交易行为。投资者发出委托指令的形式有柜台和非柜台委托两种。

3. 成交。证券交易所交易系统接收申报后，要根据订单的成交规则进行撮合配对。在成交价格确定方面，一种情况是通过买卖双方直接竞价形成交易价格；另一种情况是交易价格由交易商报出，投资者接受交易商的报价后即可与交易商进行证券买卖。在配置订单原则方面，优先原则主要有价格优先原则、时间优先原则、按比例分配原则、数量优先原则、客户优先原则、做市商优先原则和经纪商预先原则等。我国采用价格优先原则和时间优先原则。

4. 清算与交割。清算是指证券买卖双方在证券交易所进行的证券买卖成交之后，通过证券交易所将证券商之间证券买卖的数量和金额分别予以抵消,计算应收、应付证券和应付股金的差额的一种程序。交割是指投资者与受托证券商就成交的买卖办理资金与股份清算业务的手续,深、沪两地交易均根据"集中清算,净额交收"的原则办理。

5. 过户。所谓过户就是办理清算交割后,将原卖出证券的户名变更为买入证券的户名。对于记名证券来讲,只有办妥过户,整个交易过程才完成,才表明拥有完整的证券所有权。目前在两个证券交易所上市的个人股票通常不需要股民亲自去办理过户手续。

（二）证券交易价格形成机制

目前,我国证券交易所采用两种竞价方式:集合竞价方式和连续竞价方式。集合竞价目的是确定开盘价和收盘价,连续竞价则是确定每笔的成交价格。

上海证券交易所规定,采用竞价交易方式的,每个交易日的 9:15—9:25 为开盘集合竞价时间,9:30—11:30、13:00—15:00 为连续竞价时间。

深证证券交易所规定,采用竞价交易方式的,每个交易日的 9:15—9:25 为开盘集合竞价时间,9:30—11:30、13:00—14:57 为连续竞价时间,14:57—15:00 为收盘集合竞价时间。

1. 竞价原则

证券交易所内的证券交易按"价格优先、时间优先"原则竞价成交。

(1) 价格优先。价格优先原则表现为:价格较高的买进申报优于价格较低的买进申报;价格较低的卖出申报优于价格较高的卖出申报。

(2) 时间优先。时间优先原则表现为:同价位申报,依照申报时序决定优先顺序,即买卖方向、价格相同的,先申报者优于后申报者。先后顺序按证券交易所交易系统电脑主机接受申报的时间确定。

2. 开盘价的确定:集合竞价

所谓集合竞价,是指在对规定的一段时间内接受的买卖申报进行一次性集中撮合的竞价方式。根据我国证券交易所的相关规定,集合竞价确定成交价的原则如下:

(1) 可实现最大成交量的价格;

(2) 高于该价格的买入申报与低于该价格的卖出申报全部成交的价格;

(3) 与该价格相同的买方或卖方至少有一方全部成交的价格。

如有两个以上申报价格符合上述条件的,深圳证券交易所取距前收盘价最近的价位为成交价;上海证券交易所则规定使未成交量最小的申报价格为成交价格,若仍有两个以上使未成交量最小的申报价格符合上述条件的,其中间价为成交价格。集中竞价的所有交易均为同一价格成交。

然后,进行集中撮合处理。所有买方有效委托按委托限价由高到低的顺序排列,限价相同者按照进入交易系统电脑主机的时间先后进行排列。所有卖方有效委托按照委托限价由低到高的顺序排列,限价相同者也按照进入交易系统电脑主机的时间先后进行排列。依次将排在前面的买方委托与卖方委托配对成交。也就是说,按照价格优先、同等价格下时间优先的成交顺序依次成交,直至成交条件不满足为止,即所有买入委托的限价均低于卖出委托的限价。所有成交都以同一成交价成交。集合竞价中未能成交的委托,自动进入连续竞价。

3. 交易价的确定:连续竞价

连续竞价是指对买卖申报逐笔连续撮合的竞价方式。连续竞价阶段的特点是:每一笔买卖委托输入电脑自动撮合系统后,当即判断并进行不同的处理,能成交则予以成交,不能成交则等待机会成交,部分成交者则让剩余部分继续等待。

按照我国证券交易所的有关规定,在无撤单的情况下,委托当日有效。

另外,开盘集合竞价期间未能成交的买卖申报,自动进入连续竞价。深圳证券交易所还规定,连续竞价期间未成交的买卖申报,自动进入收盘集合竞价。

五、我国的证券上市制度

1. 证券上市

(1) 含义和作用。证券上市是指已公开发行的证券经证券交易所批准在交易所内公开挂牌买卖。证券上市能提高上市公司的经济与社会地位,便于增资配股,提高证券流动性。

(2) 申请股票上市

① 股份有限公司申请股票在主板市场上市应符合的条件。《证券法》规定的条件有:股票经国务院证券监督管理机构核准已向社会公开发行;发行后(前)公司股本总额不少于人民币 5 000(3 000)万元;公开发行的股份达公司股份总额的 25% 以上,公司股本总额超过人民币 4 亿元的,公开发行股份的比例为 10% 以上;公司持续经营 3 年以上,且在最近 3 年内无重大违法行为,财务会计报告无虚假记载。证券交易所可以规定高于上述规定的上市条件,并报国务院证券监督管理机构批准。

② 股份有限公司申请股票在创业板市场上市应符合的条件。《证券法》规定的条件有:股票已公开发行;发行后(前)公司股本总额不少于人民币 3 000(2 000)万元;公开发行的股份达到公司股份总数的 25% 以上,公司股东人数不少于 200 人;公司持续经营 2 年以上,且无重大违法行为,财务会计报告无虚假记载;深圳证券交易所要求的其他条件。

2. 证券暂停上市的规定

(1) 股票。公司有下述情形之一的,由证券交易所决定暂停其股票上市交易:公司股本总额、股权分布等发生变化不再具备上市条件;公司不按照规定公开其财务状况,或对财务会计报告作虚假记载,可能误导投资者;公司有重大违法行为;公司近 3 年连续亏损;证券交易所上市规则规定的其他情形。

(2) 债券。公司有下述情形之一的,由证券交易所决定暂停其债券上市交易:公司有重大违法行为;公司情况发生重大变化,不符合公司债券上市条件;公司发行债券所募集的资金不按照核准的用途使用;未按照公司债券募集办法履行义务;公司最近 2 年连续亏损。

3. 股票恢复上市的规定

(1) 恢复上市应满足的充要条件

在股票暂停上市期间,公司若"在法定披露期限内披露经审计的暂停上市后第一个半年度报告,且公司半年度财务报告为盈利的",可向证券交易所提出恢复股票上市的书面申请。

(2) 恢复上市推荐人

① 申请股票恢复上市的公司应当聘请具有主承销商资格且符合规定的机构担任恢复上市推荐人。

② 恢复上市推荐人应当遵循勤勉尽责、诚实信用的原则,审慎对待中介机构出具的意见,对公司恢复上市申请材料的真实性、准确性、完整性进行核查,就公司是否符合恢复上市条件出具"恢复上市推荐书",并比照有关规定承担责任。

(3) 律师事务所及其律师的职责

申请股票恢复上市的公司所聘请的具有证券从业资格的律师事务所及其律师应当对恢复上市申请的合法、合规性进行充分的核查验证,对有关申请材料进行审慎审阅,并对恢复上市申请材料的真实性、准确性、完整性承担相应的法律责任。

自恢复上市之日起至恢复上市后第一个年度报告披露日止,证券交易所对其股票交易实施特别处理。

4. 证券终止上市的规定

(1) 股票。公司有下述情形之一的,由证券交易所决定终止其股票上市交易:公司股本总额、股权分布等发生变化不再具备上市条件,在证券交易所规定的期限内仍不能达到上市条件;公司不按照规定公开其财务状况,或对财务会计报告作虚假记载且拒绝纠正;公司近3年连续亏损,在其后1个年度内未能恢复盈利;公司解散或被宣告破产;证券交易所上市规则规定的其他情形。

(2) 债券。公司有下述情形之一的,由证券交易所决定终止其债券上市交易:公司有重大违法行为;公司情况发生重大变化不符合公司债券上市条件;公司发行债券所募集的资金不按照核准的用途使用;未按照公司债券募集办法履行义务;公司最近2年连续亏损。

5. 对上市股票交易的特别处理

(1) 概述

① 基本原则。根据沪深证券交易所股票上市规则第九章"上市公司状况异常期间的特别处理"的规定,当上市公司出现财务状况或其他状况异常,导致投资者难于判断公司前景,投资者权益可能受到损害时,证券交易所将对其股票交易实行特别处理。

② 种类及处理措施。特别处理分为"退市风险警示"和"其他特别处理"。为区别于其他股票,"退市风险警示"在公司股票简称前冠以"*ST"字样;"其他特别处理"在公司股票简称前冠以"ST"字样。实行特别处理的股票交易价格其日涨跌幅限制为5%。

(2) 财务状况异常的特别处理

"财务状况异常"主要指下面两种情况:其一是最近两个会计年度的审计结果显示的净利润均为负值;其二是最近一个会计年度的审计结果显示其股东权益低于注册资本。也就是说,公司连续两年亏损或每股净资产低于股票面值,就要予以特别处理。

若上市公司财务状况恢复正常,审计结果表明上述所列情形已消除,且满足"主营业务正常运营、扣除非经常性损益后的净利润为正值"的条件,可申请撤销股票交易特别处理。

(3) 其他状况异常的特别处理

"其他状况异常"主要指自然灾害、重大事故等导致公司生产经营活动基本中止;公司涉及可能赔偿金额超过公司净资产的诉讼等情况。上市公司出现上述异常情况之一的,证券交易所可对其股票交易实行特别处理。上市公司认为上述所列的异常情况已经消除,可向证券交易所申请撤销股票交易特别处理。特别处理是对上市公司目前所处情况的一种客观揭示,并非是对上市公司的处罚。上市公司在特别处理期间的权利义务不变。

六、我国证券交易所的层次结构

从国际证券市场来看,一个国家或地区的证券交易所市场通常分为主板市场和二板市场。我国根据社会经济发展对资本市场的需求和建设多层次资本市场的战略部署,在以上海、深圳证券交易所作为主板市场的基础上,又在深圳证券交易所设置中小企业板块市场和创业板市场,从而形成交易所市场内的不同市场层次。

(一) 主板市场

主板市场也称一板市场,是指传统意义上的证券市场(通常指股票市场),是一个国家或地区证券发行、上市及交易的主要场所。主板市场对发行人的营业期限、股本大小、盈利水平、最低市值等方面的要求标准比较高,上市企业大多为大型成熟企业,具有较大的资本规模以及稳定的盈利能力。

主板市场是多层次证券市场中最重要的组成部分。一般而言,各国主要的证券交易所均代表着国内的主板市场。上海证券交易所和深证证券交易所即是中国证券市场的主板市场。主板市场在很大程度上能够反映一国经济的发展状况,因而有"宏观经济晴雨表"之称。

(二) 中小企业板市场

1. 中小企业板市场的创设

(1) 暂不降低发行上市标准,而是在主板市场发行上市标准的框架下设立中小企业板块,以避免因发行上市标准变化而带来的风险。

(2) 在考虑上市企业的成长性和科技含量的同时,尽可能扩大行业覆盖面,以增强上市公司行业结构的互补性。

(3) 依托主板市场形成初始规模,避免直接建立创业板市场初始规模过小带来的风险。

(4) 在主板市场的制度框架内实行相对独立运行,目的在于有针对性地解决市场监管的特殊问题,逐步推进制度创新,从而为建立创业板市场积累经验。

2. 中小企业板市场的特点

(1) 两个相同。其一是指中小企业板块运行所遵循的法律、法规和部门规章与主板市场相同;其二是指中小企业板块的上市公司与主板市场公司的发行条件和信息披露要求相同。

(2) 四个独立。中小企业板块作为主板市场的组成部分,同时实行运行独立、检察独立、代码独立、指数独立。

(3) 改进交易制度。完善开盘集合竞价制度和收盘价的确定方式,在监控中引入涨跌幅、振幅及换手率的偏离值等指标,完善交易异常波动停牌制度等。

(4) 完善监管制度。推行募集资金使用定期审计制度、年度报告说明会制度、定期报告披露制度和上市公司股东持股分布制度等措施。

(三) 创业板市场

创业板市场是为适应新经济的要求和高新技术产业的发展需要而设立的、专门协助具有高成长性与高增长潜力的新兴创新企业和中小高科技企业直接融资并进行资本运作的市场。

创业板市场也称二板市场、另类股票市场和增长型股票市场等。创业板市场是多层次证券市场的重要组成部分。

创业板市场的主要功能体现在:推动和引导国家自主创新战略的实施,促进战略性新兴产业的快速发展;支持创新型企业发展,促进产融结合,初步显现对创业企业发展的支持效果;鼓励和引导社会投资,持续增强社会投资的带动效应。

1. 创业板市场主要特点

表现在:(1) 降低准入门槛、宽严适度;(2) 要求主业突出;(3) 取消对无形资产占比的限制,突出对自主创新的支持;(4) 对连续盈利以及主营业务、实际控制人与管理层变更年限等要求适当缩短,体现创业型企业特点;(5) 对发行公司的要求更高;(6) 发行审核机构设置注重适应创业板企业多、创新性强的特点,简化报审环节;(7) 强化保荐人的尽职调查和审慎推荐;(8) 以充分的信息披露为核心,强化市场约束;(9) 建立投资者适当管理制度,适度设置投资者入市要求;(10) 充分揭露风险,注重投资者教育,坚持买者自负原则。

2. 创业板市场与主板市场的区别

相比主板市场而言,创业板市场上市企业表现为:(1) 经营年限相对较短,可不设最低盈利要求;(2) 股本规模相对较小,一般要求总股本2 000万元即可;(3) 主营业务单一,要求创业板企业只能经营一种主营业务;(4) 必须是股份全流通市场;(5) 主要股东最低持股量及出售股份有限制。

第二节 场外交易市场

一、场外交易市场的概念

场外交易市场是相对于交易所市场而言的,是在证券交易所之外进行的证券交易买卖的市场。传统的场内市场和场外市场在物理概念上的区分为:交易所市场的交易是集中在交易大厅内进行的;场外市场,也称"柜台市场"或"店头市场",是分散在各个证券商柜台的市场,无集中交易场所和统一的交易制度。但是,随着信息技术的发展,证券交易的方式逐渐演变为通过网络系统将订单汇集起来,再由电子交易系统处理,场内市场和场外市场的物理界限逐渐模糊。

目前,场内市场和场外市场的概念演变为风险分层管理的概念,即不同层次市场按照上市品种的风险大小,通过对上市或挂牌条件、信息披露制度、交易结算制度、证券产品设计以及投资者约束条件等作出差异化安排,实现了资本市场交易产品的风险纵向分层。

二、场外交易市场的功能

场外交易市场是我国多层次资本市场体系的重要组成部分,主要具备以下功能:

1. 拓宽融资渠道,改善中小企业融资环境。不同融资渠道的资金具有不同的性质和相互匹配的关系,优化融资结构对于促进企业发展、保持稳定的资金供给至关重要。目前,中小企业尤其是民营企业的发展在难以满足现有资本市场约束条件的情况下,很难获得维持稳定的资金供给。场外交易市场的建设及发展拓宽了资本市场积聚和配置资源的范围,为中小企业提供了与其风险状况相匹配的融资工具。

2. 为不能在证券交易所上市交易的证券提供流通转让的场所。在多层次资本市场体系中,证券交易市场标准较高,大部分公司很难达到这一标准,但是公司股份天然具有流动的特性,存在转让的要求,场外交易市场为这部分公司股份提供了流通转让的场所,也为投资者提供了兑现及投资的机会。

3. 提供风险分层的金融资产管理渠道。资本市场是风险投资市场,不同投资人具有不同的风险偏好。建立多层次资本市场体系,发展场外交易市场能够增加不同风险等级的产品供给、提供必要的风险管理工具以及风险的分层管理体系,为不同风险偏好的投资者提供了更多不同风险等级的产品,满足投资者对金融资产管理渠道多样化的要求。

三、场外交易市场的构成

(一)柜台交易市场

它是通过证券公司、证券经纪人的柜台进行证券交易的市场。该市场在证券产生之时就存在了,在交易所产生并迅速发展后,柜台市场之所以能够存在并得到发展,其原因有:(1)交易所的容量有限,且有严格的上市条件,客观上需要柜台市场的存在;(2)柜台交易比较简便、灵活,满足了投资者的需要;(3)随着计算机和网络技术的发展,柜台交易也在不断地改进,其效率已和场内交易不相上下。

(二)第三市场

第三市场是指已上市证券的场外交易市场。第三市场产生于1960年的美国,原属于柜台交易市场的组成部分,但其发展迅速,市场地位提高,被作为一个独立的市场类型对待。第三市场的交易主体多为实力雄厚的机构投资者。第三市场的产生与美国的交易所采用固定佣金制密切相关,固定佣金制使机构投资者的交易成本变得非常昂贵,场外市场不受交易所的固定佣金制约束,因而导致大量上市证券在场外进行交易,遂形成第三市场。第三市场的出现,客观上成为交易所的有力竞争者,最终促使美国SEC于1975年取消固定佣金制,同时也促使交易所改善交易条件,使第三市场的吸引力有所降低。

（三）第四市场

它是投资者绕过传统经纪服务,彼此之间利用计算机网络直接进行大宗证券交易所形成的市场。第四市场的吸引力在于:

(1) 交易成本低。因为买卖双方直接交易,无经纪服务,其佣金比其他市场少得多。

(2) 可以保守秘密。因无需通过经纪人,有利于匿名进行交易,保持交易的秘密性。

(3) 不冲击证券市场。大宗交易如在交易所内进行,可能给证券市场的价格造成较大影响。

(4) 信息灵敏,成交迅速。计算机网络技术的运用,可以广泛收集和存储大量信息,通过自动报价系统,可以把分散的场外交易行情迅速集中并反映出来,有利于投资者决策。第四市场的发展一方面对证券交易所和其他形式的场外交易市场产生了巨大的压力,从而促使这些市场降低佣金、改进服务;另一方面也对证券市场的监管提出了挑战。

四、我国的场外交易市场

（一）银行间债券市场

全国银行间债券市场是指依托于中国外汇交易中心暨全国银行间同业拆借中心(简称交易中心)和中央国债登记结算有限公司(简称中央登记公司),面向商业银行、农村信用联社、保险公司、证券公司等金融机构进行债券买卖和回购的市场。全国银行间债券市场成立于1997年6月6日。经过多年的迅速发展,银行间债券市场目前已成为我国债券市场的主体部分。

（二）债券柜台交易市场

债券柜台交易市场,也称柜台记账式债券交易业务,是指银行通过营业网点(含电子银行系统)与投资人进行债券买卖,并办理相关托管与结算等业务的行为。商业银行根据每天全国银行间债券市场交易的行情,在营业网点柜台挂出国债买入和卖出价格,以保证个人和企业投资者及时买卖国债,商业银行的资金和债券余缺则通过银行间债券市场买卖加以平衡。

（三）代办股份转让系统

代办股份转让系统是由中国证券业协会组织设计、具有相应资格的证券公司参与的(以其自有或租用的专业设施)、为非上市股份公司流通股份提供转让的场所(2001年7月16日正式开办)。代办股份转让系统的出现,解决了原中国证券交易自动报价系统(STAQ)、人民银行发起的报价系统(NET)挂牌公司流通股份的流通问题,也为交易所终止上市公司提供了股份转让渠道,完善了中国证券市场的退出机制,成为中国证券市场体系的重要组成部分。

（四）全国中小企业股份转让系统

全国中小企业股份转让系统(俗称"新三板")是经国务院批准设立的全国性场外市

场,2012年9月正式注册成立,是继上海证券交易所、深圳证券交易所之后第三家全国性证券交易场所。全国中小企业股份转让系统有限公司为其运营管理机构,于2013年1月16日正式揭牌。

1. 全国中小企业股份转让系统与证券交易所的区别

(1) 服务对象不同。《国务院关于全国中小企业股份转让系统有关问题的决定》明确了全国中小企业股份转让系统的定位主要是为创新型、创业型、成长型中小微企业发展服务。这类企业普遍规模较小,尚未形成稳定的盈利模式。在准入条件上,不设财务门槛,申请挂牌的公司可以尚未盈利,只要股权结构清晰、经营合法规范、公司治理健全、业务明确并履行信息披露义务的股份公司均可以经主办券商推荐申请在全国中小企业股份转让系统挂牌。

(2) 投资者群体不同。我国证券交易所的投资者结构以中小投资者为主,而全国中小企业股份转让系统实行了较为严格的投资者适当性制度,未来的发展方向将是一个以机构投资者为主的市场,这类投资者普遍具有较强的风险识别与承受能力。

(3) 全国中小企业股份转让系统是中小微企业与产业资本的服务媒介,主要是为企业发展、资本投入与退出服务,不是以交易为主要目的。

2. 全国中小企业股份转让系统的影响与作用

全国中小企业股份转让系统的推出,不仅仅是支持高新技术产业的政策落实,或者是三板市场的另一次扩容试验,其更重要的意义在于,它为建立全国统一监管下的场外交易市场作了积极的探索。

(1) 成为企业融资的平台。新三板的存在,使得高新技术企业的融资不再局限于银行贷款和政府补助,更多的股权投资基金将会因为有了新三板的制度保障而主动投资。

(2) 提高公司治理水平。依照新三板规则,公司一旦准备登录新三板,就必须在专业机构的指导下先进行股权改革,明晰公司的股权结构和高层职责。同时,新三板对挂牌公司的信息披露要求比照上市公司进行设置,很好地促进了企业的规范管理和健康发展,增强了企业的发展后劲。

(3) 为价值投资提供平台。新三板的存在,使得价值投资成为可能。无论是个人还是机构投资者,投入新三板公司的资金在短期内不可能收回,即便收回,投资回报率也不会太高。因此对新三板公司的投资更适合于价值投资的方式。

(4) 通过监管降低股权投资风险。新三板制度的确立,使得挂牌公司的股权投融资行为被纳入交易系统,同时受到主办券商的督导和证券业协会的监管,自然比投资者单方力量更能抵御风险。

(5) 为私募股权基金提供退出的新方式。股份报价转让系统的搭建,对于投资新三板挂牌公司的私募股权基金来说,成为了一种资本退出的新方式;挂牌企业也因此成为了私募股权基金的另一投资渠道。

(6) 对A股资金面形成压力。新三板交易制度改革等于多了一个大市场。对于A股来说,肯定会分流一部分资金。虽然短期挂牌的企业是通过定向增发来融资,但是随着挂牌企业越多,融资规模也就会越大,肯定会吸走市场的一部分资金。

本 章 小 结

证券交易市场是为各类已发行证券提供流通转让机会的市场,是证券市场的重要组成部分。证券交易市场具有提高证券的流动性,分散投资风险的功能;更好地发挥筹资、投资功能和资本配置功能;有效地降低交易成本,为交易提供连续性功能。

证券交易所是证券买卖双方公开交易的场所,是一个有组织、有固定地点,集中进行证券交易的二级市场,是整个证券流通市场的核心。证券交易所的组织形式有公司制和会员制两类。公司制证券交易所是按股份有限公司组织形式成立的证券交易所;会员制交易所是以会员协会组织形式成立的证券交易所。我国的证券交易所是按《证券交易所管理办法》规定条件设立的,不以营利为目的,为证券的集中和有组织的交易提供场所、设施,履行相关职责,实行自律性管理的会员制事业法人。我国于1990年12月成立了上海证券交易所,1991年7月成立了深圳证券交易所。

证券交易所市场通常分为主板市场和二板市场。我国在以上海、深圳证券交易所作为主板市场的基础上,又在深圳证券交易所设置中小企业板块市场和创业板市场,从而形成交易所市场内的不同市场层次。现代证券交易所的运作普遍实现了高度的无形化和电脑化,建立了安全、高效的电脑运行系统。证券交易所的运作系统包括集中竞价交易系统、大宗交易系统、固定收益证券综合电子平台和综合协议交易平台。

场外交易市场是在证券交易所之外进行证券交易买卖的市场。场外交易市场包括柜台市场、第三市场和第四市场。我国的场外交易市场主要包括银行间债券市场、债券柜台交易市场、代办股份转让系统和全国中小企业股份转让系统。

本章练习题
一、名词解释
证券交易所　主板市场　证券上市　创业板市场　新三板市场　场外交易市场　柜台交易市场　第三市场　第四市场

二、单项选择题
1. 世界上多数国家的证券交易所都采取(　　)。
   A. 会员制　　　B. 公司制　　　C. 核准制　　　D. 审核制
2. 在我国证券交易所交易的证券,其开盘价通过(　　)方式产生。
   A. 连续竞价　　　　　　　　B. 集合竞价
   C. 协商竞价　　　　　　　　D. 秘密竞价
3. 在我国主板市场上市的公司如果出现财务状况异常被进行特别处理,股票价格的日涨跌幅限制为(　　)。
   A. 0　　　　　B. 5%　　　　C. 10%　　　　D. 无限制
4. 会员制证券交易所的权力机构是(　　)。
   A. 会员大会　　B. 理事会　　　C. 董事会　　　D. 监事会

三、多项选择题

1. 我国证券交易所的层次结构包括(　　)。
   A. 主板市场　　　　　　　　　B. 中小企业板市场
   C. 创业板市场　　　　　　　　D. 场外市场

2. 参加证券交易的各方必须遵循(　　)的交易原则。
   A. 公开　　　　B. 公平　　　　C. 公正　　　　D. 公众

3. 我国采用的证券交易竞价原则是(　　)。
   A. 价格优先原则　　　　　　　B. 时间优先原则
   C. 数量优先原则　　　　　　　D. 经纪人优先原则

4. 我国的场外交易市场主要包括(　　)。
   A. 银行间债券市场　　　　　　B. 代办股份转让系统
   C. 深圳中小板市场　　　　　　D. 深圳创业板市场

5. 投资者在证券交易所进行证券交易,首先要办理(　　)的开户手续。
   A. 证券账户　　　　　　　　　B. 资金账户
   C. 资产账户　　　　　　　　　D. 股东权益账户

四、思考题

1. 简述证券交易所的职能和特征。
2. 简述证券交易的流程。
3. 简述证券交易价格形成机制。
4. 简述我国的证券上市制度。
5. 简述我国证券交易所的层次结构。
6. 简述场外交易市场的功能。
7. 简述全国中小企业股份转让系统与证券交易所的区别。
8. 简述全国中小企业股份转让系统的影响与作用。

第八章　证券市场监管

【学习目标】
- 了解证券市场监管的意义与原则；
- 掌握证券市场监管的内容，包括证券发行监管、证券交易监管、证券市场自律监管、证券经营机构监管、证券从业人员监管和投资者监管；
- 了解证券市场监管体制。

第一节　证券市场监管的意义与原则

一、证券市场监管的意义

证券市场监管是指证券管理机关运用法律的、经济的以及必要的行政手段，对证券的募集、发行、交易等行为以及证券投资中介机构的行为进行监督与管理。证券市场监管是一国宏观经济监督体系中不可缺少的组成部分，对证券市场的健康发展意义重大。

尽管自由主义的"守夜人"理论和凯恩斯主义的"看得见的手"理论对证券市场的管理模式一直有着不同的争论，但20世纪证券市场的管理实践证明，干预性管理模式符合对证券市场的管理，这也是由证券市场自身独有的一些特征所决定的。证券市场与传统的其他市场比起来，在市场失灵等诸多方面的问题更加敏感，影响范围也相对更大，因此，世界上实行市场经济的许多国家和地区越来越多地采用凯恩斯主义的干预模式来管理证券市场。即便是自律管理体制的英国，也逐渐转向自律与监管的结合，强调政府监管的重要性。

（一）加强证券市场监管是保障广大投资者权益的需要

投资者是证券市场的支撑者，他们涉足证券市场是以获取某项权益和收益为前提的。证券发行公司、经纪公司、交易商的违规行为会使投资者蒙受巨大的损失，影响投资者的积极性，造成证券市场的萎缩。为保护投资者的合法权益，必须坚持"公开、公平、公正"的原则，加强对证券市场的监管。只有这样，才便于投资者充分了解证券发行人的资信、证券的价值和风险状况，从而有利于投资者的投资决策。

（二）加强证券市场监管是促进证券市场健康发展与保证经济稳定运行的需要

证券市场的健康发展需要一个健全、安定、有序的运行环境，这就需要采取严厉的措施，打击证券交易中的蓄意欺诈、垄断行市、内幕交易、操纵市场、哄抬价格和过度投机等行为，使证券市场保持一个良好的交易秩序，保证证券市场的健康发展。

在现代经济社会中,证券市场与经济运行的关系越来越密切。证券市场的波动很快就会对整个经济的运行构成重大影响。例如20世纪30年代西方经济大崩溃,最初的诱因就是证券市场上存在各种不法行为。1987年席卷全球的"黑色星期一"股市风暴,1992年西欧金融风潮以及20世纪末的亚洲金融危机给当时世界经济所造成的巨大打击,更有力说明了这一点。加强对证券市场的管理,对保证经济的稳定运行具有重要意义。

(三)加强证券市场监管是发展和完善证券市场体系的需要

完善的市场体系能够促进证券市场筹资和融资功能的发挥,有利于稳定证券行市,增强社会投资信心,促进资本合理流动,从而推动金融业、商业和其他行业以及社会福利事业的顺利发展。

(1)证券业属于资本和知识密集型行业,容易造成垄断。这种垄断性很有可能导致证券产品和金融服务的消费者付出额外的代价,因此,政府从证券产品的定价和金融业的利润水平方面对证券业实施监管是十分必要。

(2)由全部证券产品的集合所构成的综合效用(股票价格指数)是一种公共产品,具有强烈的外部性,会影响到每一个证券投资者的利益。对这种带有公共产品特性的证券产品实施必要的政府监管是符合经济学原理的。

(3)证券市场是一个高收益、高风险和高投机的市场,不论是证券业的竞争过度,还是证券业的竞争不足,都会引起证券价格的剧烈波动甚至扭曲,从而使市场失灵,最终会导致整个经济的无效率和福利水平的下降。为了消除或者减少这些负面影响,必须对证券市场实施监管,约束每个个体的行为,尽可能地消除或避免证券市场失灵所带来的资金配置不经济、不公平竞争以及由此带来的整个金融市场和宏观经济不稳定的后果,以确保市场机制在证券领域更好地发挥其应有的作用。

(四)加强证券市场监管是提高证券市场效率的需要

证券产品是一种信息决定产品,交易双方存在着严重的信息不对称问题,市场的有效程度完全取决于证券发行者能否实现彻底的信息披露。及时、准确和全面的信息是证券市场参与者进行发行和交易决策的重要依据。证券产品的交换价值几乎完全取决于交易双方对各种信息的掌握程度以及在此基础上所作出的判断,任何新信息的出现都有可能导致人们改变旧的判断,形成新的判断,从而导致证券交易价格的调整。因此,建立健全信息披露制度,监督证券市场主体的信息披露行为,是保证证券市场健康、有效发展的基本前提。

一个发达高效的证券市场也必定是一个信息灵敏的市场。它既要有现代化的信息通信设备系统,又必须有组织严密的科学的信息网络机构;既要有收集、分析、预测和交换信息的制度与技术,又要有与之相适应的、高质量的信息管理干部队伍,而这些都只有通过国家的统一组织管理才能实现。

(五)加强证券市场监管是保持良好的社会秩序,促进社会安定发展的需要

如果市场上欺诈舞弊盛行,投机活动成风,少数人利用预先获得的信息进行内幕交易和操纵市场,从中牟取暴利,而广大的中小投资者虽人数众多,但较为分散,很难协调一致对抗少数人的市场操作,必定会引起证券价格暴涨暴跌,从而使有些人倾家荡产,最

后走向犯罪或自尽的道路。如果公司因投机证券买卖而破产倒闭,则会引起职工失业,生活失去保障。如果证券从业人员或证券投机者与政治家和政府官员勾结联手,就会由证券市场的混乱波及政治上的混乱。因此,证券市场的稳定与否,不仅影响到信用和经济,而且影响到政治和整个社会的安定。

二、证券市场监管的原则

证券市场监管的原则包括依法管理原则、保护投资者利益原则、"三公"原则、监督与自律相结合原则。

(一)依法管理原则

依法管理原则是指监管机构应该明确、客观阐明监管机构的职责,行使职权时应该独立、负责;监管机构应采取明确、一致的监管步骤;监管人员应遵守包括适当保密准则在内的最高职业准则。

(二)保护投资者利益原则

保护投资者利益原则主要是指证券公司应对投资者披露全部、及时和正确的财务状况及其他信息,以供其做投资决定;公正、公平地对待公司的所有证券持有人;会计和审计准则必须高质量,被国际认可。

(三)"三公"原则

公开原则又称信息公开原则。公开原则通常包括两个方面,即证券信息的初期披露和持续披露。信息的初期披露,是指证券发行人在首次公开发行证券时,应完全披露有可能影响投资者做出是否购买证券决策的所有信息;信息的持续披露,是指在证券发行后,发行人应定期向社会公众提供财务及经营状况的报告,以及不定期公告影响公司经营活动的重大事项等。

公平原则要求证券市场不存在歧视,参与市场的主体具有完全平等的权利。具体而言,无论是投资者还是筹资者,无论是监管者还是被监管者,也无论其投资规模与筹资规模的大小,只要是市场主体,则在进入与退出市场、投资机会、享受服务、获取信息等方面都享有完全平等的权利。

公正原则要求证券监管部门在公开、公平原则的基础上,对一切被监管对象给予公正待遇。根据公正原则,证券立法机构应当制定体现公平精神的法律、法规和政策;证券监管部门应当根据法律授予的权限履行监管职责,要在法律的基础上,对一切证券市场参与者给予公正的待遇;对证券违法行为的处罚和对证券纠纷事件和争议的处理,都应当公平进行。

(四)监督与自律相结合原则

监管与自律相结合原则是指监管体制应根据市场规模和复杂程度,适当发挥自律组织对各自领域进行直接监管的职责;自律组织应接受监管机构的监督,在行使和代行使职责时应遵循公平和保密原则。

三、证券市场监管的目标和手段

（一）监管目标

公平高效的法治监管是保障证券业持续发展的基石。国际证监会组织（IOSCO）提出证券监管的三大目标分别是：投资者保护，确保市场公平、有效和透明以及减少系统风险。

（二）监管手段

从一般的市场管理手段来考虑，政府可以采取法律、经济、行政等三方面的手段，并辅以自律管理。

1. 法律手段

主要是通过建立完善的证券法律、法规体系并严格执法，将证券市场运行中的各种行为纳入法制轨道。法律手段是证券市场监管的主要手段，具有较强的威慑力与约束力。

2. 经济手段

主要是指政府为了管理和调控证券市场，通过运用信贷政策、税收政策、利率政策以及公开市场业务等间接手段对证券市场运行及参与主体行为进行干预。经济手段相对比较灵活，但调节过程可能较慢。

3. 行政手段

是指政府监管部门采用计划、政策、制度以及办法等对证券市场进行直接行政干预和管理。与经济手段相比，行政手段更直接，具有强制性。一般用于证券市场发育早期市场机制尚未理顺或遇突发性事件时。

第二节 证券市场监管的内容

证券市场的监管内容可以分为证券发行监管、证券交易监管、证券市场自律监管、证券经营机构监管、证券从业人员监管及证券投资者监管。

一、证券发行监管

（一）证券发行的资格审核制度

世界主要的证券发行资格审核制度有注册制和核准制。

注册制指只要公司真实、准确地公布自身的情况，并经核实后，就可发行股票，是一种市场化的行为。它适合证券市场成熟和投资者素质较高的国家和地区。核准制指公司不仅需要真实、准确地公布自身的情况，还需要满足有关部门的规定和条件，才能发行股票，行政色彩较浓。它适合市场发展不成熟、证券机构自律能力不强的国家和地区。

我国目前实行的是核准制，其特点为：在吸收注册制的信息公开和核准制的实质审核的优点基础上，实行两级审批体制；实行"证券发行与上市"连续进行的体制，被批准公开发行的股票同时可以向上海或深圳证券交易所提出上市申请；强调证券专业服务机构在证券发行中的作用。

（二）证券发行与上市的信息披露制度

1. 信息披露的意义

制定证券发行信息披露制度的目的是通过充分、公开、公正的制度来保护公众投资者，使其免受欺诈和不法操纵行为的损害。各国均以强制方式要求信息披露，信息披露的意义在于：

（1）有利于价值判断。从投资者角度看，投资获利是唯一的目的，要从种类繁多的有价证券中选择最有利的投资机会，投资者必须对发行公司的资信、财力及其公司的营运状况有充分了解。投资者只有取得有关发行人真实、完整、准确的信息，才能合理地作出投资决策。

（2）防止信息滥用。公平的证券市场是投资者都有均等获得信息的权利和投资获益机会的市场。证券的发行是公司股权或债权转移的过程，也是风险分化的过程。如果没有信息公开制度，发行人可能散布虚假信息、隐匿真实信息、滥用信息操纵市场，或以其他方式欺骗投资者而转嫁风险，使得证券市场无法显示证券的真正价值。

（3）有利于监督经营管理。信息公开包括公司财务信息的公开。以企业会计准则约束企业会计核算，有利于发行公司的管理规范化。信息公开制度的实施，还可以扩大发行公司的社会影响，提高其知名度。

（4）防止不正当竞业。在公司制度的演化过程中，所有权与经营权相分离。为保证经营权的合理行使，维护股东和公司债权人的利益，一些国家的公司法规定董事负有勤勉义务、忠实义务和竞业禁止义务。所谓竞业禁止义务，是指公司董事在为自己或第三人从事属于公司营业范围的交易时，必须公开有关交易的重要事实，并需得到股东大会的许可。这是由于董事从事竞业行为时可能夺取公司的交易机会，牺牲公司利益，或者利用职务上的便利，对公司造成损害。因此，以法律规定董事承担竞业禁止义务，公开与公司有关的信息，成为维护公司和股东权益的重要手段之一。

（5）提高证券市场效率。信息公开是提高证券市场效率的关键因素。证券发行与证券投资是实现社会资源配置的过程，这一过程主要依靠市场机制进行调节。证券的发行，包括发行时间、发行品种、发行数量等，主要取决于市场的要求及投资者的投资能力。证券投资是一个选择过程，如果企业资信良好、实力雄厚、管理甚佳、盈利丰厚，其发行的证券必为广大投资者所青睐。因此，为使投资者科学地选择投资证券，实现资源的合理配置，必须建立完备的信息公开系统。

2. 信息披露的基本要求

（1）全面性。这一要求是指发行人应当充分披露可能影响投资者投资判断的有关资料，不得有任何隐瞒或重大遗漏。

（2）真实性。这一要求是指发行人公开的信息资料应当准确、真实，不得有虚假记载、误导或欺骗。

（3）时效性。这一要求是指向公众投资者公开的信息应当具有最新性、及时性。公开资料反映的公司状态应为公司的现实状况，公开资料交付的时间不得超过法定期限。

3. 证券发行信息的公开

发行人要向投资者阐明投资于其证券的有关风险和投机因素。为了对投资者负责，公司有责任对出售证券所筹资金的目的和使用方向加以说明。如果新股票是溢价发行，对股东产权引起的削弱等应给予足够的解释。此外，公司还应公布证券发行的包销和销售计划等。

4. 证券上市信息的公开

《证券法》第四十七条规定，股票上市交易申请经证券交易所同意后，上市公司应当在上市交易的5日前公告经核准的股票上市有关文件，并将该文件置备于指定场所供公众查阅。《证券法》第四十八条规定，上市公司除公告前条规定的上市申请文件外，还应当公告下列事项：股票获准在证券交易所交易的日期；持有公司股份最多的前10名股东的名单和持股数额；董事、监事、经理及有关高级管理人员的姓名及持有本公司股票和债券的情况。《公司法》第五十四条规定，公司债券上市交易申请经证券交易所同意后，发行人应当在公司债券上市交易的5日前公告公司债券的上市报告、核准文件及有关上市申请文件，并将其申请文件置备于指定场所供公众查阅。

二、证券交易监管

（一）上市公司的信息持续披露制度

上市公司的信息持续披露是指上市公司在其股票上市交易后按规定对公司的经营业绩、重大变动、重要决策等相关内容进行定期报告和临时报告，是公开原则的集中体现。

1. 持续信息公开制度

《证券法》第六十条规定，股票或者公司债券上市交易的公司，应当在每一会计年度的上半年结束之日起两个月内，向国务院证券监督管理机构和证券交易所提交记载以下内容的中期报告，并予公告：公司财务会计报告和经营情况；涉及公司的重大诉讼事项；已发行的股票、公司债券变动情况；提交股东大会审议的重要事项；国务院证券监督管理机构规定的其他事项。

《证券法》第六十一条规定，股票或者公司债券上市交易的公司，应当在每一会计年度结束之日起四个月内，向国务院证券监督管理机构和证券交易所提交记载以下内容的年度报告，并予公告：公司概况；公司财务会计报告和经营情况；董事、监事、经理及有关高级管理人员简介及其持股情况；已发行的股票、公司债券情况，包括持有公司股份最多的前10名股东名单和持股数额；国务院证券监督管理机构规定的其他事项。

2. 证券交易所的信息公开制度

《证券法》第一百零七条规定，证券交易所应当为组织公平的集中竞价交易提供保障，即时公布证券交易行情，并按交易日制作证券市场行情表，予以公布。《证券法》第一百一十条规定，证券交易所对在交易所进行的证券交易实行实时监控，并按照国务院证券监督管理机构的要求，对异常的交易情况提出报告。证券交易所应当对上市公司披露信息进行监督，督促上市公司依法及时、准确地披露信息。

（二）对证券交易行为的监管

1. 操纵市场

证券市场中的操纵市场，是指某一组织或个人以获取利益或者减少损失为目的，利用其资金、信息等优势，或者滥用职权，制造证券市场假象，诱导或者致使投资者在不了解事实真相的情况下作出证券投资决定，扰乱证券市场秩序的行为。

（1）操纵市场行为

通过单独或者合谋，集中资金优势、持股优势联合或者连续买卖，操纵证券交易价格；与他人串通，以事先约定的时间、价格和方式相互进行证券交易或者相互买卖并不持有的证券，影响证券交易价格或者证券交易量；以自己为交易对象，进行不转移所有权的自买自卖，影响证券交易价格或者证券交易量；以其他方式操纵证券交易价格。

（2）对操纵市场行为的监管

事前监管是指在发生操纵行为前，证券管理机构采取必要手段以防止损害发生。为实现这一目的，各国证券立法和证券管理机构都在寻求有效的约束机制。如美国《证券交易法》第二十一条赋予证券管理机构广泛的调查权，以约束种类繁多的市场危害行为。

事后救济是指证券管理机构对市场操纵行为者的处理及操纵者对受损当事人的损害赔偿。主要包括两个方面：第一，对操纵行为的处罚，根据我国《证券法》规定，操纵证券交易价格或者制造证券交易的虚假价格或者证券交易量，获取不正当利益或者转嫁风险的，没收违法所得，并处违法所得一倍以上五倍以下的罚款；构成犯罪的，依法追究刑事责任。证券经营机构的操纵行为被查实后，证券管理机构可以暂停或取消其注册资格，取消其交易所会员资格，或对其交易数量加以限制，或令其停止部分或全部交易。第二，操纵行为受害者可以通过民事诉讼获得损害赔偿。

2. 欺诈行为

欺诈客户是指以获取非法利益为目的，违反证券管理法规，在证券发行、交易及相关活动中从事欺诈客户、虚假陈述等行为。

（1）欺诈客户行为

欺诈客户行为包括：证券经营机构将自营业务和代理业务混合操作；证券经营机构违背代理人的指令为其买卖证券；证券经营机构不按国家有关法规和证券交易场所业务规则的规定处理证券买卖委托；证券经营机构不在规定时间内向被代理人提供证券买卖书面确认文件；证券登记、清算机构不按国家有关法规和本机构业务规则的规定办理清算、交割、过户、登记手续；证券登记、清算机构擅自将顾客委托保管的证券用作抵押；证券经营机构以多获取佣金为目的，诱导顾客进行不必要的证券买卖，或者在客户的账户上翻炒证券；发行人或者发行代理人将证券出售给投资者时，未向其提供招募说明书；证券经营机构保证客户的交易收益或者允诺赔偿客户的投资损失等。

（2）对欺诈客户行为的监管

为了禁止证券欺诈行为，维护证券市场秩序，保护投资者的合法权益和社会公共利益，国务院于1993年9月2日发布了《禁止证券欺诈行为暂行办法》（以下简称《办法》）。

《办法》对我国证券发行、交易及相关活动中的内幕交易、操纵市场、欺诈客户、虚假陈述等行为进行了明确的界定并制定了相应的处罚措施。《办法》规定,禁止任何单位或个人在证券发行、交易及其相关活动中欺诈客户。证券经营机构、证券登记或清算机构以及其他各类从事证券业的机构有欺诈客户行为的,将根据不同情况,限制或者暂停证券业务及其他处罚。因欺诈客户行为给投资者造成损失的,应当依法承担赔偿责任。

3. 内幕交易

所谓内幕交易,又称知内情者交易,是指公司董事、监事、经理、职员、主要股东、证券市场内部人员或市场管理人员,以获取利益或减少经济损失为目的,利用地位、职务等便利,获取发行人未公开的、可以影响证券价格的重要信息,进行有价证券交易,或泄露该信息的行为。

(1) 内幕交易的行为主体

《证券法》第六十八条规定,下列人员为知悉证券交易内幕信息的知情人员:发行股票或者公司债券的公司董事、监事、经理、副经理及有关高级管理人员;持有公司百分之五以上股份的股东;发行股票公司的控股公司的高级管理人员;由于所任公司职务可以获取公司有关证券交易信息的人员;证券监督管理机构工作人员以及由于法定职责对证券交易进行管理的人员;由于法定职责而参与证券交易的社会中介机构或者证券登记结算机构、证券交易服务机构的有关人员;国务院证券监督管理机构规定的其他人员。

(2) 内幕信息

《证券法》第六十九条规定,在证券交易活动中,涉及公司的经营、财务或者对该公司证券的市场价格有重大影响的尚未公开的信息,为内幕信息。下列各项信息皆属内幕信息:本法第六十二条第二款所列重大事件;公司分配股利或者增资计划;公司股权结构的重大变化;公司债务担保的重大变更;公司营业用主要资产的抵押、出售或者报废一次超过该资产的百分之三十;公司的董事、监事、经理、副经理或者其他高级管理人员的行为可能依法承担重大损害赔偿责任;上市公司收购的有关方案;国务院证券监督管理机构认定的对证券交易价格有显著影响的其他重要信息。

(3) 内幕交易行为

内幕交易行为包括:内幕人员利用内幕信息买卖证券或者根据内幕信息建议他人买卖证券;内幕人员向他人泄露内幕信息,使他人利用该信息进行内幕交易;非内幕人员通过不正当的手段或者其他途径获得内幕信息,并根据该信息买卖证券或者建议他人买卖证券等。

(4) 对内幕交易的监管

《证券法》第七十条规定:知悉证券交易内幕信息的知情人员或者非法获取内幕信息的其他人员,不得买入或者卖出所持有的该公司的证券,或者泄露该信息或者建议他人买卖该证券。《证券法》规定,禁止任何单位或个人以获取利益或减少损失为目的,利用内幕信息进行证券发行、交易活动。

根据《证券法》规定,内幕人员和以不正当手段或者其他途径获得内幕信息的其他人员违反法律规定,泄露内幕信息,根据内幕信息买卖证券或者建议他人买卖证券的,将根据不同情况予以处罚,并追究有关人员的责任。

三、证券市场的自律性监管

证券市场的自律性监管机构由以下三类市场组织构成:证券交易所、电子交易系统等,证券商协会,以及证券登记、托管、清算机构。

(一) 国家对证券自律机构的监管

1. 证券交易所的设立和管理

(1) 登记制和注册制。以美国为代表。美国《1934年证券法》第五条、第六条规定,全国性证券交易所必须向证券交易委员会提交注册申请,该申请必须符合证券交易委员会规定的对于公众利益和投资者保护为必要或适当的信息和文件等内容的格式。实行注册制的国家不多。

(2) 特许制或称许可制。以日本为代表。日本《证券交易法》规定,设立证券交易所需经大藏省特许。世界大多数新兴市场一般采用特许制。

(3) 认可制。以英国为代表。认可制属事后性质,实施者少,没有普遍意义,这与英国长期沿袭而成的自律管理系统有关。

2. 证券商协会的职能及其设定管理

政府监管部门对证券商协会的设立和运行的管理大致也包括注册制和审核制两种形式。注册制以美国为例,审核形式即由监管当局审批决定证券商协会成立与否。证券商协会的主要职能是协助政府监管部门实现证券业的行业自律和证券商的规范管理,以维护市场的公平和竞争秩序。

3. 证券登记和清算机构的职能及其设立管理

证券的登记、过户、清算、交割等环节是所谓的交易后服务,其高效、安全、顺利地运行与投资者的利益休戚相关。专门的证券登记和清算机构出于上述原因独立于证券交易所而存在,对其的管理也有注册登记或审核批准两种方式。在美国,清算机构主要包括证券清算公司和证券托管机构,采用注册制。

(二) 证券自律机构监管

各国证券监管都需要处理政府监管与自律监管的关系,重点要做到以下两点:一是政府监管者应当适当地运用自律机构,使二者能够根据市场规模及监管复杂性,在各自胜任的领域内实施直接监管责任。二是自律机构须置于政府监管之下,在行使其权利和承担责任时须符合公开与可信的标准。两种监管形式尽管在内在目标上有差异,但其根本目标是一致的。

除了上述分工之外,证券交易所与证券商协会之间的职能分工构成分工格局的第二个层面,两者都是政府监管部门在监管体系中的辅助机构和有效补充。证券交易所是证券交易市场的组织者,在机构设置、规则制定、交易制度、监管职责等方面有着明确而严格的法律规定和紧密的政府监管约束,因此最具有正式制度安排的特征。证券商协会并非二级市场的组织者,在市场中的职能较弱,但是可以协调发行与承销行为中的证券商关系并促使其适度竞争。对证券从业人员的培训、考试与注册等自律管理责任一般亦由证券商协会承担。

证券交易所监管的主要内容包括：

（1）实施证券上市监管和上市后的持续监管。上市公司监管目标是提高上市公司的运作效率和运作质量，充分保护投资者的利益。对上市公司的监管主要集中在两个方面：一是建立上市公司信息披露制度，对其信息披露进行监管；二是加强对上市公司治理结构的监督，规范其运作。

（2）对会员证券商的监管。主要是会员资格与准入条件监管，会员风险及运作监管，会员内部控制要求，会员的财务、业务等的外部监管，以及会员违纪行为的调查与处理。

（3）证券交易行为监管。作为证券市场第一线监管者，证券交易所担负着监视和查处各类不正当交易行为，在一定权限内维护市场稳定的职责。证券交易行为的实时监管主要是对内幕交易、欺诈操纵市场等行为的实时监管。近年来发展很快的证券市场微观结构理论认为，交易制度的设计影响到证券市场的安全性、流动性和有效性，因此，除了证券交易所监管体系外，证券交易制度本身的设计就与监管有关。随着近年来证券交易所的合并与集中，证券交易所亦已从会员制转为公司制，证券交易所监管正逐渐面临挑战。

四、对证券经营机构的监管

证券经营机构管理主要是对机构的设立进行审批，对机构高级经营管理人员的任职资格进行审查，对机构的经营业务进行日常监督、检查，对机构及其从业人员的违法违规行为进行查处等。对证券中介服务机构的监管主要包括对从事证券业务的律师事务所、会计事务所、资产评估机构、证券投资咨询机构、证券市场信息传播机构的资格管理和日常业务监督。国际上，对证券经营机构的监管制度主要有两种，一是美国为代表的"注册制"，二是日本为代表的"特许制"。我国对证券经营机构的监管主要包括以下三个方面：

（1）资格监管，综合券商注册资本最低为5亿，经纪类券商为5千万，并有良好的业务素质。

（2）业务监管，要遵循一定的规范，即要求信息公开，禁止操纵、欺诈行为，限制内幕人员活动。经纪类券商只允许专门从事证券经纪业务，综合类券商可经营的业务为经纪、自营、承销，但各类业务必须分开，不能混淆操作。

（3）风险监管。制定与执行风险监督监管制度，公司的对外负债总额不得超过净资产的固定倍数，流动负债总额不得超过流动资产总额的一定比率等。

五、对证券从业人员和证券投资者的监管

（一）对证券从业人员的监管

对证券从业人员的监管由证券从业人员资格考试与注册制度来体现。证券从业人员是指证券中介机构中一些特定岗位的人员，分为管理人员和专业人员两类。从业人员的资格种类有：证券承销从业资格、证券经纪业务资格和证券投资咨询从业资格。证

从业人员的行为准则有：正直诚信；勤勉尽责；廉洁保密；自律守法。

证券从业人员行为规范的作用有：规范证券从业人员的业务行为，保证证券市场的良好秩序，促进证券业的健康发展；提高证券从业人员的业务素质，完善从业人员的人格，建立高素质的从业人员队伍；健全证券从业活动的内部监督和社会监督机制，树立证券业良好的职业风气和职业形象。

禁止从事证券业务人员的规定：因违法行为或者违纪行为被解除职务的证券交易所、证券登记结算机构的负责人或者证券公司的董事、监事、经理，自被解除职务之日起五年内不能从事证券业务；证券登记结算机构的负责人或者证券公司的董事、监事、经理，自被解除职务之日起五年内不能从事证券业务；因违法行为或者违纪行为被撤销资格的律师、注册会计师或者法定资产评估机构、验证机构的专业人员，自被撤销资格之日起五年内不能从事证券业务；因违法行为或者违纪行为被开除的证券交易所、证券登记结算机构、证券公司的从业人员或被开除的国家机关工作人员，不得招聘为证券公司的从业人员；国家工作人员和法律、行政法规规定的禁止在公司中兼职的其他人员，不得在证券公司中兼任职务；证券公司的董事、监事、经理和业务人员不得在其他证券公司中兼任职务。

（二）对证券投资者的监管

对于证券投资者的监管主要包括：

（1）一些党政机关人员不能直接或间接地购买证券，个人投资者不能进行私下的非法买卖，无身份证的未成年人也不能买卖证券；

（2）对机构投资者要审查购买证券资金与买入的证券是否一致，严禁私下串通、内外勾结、同时买卖一种证券，制造虚假供求等。

目前，我国证券市场管理体制正处于改革过程中，今后的管理体制和具体监管内容都会发生一些新的变化。

第三节　证券市场监管体制

一、证券监管体制

由于各国的政治体制、经济体制、证券市场发育程度和历史传统习惯不同，随着证券市场监管实际的发展，各国证券市场监管体制形成了不同的制度模式，基本上可以分为三种类型。

（一）集中型证券市场监管

集中型证券市场监管体制模式也称集中立法型监管体制模式，是指政府通过制定专门的证券法规，并设立全国性的证券监督管理机构来统一管理全国证券市场的一种体制模式。在这种模式下，政府积极参与证券市场管理，并且在证券市场监管中占主导地位，而各种自律性的组织（如证券业协会等）则起协助政府监管的作用，美国是集中型证券市场监管体制模式的代表。

集中型证券市场监管体制模式具有两个主要特点：

(1) 具有一整套互相配合的全国性证券市场监管法规。美国证券监管的立法可以分为联邦政府立法、各州政府立法(在美国称为蓝天法)、各种自律组织(如各大交易所和行业协会)制定的规章等三级。这种联邦、州和自律组织所组成的既统一又相对独立的监管体制是美国体制的一大特色。

(2) 设立全国性的监管机构负责监管、管理证券市场。这类机构由于政府充分授权，通常具有足够的权威来维护证券市场的正常运行。如美国证券交易委员会就是根据1934年《证券交易法》成立的。它由总统任命、参议院批准的5名委员组成，对全国的证券发行、证券交易所、证券商、投资公司实施全面监督管理。这种做法的优点是监管者处于比较超脱的地位，能够比较好地体现和维护"三公"原则，避免部门本位主义，而且可以协调部门与部门之间的目标和立场。但是，它要求监管者具有足够的权威性，否则难以使各部门之间相互配合，保证证券市场有效运行。

集中型证券市场监管模式的特点决定了它具有以下两个优点：

(1) 具有专门的证券市场监管法规和统一的管理口径，使市场行为有法可依，提高了证券市场监管的权威性。

(2) 具有超脱地位的监管者，能够更好地体现和维护证券市场监管的公开、公平和公正原则，更注重保护投资者的利益，并起到协调全国证券市场的作用，防止政出多门、相互扯皮的现象。

但是，集中型证券市场管理体制模式也有自身的缺点：容易产生对证券市场过多的行政干预；在监管市场的过程中，自律组织与政府主管机构的配合有时难以完全协调；当市场行为发生变化时，有时不能做出迅速反应并采取有效措施。

(二) 自律型证券市场监管

自律型证券市场监管体制模式是指政府除了一些必要的国家立法之外，很少干预证券市场，对证券市场的监管主要由证券交易所、证券商协会等自律性组织进行，强调证券业者自我约束、自我管理的作用，一般不设专门的证券监管机构。从出现证券市场到FSA成立并运作的很长一段时间，英国一直是自律型证券市场监管体制模式的典型代表。

自律型证券市场监管体制模式具有以下特点：

(1) 没有制定单一的证券市场法规，而是依靠一些相关的法规来管理证券市场行为。比如，英国的证券法律就散见于各种具体的法律法规，像1948年的《公司法》、1958年的《反欺诈(投资)法》、1973年的《公平交易法》和1986年的《金融服务法》等。这些法律分别规定了股份的募集、股票的交易、禁止内幕交易等多方面内容。

(2) 一般不设立全国性的证券监管机构，而以市场参与者的自我约束为主。但近几年来，许多英联邦国家和地区在公开原则与证券商的监管方面也采用了美国的一些做法。例如，1967年英国新的《公司法》和1986年《金融服务法》中有关证券方面的条例，在某些方面就效仿美国证券法中的类似规定，逐步建立起了证券市场的集中统一监管体系。以英国为例，20世纪70年代以后，在商业银行的支持下，英国成立了"证券与投资委员会"(SIB),以提高现有自治机构对英国证券市场的监管效率。1997年10月28日,证券与投资委员会更名为"金融服务局"(FSA),并强调取消分散管理模式,建立统一的监控体制。金融服务局下设立3个被承认的自律机构、9个专业机构、6个投资交易所和2个清算机构。金融服务局在继承原"证券与投资委员会"部分职能的同时,特别沿袭了"证券与投资委员会"的十条戒律,并依此对证券市场进行监管。建立新的证券监管体制,意味着英国的证券市场在集中监管问题上迈出了重要的一步。

自律型证券市场监管体制模式的特点决定了它具有以下优点:

(1) 它允许证券商参与制定证券市场监管的有关法规,使市场监管更加切合实际,并且有利于促进证券商自觉遵守和维护这些法规。

(2) 由市场参与者制定和修订证券监管法规,比政府制定证券法规具有更大的灵活性、针对性。

(3) 自律组织能够对市场违规行为迅速作出反应,并及时采取有效措施,保证证券市场的有效运转。

自律型证券市场监管体制模式也有自己的缺陷:

(1) 自律型组织通常将监管的重点放在市场的有效运转和保护会员的利益上,对投资者往往不能提供充分的保障。

(2) 监管者非超脱地位,使证券市场的公正原则难以得到充分体现。

(3) 缺少强有力的立法做后盾,监管软弱,导致证券商违规行为时有发生。第四,没有专门的监管机构协调全国证券市场发展,区域市场之间很容易互相产生摩擦,导致不必要的混乱局面。

(三) 中间型证券市场监管

中间型监管体制是指政府监管和行业自律相结合的监管体制。它是集中统一型监管体制与自律型监管体制两者相互渗透、相互结合的产物。中间型监管体制既设有专门性的立法和政府监管机构来进行集中监管,也强调自律组织的自律监管。这种监管体制又称为分级监管体制,包括二级管理和三级管理两种模式。二级管理指的是政府监管机构与自律性组织互相结合的管理;三级管理指的是中央政府、地方政府和自律性组织三者相结合的管理。原来实行中间型监管体制的国家有德国、泰国等。目前,由于集中型监管体制和自律型监管体制两种监管体制都存在一定的缺陷,很多国家已经逐渐向中间型监管体制过渡。

二、中国证券市场现行的监管体制

中国证券市场是在借鉴国外证券市场监管成功经验并结合我国具体国情,选择以政府监管为主导的集中型监管体制模式,其主要原因如下:

1. 中国国情更适合选择集中型监管模式

我国在长期的经济发展实践中积累了丰富的以政府监管为主导的集中型经济管理经验,在借鉴国外证券市场监管经验的基础上采用集中型监管更能发挥中国证券市场监管的效率。

2. 证券市场起步阶段要求集中型监管

中国证券市场刚刚起步,基本的法律制度尚不完善,信息披露失真、操纵市场、内幕交易、欺诈、过度投机等违法违规行为时有发生。由一个权威的证券市场监管机构在法律法规的框架内对证券市场行为进行集中监管,是保证证券市场平稳、健康、高效运行的必要措施。

3. 自律管理功能有限

中国证券市场发展时间较短,证券业行业自律监管经验有限,从业人员自律意识薄弱,单由行业自律组织难以有效监管整个证券行业。

三、中国证券监督管理机构

(一)国务院证券监督管理机构

我国证券市场监管机构是国务院证券监督管理机构。国务院证券监督管理机构依法对证券市场实行监督管理,维护证券市场秩序,保障其合法运行。国务院证券监督管理机构由中国证券监督管理委员会及其派出机构组成。

1. 中国证券监督管理委员会。

中国证券监督管理委员会(简称"中国证监会")是国务院直属机构,是全国证券、期货市场的主管部门,按照国务院授权履行行政管理职能,依照相关法律、法规对全国证券、期货市场实行集中统一监管,维护证券市场秩序,保障其合法运行。中国证监会成立于1992年10月。

2. 中国证监会派出机构

中国证监会在上海、深圳等地设立9个稽查局,在各省、自治区、直辖市、计划单列市共设立36个证监局。

其主要职责是:认真贯彻、执行国家有关法律、法规和方针、政策,依据中国证监会的授权对辖区内的上市公司,证券、期货经营机构,证券、期货投资咨询机构和从事证券业务的律师事务所、会计师事务所、资产评估机构等中介机构的证券业务活动进行监督管理;依法查处辖区内前述监管范围的违法、违规案件,调解证券、期货业务纠纷和争议,以及中国证监会授予的其他职责。

(二)中国证券业协会

中国证券业协会于1991年8月28日正式成立,是依法注册具有独立法人资格的全国证券行业自律管理组织。成立协会的目的是适应证券市场成熟与发展的需要,通过证券业协会的自律管理,贯彻执行国务院证券主管机构的有关方针、政策和国家证券法规,发挥政府与证券经营机构之间的桥梁和纽带作用,促进证券业的开拓和发展。中国证券业协会采取会员制的组织形式,凡依法设立并经特许可以从事证券业经营和中介服务的专业证券公司、金融机构、证券交易所及其类似机构,承认协会章程,遵守协会的各项规则,均可申请加入协会,成为协会会员。中国证券业协会的主要职能是:拟定协会管理规则,加强行业管理,树立公平、公正、公开原则,维护行业信誉;统一会员的交易行为,调节会员之间的纠纷,维护市场秩序;监督、审查会员的营业及财务状况,并对会员进行奖励和处罚等。

（三）证券交易所

证券交易所既是证券交易市场，又是一个会员制自律性管理机构；既是政府与上市公司、证券商会员间的桥梁和纽带，又是上市公司、证券商会员的管理者和监督者。证券交易所主要是对证券市场的交易活动和上市公司、证券商会员实施自我管理。

目前，我国以中国证监会为主体的全国性集中统一的证券期货监管体制已初步建立。这一管理体制客观上反映了建立社会主义市场经济的要求，是按照计划与市场有机结合的标准建立起来的相对集中统一的管理体系。

本 章 小 结

市场存在大量导致资源配置低效率的市场失灵问题，使得市场功能不能得到有效发挥。证券市场与其他市场比较，在市场失灵等诸多方面表现更加敏感，影响范围也相对更大，因此，证券市场的监管就显得尤为重要。本章主要介绍了证券市场监管的意义与原则，证券市场监管的内容，包括证券发行监管、证券交易监管、证券市场的自律性监管、对证券经营机构的监管、对证券从业人员和证券投资者的监管，以及证券监管体制，比如中国的证券市场监管体制、中国的证券监管机构等。

本章练习题

一、名词解释

集中型证券市场监管　自律性证券市场监管　中间型证券市场监管　信息披露制度　操纵市场　欺诈客户　内幕交易

二、单项选择题

1. 中国目前对证券发行的监管属于(　　)。

　A. 审批制　　　　B. 核准制　　　　C. 会员制　　　　D. 注册制

2. 内幕交易产生的经济学根源是(　　)。

　A. 信息不对称　　　　　　　　　B. 垄断

　C. 外部性　　　　　　　　　　　D. 市场失灵

3. (　　)是自律型证券市场监管体制模式的典型代表。

　A. 美国　　　　　B. 英国　　　　　C. 日本　　　　　D. 德国

4. 以下(　　)不是对证券交易行为的监管。

　A. 内幕交易　　　　　　　　　　B. 证券交易所

　C. 操作市场　　　　　　　　　　D. 欺诈客户

三、多项选择题

1. 证券市场监管的内容主要包括(　　)。

　A. 证券发行监管　　　　　　　　B. 证券交易监管

　C. 证券商监管　　　　　　　　　D. 证券市场自律性监管

E. 证券投资者监管

2. 各国证券发行监管主要有（　　）两种形式。

A. 审批制　　　　B. 核准制　　　　C. 会员制　　　　D. 注册制

E. 公司制

3. 目前证券市场监管体制形成的基本类型包括（　　）。

A. 集中型证券市场监管　　　　　　B. 自律型证券市场监管

C. 混合型证券市场监管　　　　　　D. 中间型证券市场监管

E. 市场型证券市场监管

四、思考题

1. 简述证券市场监管的意义与原则。

2. 简述证券市场监管的目标和手段。

3. 简述信息披露制度的意义。

4. 简述证券交易监管的主要内容。

5. 简述证券市场的自律性监管。

6. 简述证券市场的监管体制。

第九章 证券价格与股票价格指数

【学习目标】
- 了解股票价格的种类、市场价格,理解股票价值模型;
- 掌握债券的理论价格与市场价格;
- 掌握封闭型基金价格与开放型基金价格;
- 熟悉世界股票价格指数和中国股票价格指数。

第一节 股票价格

一、股票价格及其本质

股票是一种虚拟资本,它本身没有价值,股票之所以有价格,能够作为买卖对象,是因为股票能给它的持有者带来股利收入。买卖股票实际上就是购买或转让一种领取股利收入的凭证,是一种权益的让渡或转移,是一种资本所有权和收益权的买卖。

股票价格有广义和狭义两种,广义的股票价格包括股票的理论价格、票面价格、账面价格、发行价格、清算价格、市场价格等;而狭义的股票价格则指股票的交易价格,即股票行市,股票的价格不是由人们的主观意志决定的,而是根据市场供求关系变动决定的,就这一点来说,股票的价格与一般商品价格的形成是一致的。所不同的是,股票是一种特殊商品,它不像一般商品既有使用价值又有价值,其价格的形式是以社会必要劳动价值为基础,其构成是以产品成本、税金、利润等为主要内容。股票作为一种特殊商品,股票价格的基础是股票的基本投资价值,购买股票是一种投资行为,购买股票的目的是为了通过股票而取得收益。即期望资本增值、股息增加或股价上涨带来收益,股票的这种基本的投资价值是股票价格的基础。另外股票代表着某些权利,如对财产的所有权、参与经营权、股利分配权等对股价的形成及变动也有影响。所以说,股票价格是资本化的有价证券收入。

二、股票价格的种类

(一)理论价格

股票的理论价格是根据对未来收益的预期而计算出来的股票的价格。其计算公式为:

$$股票理论价格 = \frac{预期股息收益}{市场利率}$$

其中,预期股息是投资者购买普通股票后未来每一单位时间(如1年)预计应派发的每股股息;市场利率是金融市场上不同期限、不同风险的债券金融工具在未来每一单位时间(1年)的平均利率。我国证券市场通常以银行1年期定期存款利率为计算依据。

优先股票是固定收益而无偿还期的证券。其理论价格可用下面公式计算:

$$股票理论价格 = \frac{股息}{市场利率}$$

上式股息是证券投资者购买优先股票后未来每一单位时间(如1年)股份公司按固定比率派发的每股股息。

(二)票面价格

股票的票面价格又称股票的面额,有股份公司发行股票时所标明的票面金额。它是公司股本的基本构成单位也是股东领取股息红利的依据。股票的票面价格是确定股票发行价格的重要参考依据,同时也是新股投资者投资的参考依据。票面价格通常为一股1元、10元或100元,我国上市公司发行的人民币普通股为每股1元。股票票面价格的大小主要取决于公司发行股票的资本总额与发行股票的数量等因素。其公式为:

$$票面价格 = \frac{公司的资产净值 - 优先股股票总额}{普通股总股数}$$

例如某股份有限公司上市发行股票的资本总额为5 000万元,上市股数为500万股,股票的票面价格则为每股10元。

(三)账面价格

股票的账面价格也称股票的净值,是指股东持有的每一股份在账面上所代表公司财产的价值。其计算公式为:

$$普通股账面价格 = (公司的资产净值 - 优先股股票总额)/普通股总股数$$

公司的资产净值是公司总资产加各种公积金和未分配利润,减掉各种债务后的净额。公司的资产净值减去优先股票的总面值的差除以普通股票的总股数,就是股票的账面价格。由于公司的资产净值属股东所有,所以在会计上把它称为"股东权益",例如,某公司的资产负债表中权益部分为:优先股(面额100元)4万股,普通股(面额50元)4万股,资本公积金700万元,留成收益1 500万元,则:

$$普通股每股账面价格 = \frac{2\,800 - 100 \times 4}{4} = 600(元)$$

说明虽然普通股每股面额仅为50元,但由于公司资本公积金及留成收益数量大,因此每股的账面价格为600元。

(四)发行价格

股票的发行价格是指股份公司在发行股票时的出售价格。根据不同公司和发行市场的不同情况,股票的发行价格也不同,股票发行价格的水平主要有平价发行、折价发行、溢价发行。

(五)清算价格

清算价格是公司清算时,每股股票所代表的真实资产净值,是资产评估的价格。从理论上讲,普通股每股的账面价格应与清算价格一致,但实际上并不完全一致。只有在企业清算时,资产的实际销售金额与财务报表上所反映的账面一致,每股的账面价格与清算价格才会一致。即使在这种情况下,如果加上清算费用,每股的清算价格还是小于账面价格。所以在多数情况下,每股的清算价格小于账面价格。

(六)市场价格

股票的市场价格一般是指股票在流通市场上买卖的价格。股票的市场价格由股票的理论价格,即内在价值决定,但同时受诸多因素的影响。其中供求关系是最直接的影响因素,其他因素都是通过作用于供求关系而影响股票价格的。由于影响股票价格的因素错综复杂,所以股票的市场价格呈现出不断波动的特征。

三、股票市场价格

(一)开盘价和收盘价

1. 开盘价

也称开市价,是指某一时期内证券交易所开市后某种股票的第一笔交易的成交价格。如果开市后半小时内无成交,则取前一日收盘价为当日之开盘价;如果前一日或连续几日无成交价格,则由交易所经纪商根据客户对股票买卖的走势提出指导价格,促使成交后作为开盘价。如开盘价高于前一个收盘价常常预示着开市看涨,反之则开市看跌。

2. 收盘价

也称收市价,是指在某一时期内证券交易所收市前某种股票的最后一笔交易的成交价格。如果当天无成交价格,可以采用最近一次成交价格作为收盘价。如今日收盘价高于前日收盘价,表时今日行情较前日上涨,反之则行情下跌。

(二)最高价和最低价

1. 最高价

是指当日某种股票的最高成交价。

2. 最低价

是指当日某种股票的最低成交价。

(三)买入价和卖出价

1. 买入价

是投资者根据当时股市行情所申报或成交的购入股票价格。

2. 卖出价

是投资者根据股市行情所申报或成交的卖出股票价格。

(四)拆细价

随着公司净利润增加,股息也逐渐增加,这时股票的市价会大大的高出其面值。使很多中小投资者购买困难,使其流通量大大减少。在这种情况下,公司一般将股票拆细,股票拆细通常会使新股东大量加入,因此股票拆细常与分红派息同时进行,那么拆细后的价格就是把原价减去股息和红利再分割成若干小股。其计算公式为：

$$新股价 = \frac{原价 - 股息}{所分股数}$$

（五）除息价与除权价

股票上市公司分配给股东的权利有派股息、送红股或配新股等。当派发股息时，就要对股票进行除息，也即除去交易中股票股息的权利；当送红股或配新股时，就要对股票进行除权，也即除去送股、配股的权利。

1. 除息价

除息是股价中除去领取股息的权利。当股票进行分配，投资者领取股息后，这种分配权就不能再使用了，为了保证股票交易的连续性和股价的公正性，对股价进行技术处理，在股价中去除派息数额，持股投资者从派息中得到补偿，若除息股价上升，投资者就获得了因派息带来的实际好处。若股价回复到除息前的价格，则称填息。若无法填满息或反而下跌，则称贴息，投资者实际上受到了损失。

$$除息价 = 除息日前一天收盘价 - 现金股息$$

例1 某股票在除权登记日收盘价为15.25元/股，每股派息0.40元，则次日除息报价为：

$$除息价 = 15.25 - 0.40 = 14.85 元/股$$

2. 除权报价

公司若送红股或配股，在分配时对股价进行修正，称为除权。除权后，若股价上升至除权前的价位，称为填权，否则称贴权。

（1）红股除权价

$$送股除权价 = \frac{除权日前一日收盘价}{1 + 送股比率}$$

例2 某股份公司本年度分配方案为每10股送5股，除权日前一日收盘价为17.00元/股，则：

$$除权报价 = 17 \div (1 + 0.5) = 11.3(元/股)$$

（2）有偿增资配股

$$除权报价 = \frac{除权日前一日收盘价 + 配股价 \times 配股比率}{1 + 配股比率}$$

例3 某公司向现有股东按10股配4股比例进行配股，配股价为每股4.50元。除权日前一日收盘价15.00元。则：

$$除权报价 = \frac{15.00 + 4.50 \times 0.4}{1 + 0.4} = 12.00(元/股)$$

（3）无偿送股与有偿配股结合的报价

$$除权报价 = \frac{除权日前一日收盘价 + 配股价 \times 配股比率}{1 + 配股比率 + 送股比率}$$

例 4 某公司的分配方案为按 10 股送红股 3 股、配 2 股,配股价为 4.50 元除权日前一日收盘价格 12.00 元/股,则:

$$除权报价 = \frac{12.00 + 4.50 \times 0.2}{1 + 0.3 + 0.2} = 8.6(元/股)$$

(4) 除息除权结合的报价

$$除息除权报价 = \frac{除息除权日前一日收盘价 + 配股价 \times 配股率 - 现金股息}{1 + 送股率 + 配股率}$$

例 5 某公司按每 10 股送现金股息 10 元,送红股 3 股的比例向全体股东派发股息和红股,向公司现有股东按 10 股配 2 的比例进行配股,配股价为 4.50 元,除权日前一日收盘价格 12.00 元/股。则:

$$除息除权报价 = \frac{12.00 + 4.50 \times 0.2 - 1.00}{1 + 0.3 + 0.2} = 7.93(元/股)$$

四、股票价值模型

(一)贴现现金流模型

贴现现金流模型是运用收入资本化定价方法来决定普通股股票内在价值的。任何资产的内在价值是由拥有这种资产的投资者在未来时期中所收受的现金流决定的。由于现金流是未来时期的预期值,因此必须按照一定的贴现率折算成现值。对于股票来说,这种预期值的现金流即在未来时期预期支付的股利,因此,贴现现金流模型,即通过收入资本化方法所建立的模型被称为股利贴现模型(dividend discount model,DDM)。DDM 一般的形式是

$$V = \frac{D_1}{(1+k)^1} + \frac{D_2}{(1+k)^2} + \frac{D_3}{(1+k)^3} + \cdots + \frac{D_t}{(1+k)^t} + \cdots = \sum_{t=1}^{\infty} \frac{D_t}{(1+k)^t} \tag{9-1}$$

式中,D_t 为在时间 t 内与某一特定普通股相联系的预期现金流,即在未来时期以现金形式表示的每股股票的股利;k 为在一定风险程度下现金流的合适的贴现率;V 为股票的价值。

在式(9-1)中,假定在所有时期内,贴现率都是一样的。由该式我们可以引出净现值这个概念。净现值(net present value,NPV)等于价值与成本之差,即

$$NPV = V - P = \sum_{t=1}^{\infty} \frac{D_t}{(1+k)^t} - P \tag{9-2}$$

其中,P 为在 $t=0$ 时购买股票的成本。如果 $NPV>0$,意味着所有预期的现金流入的贴现值之和大于投资成本,即这种股票被低估价格,因此购买这种股票可行。

如果 $NPV<0$,意味着所有预期的现金流入的贴现值之和小于投资成本,即这种股票被高估价格,因此不可购买这种股票。

内部收益率(internal rate of return,IRR)。在了解了净现值之后,我们便可引出内

部收益率这个概念。内部收益率就是使投资净现值等于零的贴现率。如果 k^* 代表内部收益率,我们令净现值

$$NPV = V - P = \sum_{t=1}^{\infty} \frac{D_t}{(1+k^*)^t} - P = 0$$

$$P = \sum_{t=1}^{\infty} \frac{D_t}{(1+k^*)^t} \tag{9-3}$$

由式(9-3)可以解出内部收益率 k^*。把 k^* 与具有同等风险水平的股票的必要收益率(用 k 表示)相比较:如果 $k^* > k$,则可以购买这种股票;如果 $k^* < k$,则不要购买这种股票。

在运用式(9-1)决定一股普通股股票的内在价值时存在着一个麻烦问题,即投资者必须预测所有未来时期支付的股利。由于普通股股票没有一个固定的生命周期,因此建议使用无限时期的股利流,这就需要加上一些假定。

这些假定始终围绕着股利增长率,一般来说,在时点 t,每股股利被看成是在时刻 $t-1$ 时的每股股利乘以股利增长率 g_t,不同类型的贴现现金流模型反映了不同的股利增长率的假定。其计算公式为

$$D_t = D_{t-1}(1+g_t) \tag{9-4}$$

$$g_t = \frac{D_t - D_{t-1}}{D_{t-1}} \tag{9-5}$$

(二)零增长模型

(1)零增长模型(zero growth model)是最为简化的 DDM,它是假定股利增长率等于零,即 $g=0$,也就是说未来的股利按一个固定数量支付。

根据这个假定,我们用 D_0 来改换式(9-1)中的 D_t

$$V = \sum_{t=1}^{\infty} \frac{D_0}{(1+k)^t} = D_0 \sum_{t=1}^{\infty} \frac{1}{(1+k)^t} \tag{9-6}$$

因为 $k>0$,按照数学中无穷级数的性质,可知

$$\sum_{t=1}^{\infty} \frac{1}{(1+k)^t} = \frac{1}{k}$$

代入式(9-6)中,得出零增长模型公式

$$V = \frac{D_0}{k} \tag{9-7}$$

式中,V 为股票的内在价值;D_0 为在未来无限时期支付的每股股利;k 为必要收益率。

(2)内部收益率。式(9-7)也可以用于计算投资于零增长证券的内部收益率。首先,用证券的当今价格 P 代替 V,用 k^*(内部收益率)代表 k,代入式(9-6),其结果是

$$P = \sum_{t=1}^{\infty} \frac{D_0}{(1+k^*)^t} = \frac{D_0}{k^*}$$

进行转换,可得

$$k^* = \frac{D_0}{P} \tag{9-8}$$

(三) 不变增长模型

(1) 一般形式。如果假设股利永远按不变的增长率增长,那么就会建立不变增长模型(constant growth model)。也就是说

$$D_t = D_{t-1}(1+g) = D_0(1+g)^t$$

用 $D_t = D_0(1+g)^t$ 置换式(9-1)中的分子 D_t,得出

$$V = \sum_{t=1}^{\infty} \frac{D_0(1+g)^t}{(1+k)^t} = D_0 \sum_{t=1}^{\infty} \frac{(1+g)^t}{(1+k)^t} \tag{9-9}$$

运用数学中无穷级数的性质,如果 $k > g$,可知

$$\sum_{t=1}^{\infty} \frac{(1+g)^t}{(1+k)^t} = \frac{1+g}{k-g} \tag{9-10}$$

把式(9-10)代入式(9-9)中,得出不变增长模型的价值公式

$$V = D_0 \frac{1+g}{k-g} \tag{9-11}$$

又因为 $D_1 = D_0(1+g)$,有时把式(9-11)写成如下形式

$$V = \frac{D_1}{k-g} \tag{9-12}$$

(2) 内部收益率。式(9-11)可用于解出不变增长证券的内部收益率。首先,用股票的当今价格代替 V;其次,用 k^* 代替 k,其结果是

$$P = D_0 \frac{1+g}{k^* - g}$$

经过交换,可得

$$k^* = \frac{D_0(1+g)}{P} + g = \frac{D_1}{P} + g \tag{9-13}$$

(3) 不变增长模型与零增长模型的关系。零增长模型实际上是不变增长模型的一个特例。特别是,假定增长率 g 等于零,股利将永远按固定数量支付,这时,不变增长模型就是零增长模型。

从这两种模型来看,虽然不变增长的假设比零增长的假设有较小的应用限制,但在许多情况下仍然被认为是不现实的。但是,不变增长模型却是多元增长模型的基础,因此这种模型极为重要。

(四) 多元增长模型

多元增长模型(multiple growth model,MGM)是最普遍被用来确定普通股股票内在价值的贴现现金流模型。这一模型假设股利变动的变化在一段时间 T 内没有特定的模

式可以预测,在此段时间以后,股利的变动将遵循不变增长的原则。这样,股利现金流量就被分为两部分:

第一部分包括直到时间 T 的所有预期股利流量现值(表示为 V_{T-})。

$$V_{T-} = \sum_{t=1}^{\infty} \frac{D_t}{(1+k)^t} \qquad (9-14)$$

第二部分是 T 时期以后所有股利流量的现值。因为设定这部分股利变动遵循不变增长原则,用 D_{T+1} 代替 D_1 代入式(9-12),得

$$V_T = \frac{D_{T+1}}{k-g} \qquad (9-15)$$

需要注意的是,V_T 得到的现值仅是 $t=T$ 时点的现值,要得到 $t=0$ 时点的现值(表示为 V_{T+}),还需要对 V_T 进一步贴现。

$$V_{T+} = \frac{V_T}{(1+k)^T} = \frac{D_{T+1}}{(k-g)(1+k)^T} \qquad (9-16)$$

将两部分现金流量现值加总,可以获得多元增长条件下的估值公式,即

$$V_T = V_{T-} + V_{T+} = \sum_{t=1}^{\infty} \frac{D_t}{(1+k)^t} + \frac{D_{T+1}}{(k-g)(1+k)^T} \qquad (9-17)$$

式(9-17)比较符合现实世界的企业实际成长情况。而且,根据现值的加速衰减规律,当 $k>15\%$ 且 $T>10$ 时,V_{T+} 在 V 中所占比重一般不超过 1/4。所以,当明确预测了 8~10 年的股利贴现值后再对 T 时期之后的股利流量作出不变增长的假设,不会对 V 造成过大的影响。

第二节 债券价格

一、债券的理论价格

债券理论价格就是债券内在价值的估算值,与股票相比,债券的理论价格能够更加接近债券的内在价值。债券的理论价格模型主要有以下几种:

1. 债券理论价格的基本模型

$$V = \frac{C_1}{(1+i)^1} + \frac{C_2}{(1+i)^2} + \cdots + \frac{C_n}{(1+i)^n} + \frac{M_n}{(1+i)^n} = \sum_{t=1}^{n} \frac{C_t}{(1+i)^t} + \frac{M_n}{(1+i)^n}$$

式中,

V:债券的价格

C_t:第 t 期债券的利息收入

i:折现率

M_n:债券到期日价格

n:至债券到期日的时间间隔

例6 有一种期限为15年,息票年利率15%,折现率为15%的面值1 000元的债券。则:

$$V = \sum_{t=1}^{15} \frac{1\,000 \times 15\%}{(1+15\%)^t} + \frac{1\,000}{(1+15\%)^{15}} = 877.1 + 122.90 = 1\,000 \text{ 元}$$

再假定其他条件不变,如果一年后市场利率下降到10%,则债券价格为:

$$V = \sum_{t=1}^{14} \frac{1\,000 \times 15\%}{(1+10\%)^t} + \frac{1\,000}{(1+10\%)^{14}} = 1\,368.31 \text{ 元}$$

如果一年后市场利率升到18%,则债券价格为:

$$V = \sum_{t=1}^{14} \frac{1\,000 \times 15\%}{(1+18\%)^t} + \frac{1\,000}{(1+18\%)^{14}} = 847.80 \text{ 元}$$

说明当利率下降10%,债券按大于面值1 000元销售,我们说这种债券按溢价销售,反之当利率上升到18%,债券按小于面值销售,即按折价销售。

2. 息票债券的理论模型

$$V = \sum_{i=1}^{n \times m} \frac{\frac{R}{m} \times F}{\left(1+\frac{i}{m}\right)^t} + \frac{F}{\left(1+\frac{i}{m}\right)^{n \times m}}$$

$$= \frac{F \times R}{m} \left[\frac{1 - \frac{1}{\left(1+\frac{i}{m}\right)^{n \times m}}}{\frac{i}{m}} \right] + \frac{F}{\left(1+\frac{i}{m}\right)^{n \times m}}$$

上式中的 m 代表一年内的付息次数,如果为半年付息一次的债券,则一年内付息2次,上述公式可以变为:

$$V = \sum_{i=1}^{n \times 2} \frac{\frac{R}{2} \times F}{\left(1+\frac{i}{2}\right)^t} + \frac{F}{\left(1+\frac{i}{2}\right)^{n \times 2}}$$

$$= \frac{F \times R}{2} \left[\frac{1 - \frac{1}{\left(1+\frac{i}{2}\right)^{n \times 2}}}{\frac{i}{2}} \right] + \frac{F}{\left(1+\frac{i}{2}\right)^{n \times 2}}$$

如果一季度付息一次债券,则一年内付息4次,其理论价格公式为:

$$V = \sum_{t=1}^{n \times 4} \frac{\frac{R}{4} \times F}{\left(1+\frac{i}{4}\right)^t} + \frac{F}{\left(1+\frac{i}{4}\right)^{n \times 4}}$$

$$= \frac{F \times R}{4} \left[\frac{1 - \frac{1}{\left(1+\frac{i}{4}\right)^{n \times 4}}}{\frac{i}{4}} \right] + \frac{F}{\left(1+\frac{i}{4}\right)^{n \times 4}}$$

3. 一次还本付息债券的价格模型

一次还本付息债券是一次性到期还本付息的债券,零息债券根据其计息方式是单利或复利的不同,其理论价格的计算公式也略有不同。按单利计算的零息债券的理论价格模型为:

$$V = \frac{F + F \times R \times n}{(1+i)^n} = \frac{F \times (1 + R \times n)}{(1+i)^n}$$

按复利计算的零息债券的理论价格模型为:

$$V = \frac{F \times (1+R)^n}{(1+i)^n}$$

4. 零息债券的价格模型

零息债券因为利息已经包含在债券的面值当中,所以其理论价格模型为:

$$V = \frac{F}{(1+i)^n}$$

5. 永续债券的价格模型

永续债券的理论价格模型与股票在股息不变的情况下的理论价格模型是非常相似的,所以其理论模型为:

$$V = \frac{F \times R}{(1+i)} + \frac{F \times R}{(1+i)^2} + \frac{F \times R}{(1+i)^3} + \cdots$$

$$= \sum_{i=1} \frac{F \times R}{(1+i)^t} = \frac{F \times R}{i}$$

二、债券市场价格

1. 到期一次还本付息债券市场价格

$$债券市场价格 = \frac{债券票面价格 + 利息总额}{(1 + 市场利率)^{待偿年数}}$$

例7 2006年1月1日发行5年期面额为100元的国库券,票面年利率9%,到期一次还本付息,持有人于2009年6月19日将其卖出,假如当时市场利率为15%,卖出价格应为多少?

$$卖出价格 = \frac{100 + 100 \times 9\% \times 5}{(1+15\%)^{1\frac{196}{365}}} = 116.9 \text{ 元}$$

2. 附息票债券市场价格

$$市场价格 = \frac{年利率}{收益率}\left[\frac{(1+收益率)^{距到期年数} - 1}{(1+收益率)^{距到期年数}}\right] + \frac{面额}{(1+收益率)^{距到期年数}}$$

例8 某公司于2005年1月1日发行面额为50元的付息票债券,期限为4年,票面年利率为12%,每年与发行日付息一次,若持有人一年后将其卖出,市场收益率为12.5%,其售价为多少?

$$卖出价格 = \frac{50 \times 12\%}{12.5\%}\left[\frac{(1+12.5\%)^3-1}{(1+12.5\%)^3}\right] + \frac{50}{(1+12.5\%)^3} = 49.41 元$$

3. 贴现债券市场价格

美国方式的计算公式：

$$市场价格 = 面额 - \left(\frac{距到期天数}{360} \times 年贴现率\%\right) \times 面额$$

日本方式的计算公式：

$$购买价格 = \frac{偿还价格}{(1+年收益率)^{剩余年数}}$$

$$卖出价格 = 票面价格 + 票面价格 \times 贴现率 \times 持有年限$$

例9 某人于2006年9月1日以75元价格买进某公司发行的面额100元的3年期贴现债券，持有2年以后以10.06%的贴现率卖出，卖出价为多少？

$$卖出价格 = 75 + 75 \times 10.06\% \times 2 = 90.09(元)$$

债券市场价格除以上几种之外，还有债券开盘价、收盘价、最高价、最低价、买入价和卖出价，其含义与股票的同类价格基本相似。

第三节　证券投资基金价格

证券投资基金的价格实际上是指每个证券投资基金单位的价格。基金单位是将基金总额进行等额划分的最小单位，也称基金份额。

一、证券投资基金的价格形式

证券投资基金的价格可分发行价和交易价两种形式。

（一）证券投资基金的发行价格

证券投资基金的发行价格是指投资者购买基金单位的认购价格。由三部分组成：基金面值、基金的发起与招募费用和基金的销售费用。

1. 基金面值

指基金单位发行时受益凭证所标明的价值，类似于股票面值，基金面值只表明拥有的基金单位份额以及参与分配的比例关系，并不代表基金的实际价值。

2. 基金的发起与招募费用

一般占基金发起总额的2%～5%，一次分摊在基金单位的销售价格内。

3. 基金的销售费用

它是按基金销售额的1%～4%一次计提，并在招募费用中列支。

以上第2、3项合计称为基金发行手续费，基金单位的初次发行价格实际是面值加手续费。如果投资规模较大，必须分次销售的，则第二次以后发行价可以按基金的每单位净资产价值计算。

（二）证券投资基金的交易价格

证券投资基金的交易价格是指基金在二级市场进行流通的价格。

1. 开放型基金交易价格

实际上开放型基金只有一种价格，无所谓发行价与交易价之分。开放型基金可以随时买卖，其报价分卖出和买入两种，卖出价格是投资者认购基金单位的价格，其构成为基金单位净值加认购手续费。买入价格是基金公司赎回基金份额的价格，其构成为基金单位净值减赎回手续费。不管是卖出还是买入，都是根据基金单位的资产净值来计算的。

2. 封闭型基金交易价格

封闭型基金在发行期满后即行封闭，基金总额不再变动，投资者不得任意进出基金，基金公司不办理基金份额的赎回。

封闭型基金的交易价格是由基金的供求关系决定的。

二、封闭型基金价格

按照封闭型基金买卖标的具体形式，封闭型基金价格有面值、净值和市价三种。

（一）基金面值

基金的发行阶段，又称第一个阶段时所采用的价格。按照基金单位份额即面值出售，这种形式称单位发行，平价发行时投资者不需负担有关发行费和销售费。

（二）基金净值

基金发行期满后至基金上市日之前为第二阶段，这时，基金的价格是以资产净值计算。这一阶段的基金并不能在市场上流通，这一价格实际上成为投资者资产的参考价格。

（三）市价

基金上市交易后称交易阶段，又称第三阶段，这时的基金价格是由交易双方在证券交易市场上通过公开竞价的方式确定，即按市价买卖。市场有可能出现折价和溢价的现象。

1. 溢价

即基金的市价高于净值的现象，在新兴市场里，可供投资者选择的基金不多，而投资热潮高涨，基金供不应求，所以，多以溢价方式交易。

2. 折价

即基金的净价低于净值的现象。在美国封闭基金多以折价销售。因为美国基金多为开放型，封闭型极少，基金组织又太保守，公众也不太了解，加之基金所提供的服务项目也少，所以常以折价方式销售。

三、开放型基金价格

开放式基金价格由于手续费基本固定，所以其价格主要是由基金资产净值来决定的。

（一）资产净值

资产净值是某一时点上某一证券投资基金每一单位实际代表的价值。资产净值是基金单位价格的内在价值。所以基金的净资产额不但决定了基金的交易价格，同时也是投资者衡量基金品质的主要参考指标。

基金的资产净值总额 ＝ 基金资产总额 － 基金负债总额

基金资产总额的计算应包括以下内容：

(1) 基金所拥有的上市股票,以计算日的收盘价为准。

(2) 基金拥有的政府债券、公司债券以及金融债券,已上市流通者,以计算日的收盘价为准,未上市流通者,以面值加上到计算日止的应得利息为准。

(3) 基金所拥有的短期票据,以买进日成本加上自买进日起到计算日的应收利息为准。

(4) 基金所拥有的现金以及相当于现金的资产,包括应收款、存放在其他金融机构的存款。

(5) 坏账准备金,指对有可能无法全部收回的资产及负债提留的准备金。

(6) 已订立契约但尚未履行的资产,应视同已履行资产,计入资产总额。

基金负债总额的计算应包括以下内容：

(1) 基金借入资金。

(2) 依信托契约规定至计算日止对托管公司或经理公司应付未付的报酬。

(3) 其他应付款、税金。

(二) 基金单位资产净值的计算方法

基金单位资产净值常用的计算方法有两种：

1. 历史价计算法

历史价又叫已知价,是指上一个交易日的收盘价,历史价计算就是由基金经理公司根据上一个交易日的收盘价来计算基金所拥有的金融资产,包括股票、债券、期货合约、期权证等总值,加上基金所拥有的现金资产,然后除以售出的基金单位数,即可得到每个基金单位的资产净值。其计算公式为：

$$\overline{NAV} = \frac{\sum_{i=1}^{n} P_i Q_i + C}{T}$$

式中的 $\overline{NAV}$ 代表基金单位资产净值；P_i 为基金拥有金融资产 i 的上一个交易日的收盘价；Q_i 为资产 i 相应的数量；C 为基金拥有的现金；T 为已售出的基金单位总数。

2. 期货价计算法

期货价又称未知价,是指当日债券市场上各种金融资产的收盘价。由于投资者在收盘前进行基金买卖是无法确切知道当日收盘价的,故称为期货价或未知价,基金经理公司若根据当日收盘价来计算单位基金净值的话,就叫期货价计算法。

实行期货价计算法,投资者要到第二天才能知道基金单位的价格。一般是采取投资估值法计算。具体方法是将基金价分为证券投资价值和其他投资估值两类,证券投资估值是每天计算出证券投资盈亏及库存证券余额,算出每天证券投资已实现的投资所得或亏损,以及未实现的投资所得或亏损。计算公式为：

已实现的证券投资所得 ＝［证券卖出数量×卖出价－（手续费＋印花税）－
　　　　　　　　　　（卖出数量×上一日证券加权平均价）］

未实现的证券投资所得 ＝（库存证券数量×当日数量）－
　　　　　　　　　　　（库存数量×截至当日的证券加权平均成本）

其他投资估值是按投资资产市场价或原始成本价计价。其计算公式为：

价值日资产净值 ＝ 上一日价值日资产净值＋已实现投资所得＋未实现投资所得

若以上计算结果为亏损，则用负号表示。

第四节　股票价格指数

一、股票价格指数的概念和作用

（一）股票价格指数的概念

股票价格指数简称股价指数。股票价格指数是一个广义的概念，包括股价平均数和股价指数。

1. 股价平均数

股价平均数是反映多种股票价格变动的一般或平均水平。用具体的金额表示。通过把不同时期的股价平均数加以比较，可显示出多种股票一般股价水平的变动情况，但它不能反映出股票价格的涨跌幅度。

2. 股价指数

股价指数是反映股价变动趋势和程度的相对指标。它是以某个时期的股价平均数同另外一个时期的股价平均数进行对比，作为对比基础的时期叫做基期，用来与基期比较的时期称为报告期。股价指数不仅可以反映出股价变动趋势，还可以反映出股票价格的涨跌幅度。

（二）股价指数的作用

1. 是反映国民经济运行及其发展趋势的晴雨表

股价指数是国民经济运行预警的先行指标，通常在国民经济发生周期性波动之前，股票会出现大幅度的变动趋势，即股价指数上升，表明国民经济前景看好；股价指数下降，则预示国民经济前景不乐观。

2. 是描述股票市场行情的指示器

股价指数一般是由一些有名的大的金融服务公司或金融研究组织编制的，并定期公布。股价指数能及时全面地反映市场上股票价格水平的变动，它的上涨和下跌，可以看出股票市场行情的变化趋势。

3. 为投资者进行投资决策提供重要依据

股价指数能够准确、综合反映股市价格变化及发展趋势，特别是通过过去股价指数的分析，找出其规律性，再结合现在的股价指数资料进行综合分析，预测未来股票市场的趋势,这就使投资者克服一定的盲目性,把握投资机会,获得较好的收益。

4. 是分析、观察企业的主要技术指标

股价指数的变化,反映了投资者对上市公司的评价,这种评价的背后,反映着企业经营业绩的好坏,一般来说,股价指数上升,表明企业经营业绩良好;股价指数下跌,往往表明企业经营状况不佳。

二、股价指数的计算方法

(一)股价平均数的计算方法

股价平均数的计算方法主要有算术平均法、修正平均法和加权平均法三种。

1. 算术平均法

算术平均法就是把采样股票的收盘价加总,除以采样数,所得的平均值就为平均股价,其计算公式为:

$$\overline{P} = \frac{1}{n}(P_1 + P_2 + \cdots + P_n) = \frac{1}{n}\sum_{i=1}^{n} P_i$$

上式中:$\overline{P}$ 表示股价平均数;n 表示股票样本数;P_1、P_2、$\cdots$、P_n 表示各样本股价格;$\sum$ 表示总和;P_i 表示第 i 种样本股报告期的收盘价。

例10 某市场有代表性的股票为 A、B、C、D 四种,在某一交易日的收盘价分别为 10 元、16 元、24 元、30 元,则

$$\overline{P} = \frac{10 + 16 + 24 + 30}{4} = 20 \text{元}$$

算术平均法的优点是简便,易于掌握。其缺点是计算时未考虑权数,也就不能反映各种股票对股市的不同影响,又不能反映样本股除权、分割等情况,因而很难准确反映股票价格的总体变动状况。

2. 修正平均法

由于股份公司所发行的股票发生拆股和分割时,会导致平均数发生不合理的下降,这时需要对算术平均法进行修正。常用的方法有两种:一种是调整除数,另一种是调整股价。

第一种:调整除数,即把原来的除数调整为新的除数

$$\text{新的除数} = \frac{\text{拆股后的总价格}}{\text{拆股前的股价平均数}}$$

$$\text{修正股价平均数} = \frac{\text{拆股后的总价格}}{\text{新的除数}}$$

例11 某股市 A、B、C 三种股票,收盘价分别是 30 元、20 元、40 元,其简单算术平均股价为 30 元。如果 C 股票 1 股拆为 4 股时,股价从 40 元调整为 10 元其平均股价为 $(30+20+10)/3=20$ 元,由于 C 股拆股后,导致股价平均数从 30 元降为 20 元,这就不能真实反映股市的变化,故对其修正。

$$新的除数 = \frac{30+20+10}{30} = 2$$

$$修正平均股价 = \frac{30+20+10}{2} = 30(元)$$

修正股价平均数与拆股前的股价平均数相等,说明报告期股价水平未因拆股而变动,从而真实反映了股市动态。

第二种:调整股价。就是将拆股后的股价还原成拆股前的股价。例如上例中 C 股票发生拆股,拆股后新增股票数为 R,股价为 P_3,则

$$调整股价平均数 = \frac{1}{n}[P_1 + P_2 + (1+R) \times P_3 + \cdots + P_n]$$

$$前例调整股价平均数 = \frac{30+20+(1+3)\times 10}{3} = 30(元)$$

其结果与前一种算法相同。美国《纽约时报》编制 500 种股票平均数时就采用这种方法。

3. 加权平均法

加权平均法就是以每种采样股票的发行量或交易量作为权数,加权计算的股价平均数。其计算公式为:

$$\overline{P} = \frac{\sum\limits_{i=1}^{n} P_i W_i}{\sum\limits_{i=1}^{n} W_i}$$

式中:P_i 是第 i 种股票的价格;W_i 是第 i 种股票的发行量或交易量,即代表权数;n 是采样股票的种数。

这种方法的特点就是在股票价格总和中,把每种采样股的发行量或交易量考虑在内,以此来衡量各种股票价格的变动对股价平均数的相对重要程度,从而能够真实反映股票价格变动对股市行情的影响。

例 12 某股市采集了 4 种股票,其发行量分别为 1 000 股、2 000 股、1 500 股、2 500 股,收盘价分别为 10 元、15 元、20 元、25 元,则按加权平均法计算,其股价平均数为:

$$\overline{P} = \frac{1\,000 \times 10 + 2\,000 \times 15 + 1\,500 \times 20 + 2\,500 \times 25}{1\,000 + 2\,000 + 1\,500 + 2\,500} = 18.93(元)$$

(二)股价指数的计算方法

股价指数的计算方法有简单算术股价指数和加权股价指数两种。

1. 简单算术股价指数

简单算术股价指数又可细分为相对法和综合法两种。

(1) 相对法

相对法是指先计算采样股票的个别股价指数,再加总求平均数。其计算公式为:

$$股价指数 = \frac{1}{n}\sum_{i=1}^{n}\frac{P_{1i}}{P_{0i}} \times 固定乘数$$

式中:n表示采样股票种数;P_{0i}表示第i种股票基期股价;P_{1i}表示第i种股票报告期股价,固定乘数为基期股价指数,一般为100或1 000。

表9-1

种类	股价(元)		交易量(股)	
	基期(P_0)	报告期(P_1)	基期(Q_0)	报告期(Q_1)
A	4	6	100	120
B	5	8	150	100
C	8	10	50	80
D	10	12	60	50
E	15	18	80	100

将表9-1中数据代入公式得:

$$股票价格指数 = \frac{1}{5}\left(\frac{6}{4}+\frac{8}{5}+\frac{10}{8}+\frac{12}{10}+\frac{18}{15}\right)\times 100 = 135$$

这说明报告期的股价比基期上升了35个点。

(2) 综合法

综合法是将基期和报告期的股价分别相加,然后两者相比得出股价指数。其计算公式为:

$$股价指数 = \frac{\sum_{i=1}^{n}P_{1i}}{\sum_{i=1}^{n}P_{0i}} \times 固定乘数$$

将表9-1中数据代入公式得:

$$报告期股价指数 = \left(\frac{6+8+10+12+18}{4+5+8+10+15}\right)\times 100 = 128.57$$

这说明报告期的股价比基期上升了28.57个点。

平均法与综合法都未考虑各种采样股票的发行量或交易量对股市的影响。而采样股票各自不同的发行量或交易量对股市的影响是不一样的。所以,计算出的指数也不够准确,为了使股价指数更为精确,需加入权数,采取加权法计算。

2. 加权法

加权法是以采样股票的发行量或交易量为权数计算的股价指数。具体可以分为基期加权、报告期加权和加权综合法。

(1) 基期加权

基期加权是以采样股票的基期发行量或成交量为权数计算的股价指数,又称为拉斯

贝尔加权指数,简称拉氏指数。其计算公式为:

$$加权股价指数 = \frac{\sum_{i=1}^{n} P_{1i}Q_{0i}}{\sum_{i=1}^{n} P_{0i}Q_{0i}} \times 固定乘数$$

式中:P_{1i} 为报告期股价;P_{0i} 为基期股价;Q_{0i} 为基期发行量或交易量,代表权数。

将表 9-1 中的数据代入公式得:

$$加权股价指数 = \frac{6 \times 100 + 8 \times 150 + 10 \times 50 + 12 \times 60 + 18 \times 80}{4 \times 100 + 5 \times 150 + 8 \times 50 + 10 \times 60 + 15 \times 80} \times 100 = 133.13$$

这表明报告期的股价比基期股价指数上升了 33.13 个点。

用上述公式计算的股价指数,一般用于经济价格指数,在编制股票价格指数时较少采用这种方法。

(2) 报告期加权

报告期加权是以报告期的发行量或交易量为权数计算的股价指数,又称派许加权指数。其计算公式为:

$$加权股价指数 = \frac{\sum_{i=1}^{n} P_{1i}Q_{1i}}{\sum_{i=1}^{n} P_{0i}Q_{1i}} \times 固定乘数$$

式中:Q_{1i} 为报告期的发行量或交易量,代表权数。

将表 9-1 中的数据代入公式得:

$$加权股价指数 = \frac{6 \times 120 + 8 \times 100 + 10 \times 80 + 12 \times 50 + 18 \times 100}{4 \times 120 + 5 \times 100 + 8 \times 80 + 10 \times 50 + 15 \times 100} \times 100 = 130.39$$

这表明报告期比基期的股价指数上升了 30.39 个点。

用上述公式计算的股价指数适用性强,在编制股票价格指数中使用较多,如美国的标准普尔指数等都使用这种方法。

(3) 加权综合法

由于以基期的发行量或交易量为权数和报告期的发行量或交易量为权数计算出的指数结果是不一样的,为此,费雪设计了一种调和两种方法的理想公式,对两种指数作几何平均,即加权综合法,又称费雪理想式。其计算公式为:

$$加权综合股价指数 = \sqrt{\frac{\sum_{i=1}^{n} P_{1i}Q_{0i}}{\sum_{i=1}^{n} P_{0i}Q_{0i}} \times \frac{\sum_{i=1}^{n} P_{1i}Q_{1i}}{\sum_{i=1}^{n} P_{0i}Q_{1i}}} \times 固定乘数$$

将表 9-1 中的数据代入公式得:

$$加权综合股价指数 = \sqrt{\frac{6\times100+8\times150+10\times50+12\times60+18\times80}{4\times100+5\times150+8\times50+10\times60+15\times80}} \times$$

$$\sqrt{\frac{6\times120+8\times100+10\times80+12\times50+18\times100}{4\times120+5\times100+8\times80+10\times50+15\times100}} \times 100$$

$$= 131.75$$

这表明报告期比基期的股价指数上升了 31.75 个点。

以加权综合法计算的股价指数,由于计算复杂,很少被实际应用。

由于加权法在计算时考虑了发行量或交易量这些权数,因此比平均法计算出来的指数准确性高,更能反映股价变动的情况。

三、世界几种主要的股票价格指数

(一) 道琼斯股票价格平均指数

道琼斯股票价格平均指数,简称道琼斯指数,是世界上影响最大的股票价格指数。

该指数是由美国道琼斯公司编制的,取名于该公司的创始人查尔斯·道和爱德华·琼斯两人的姓。他们于 1884 年 6 月 3 日开始编制并刊登在《每日通讯》上,在 1889 年 7 月刊登在《华尔街日报》上。最初组成道琼斯股价平均数的股票只有 11 种,其中铁路股票就有 10 种,以后有代表性的股票不断增加,使该平均数发生了 4 次变化,即 1897 年由 11 种增加到 32 种,1916 年增加到 40 种,1928 年增加到 50 种,1938 年组成股价平均数的股票有三大类 65 种,并一直延续至今。该指数是以 1928 年 10 月 1 日为基期,并令基期平均数为 100。通过和基期平均数的比较,算出以后各期的平均数。目前,道琼斯股价指数共分为四组:

1. 道琼斯工业股价平均指数

该指数是由美国 30 家最有影响的大工业公司的股票组成的股票价格指数。包括埃克森石油公司、通用汽车公司和美国钢铁公司等的股票。该指数 1897 年编制,最初是几家公司股票的算术平均数,1928 年增到 30 家,并改用加权平均法计算,以 1928 年 10 月 1 日为基期。这 30 家公司股票价值占美国股票价值总数的 1/5,占纽约证券交易所上市股票总值的 1/4,因此其股价指数最能反映纽约证券交易所上市股票的价格走势,常为世界各大报刊、电台、电视所引用。

2. 道琼斯运输业股价平均指数

该指数选用了 20 种有代表性的运输公司的股票所计算的股价指数,其中包括铁路公司、轮船公司、航空公司的股票,该指数能反映出运输业股票价格变化情况。

3. 道琼斯公用事业股价平均指数

该指数是由 15 家公用事业公司的股票所计算的股价指数。包括美国电力公司、煤气公司等的股票。

4. 道琼斯综合股票股价平均指数

该指数是由上述三组共 65 种股票价格综合计算而得出的综合指数。能较好地反映出整个股票市场的变化情况。

道琼斯股票价格指数是世界上最具有权威性的股票价格指数。这与其自身的特点是分不开的。

（1）采样股票具有代表性。从上面的四种类型看，它所选的股票包括美国所有大型工业、铁路、公用事业等大公司的股票，这些公司不仅决定着美国的经济，而且对世界经济的发展也有重要的影响。

（2）历史悠久，它已有100多年的历史。

（3）反应灵敏。该指数原来每天公布四次，目前它采用电子计算机运算每分钟的股价平均数。并由《华尔街日报》做详细的报道，世界其他报纸也都刊登每天的最高、最低和收盘时的股价指数。

（4）计算方法也比较简单。它原先采用算术平均法，1928年起以修正平均法编制。

但该指数也有其不足，一是所选行业范围不够广泛，没有选择银行、金融等第三产业的公司，也没有选择化工、电子、航天等产业的公司；二是在计算方法上过于注重价格变化的可比性而忽略某种股票价值总额占市场总额比重等问题，使其代表性有所下降。

（二）标准普尔股票价格指数

标准普尔股票价格指数是美国标准普尔公司编制的一种股票价格指数。该公司是美国最大的一家证券研究机构，它于1923年开始编制股票价格指数。最初采样股票233种，1957年扩大到500种，其中工商业400种，航空、铁路、公路等运输业20种，公用事业40种、金融业40种，这500种股票的市价总值约占纽约证券交易所市值总价的90%，因此代表性强。该指数以1941～1943年间的平均市价总额定为基期，基期为100，采用加权平均法计算。其计算公式为：

$$股票价格指数 = \frac{每种股票价格 \times 已发行数量}{基期股票市场价格 \times 基期股票数量} \times 100$$

（三）纽约证券交易所股票价格综合指数

纽约证券交易所股票价格综合指数是纽约证券交易所于1966年开始编制的反映纽约证券交易所股价行情变动的指数。该指数在编制时，把纽约证券交易所上市的1 570种普通股票，按价格高低分别排列，计算出股票价格综合指数。它包括四组指数：（1）工业指数，由1 093种工业股票组成；（2）交通运输业指数，由铁路、航空、轮船、汽车等公司的65种股票组成；（3）公用事业指数，由电报电话公司、煤气公司、电力公司、邮电公司等189种股票组成；（4）金融业指数，由投资公司、保险公司、商业银行、不动产公司等223种股票组成。该指数以1965年12月31日为基期，基期指数定为50，每半小时计算和发表一次，采用加权平均法计算。

（四）美国纳斯达克指数

纳斯达克指数（NASDAQ Index）是反映纳斯达克证券市场行情变化的股票价格指数。

纳斯达克是美国证券交易商协会于1968年着手创建的自动报价系统的简称。它的特点是收集和发布场外交易市场非上市股票的证券商报价。1971年2月8日，纳斯达克市场设立，那一天纳斯达克系统为2 400只优质的场外交易（OTC）股票提供实时的买卖报价。在以前,这些不在主板上市的股票报价是由主要交易商和持有详细名单的经纪人公司提供的。目前,纳斯达克链接着全国500多家造市商的终端,形成了计算机系统中心。纳斯达克的上市公司涵盖所有新技术行业,包括软件和计算机、电信、生物技术、零售和批发贸易等。现有的上市公司有5 200多家,已经成为全球最大的证券交易市场。纳斯达克又是全世界第一个采用电子交易的股市,它在55个国家和地区设有26万多个计算机销售终端。

纳斯达克指数的编制方法是所有在纳斯达克交易的股票的资产加权指数,以1971年2月8日第一个交易日为基准日,最初的基本指数值设为100。

(五) 金融时报指数

金融时报指数是由伦敦《金融时报》编制的、英国最权威、最著名的股票价格指数,又称伦敦证券交易所股价指数。这一指数包括三种:

1. 金融时报工业普通股票价格指数

该指数最初有30家成分股,现扩展为50家,包含英国烟草、食油、化学药品、机械、电子、原油等行业最优良的工业公司股票。金融时报工业普通股票价格指数以1935年7月1日为基期,基期指数等于100点。

2. 金融时报100种股票交易指数

该指数又称FT-100指数,属于按上市量加权平均的抽样股价指数。它的计算对象是在伦敦证券交易所上市的100家于英国注册的海外大公司的股票。这一股价指数于1984年1月3日才开始公布,每个营业日内计算并公布的间隔时间很短,能够反映海外公司股票在伦敦市场每时每刻的价格变化。

3. 金融时报股票价格综合指数

该指数从伦敦股市上精选700多种股票作为样本加以计算,属于按上市量加权平均的股价指数。金融时报股票价格综合指数以1962年4月10日为基期,基期指数为100点。

(六) 日经股价指数

日经股价指数,又称日经道琼斯平均股价指数,是日本经济新闻社股票平均价格指数的简称。它是由日本经济新闻社编制并公布的反映日本股票市场价格变动的平均价格指数。

该指数于1950年开始编制,开始称为东京证券交易所股票价格修正平均数,1975年5月1日日本经济新闻社向道琼斯公司买进商标,将名称改为日经道琼斯股票价格平均数。该指数以1949年5月16日为基期,基期平均数为176.21日元,选择在东京证券交易所第一市场上市的225种股票,1982年1月4日又扩大为500种,现已成为日本有代表性的股价指数,利用该指数可以理解日本股市行情变化和经济运行状况及发展趋势。

(七) 香港恒生股价指数

香港恒生股价指数是由香港恒生银行所属的恒生指数服务有限公司编制并公布的反映香港股市行情变动的股价指数。该指数于1969年11月24日开始编制并每天公布。采用33种股票作为样本,这33种股票又可分为4大类:(1) 金融业4种,如东亚、恒生、上海、汇丰银行等;(2)公用事业 6 种,如中华电力、电灯集团、中华煤气公司等;(3)房地产业 9 种,如长江实业、恒隆、恒基兆业、香港置地等;(4)其他工商及航运业等。这 33 种股票的发行公司都是有代表性的、经济实力雄厚的大公司、大企业。其市值占香港联合交易所上市股票市值总额的 70% 左右,占成交额的 80% 左右。该指数以 1964 年 7 月 31 日为基期,基期指数定为 100,从 1985 年 1 月起,把基期改为 1984 年 1 月 13 日,新的基期指数定为 95.47。其计算公式为:

$$恒生指数 = \frac{计算日的资本总市值}{基日的资本总市值} \times 100$$

四、中国股票价格指数

(一)上海证券交易所股价指数

1. 综合指数

(1) 上证综合指数

上证综合指数,简称上证综指,是最常用的指数,其前身是上海静安指数。1990 年上海证券交易所建立后,在上海静安指数基础上开始编制上海证券交易所综合股价指数。它以 1990 年 12 月 19 日为基期,基期指数为 100,该股票指数的样本为所有在上海证券交易所挂牌上市的股票(包括 A 股、B 股),其中新上市的股票在挂牌的当天纳入股票指数的计算范围,以股票发行量为权数编制。其公式为:

$$上海证券交易所股价指数 = \frac{本日市价总值}{基日市价总值} \times 100$$

$$市价总值 = \sum_{i=1}^{n}(P_i \times Q_i)$$

式中: P_i 为股票 i 收盘价; Q_i 为股票 i 发行量。

如遇股票扩股或新增时,作相应调整。其计算公式调整为:

$$报告期股价指数 = \frac{报告期现时市价总值}{新基准市价总值} \times 100$$

$$新基准市价总值 = 修正前基日市价总值 \times \frac{修正前市值 + 市价变动额}{修正前市值}$$

(2) 新上证综合指数

新上证综合指数简称新综指,指数代码为 000017,于 2006 年 1 月 4 日首次发布。新综指选择已完成股权分置改革的沪市上市公司组成样本,实施股权分置改革的股票在方案实施后的第 2 个交易日纳入指数。新综指是一个全市场指数,它不仅包括 A 股市值,对于含 B 股的公司,其 B 股市值同样计算在内。新综指以 2005 年 12 月 30 日为基日,以该日所有样本股票的总市值为基期,基点为 1 000 点。新综指采用派许加权方法,以样本股的发行股本数为权数进行加权计算。当成分股名单发生变化,或成分股的股本结构发生变化,或成分股的市值出现非交易因素的变动时,采用除数修正法修正原固定除数,以保证指数的连续性。

2. 样本指数

(1) 上证成分股指数

上证成分股指数即上证180指数,是对原上证30指数进行调整和更名后产生的指数。以1996年1月至3月的平均流通市值为基期,基期指数定为1 000点,以180只有代表性的公司股票为成分股样本,以样本股的调整股本数为权数,并作定期调整。其公式为:

$$报告期指数 = \frac{报告期成分股的调整市值}{基日成分股的调整市值} \times 1\,000$$

这里,调整市值 $= \sum$(股价×调整股本数),基日成分股的调整市值亦称为除数,调整股样本数采用分级靠档的方法对成分股股本进行调整。根据国际惯例和专家委员会意见,上证成分指数的分级靠档方法如表9-2所示。比如,某股票流通股比例(流通股本/总股本)为7%,低于10%,则采用流通股本为权数;某股票流通比例为35%,落在区间(30,40]内,对应的加权比例为40%,则将总股本的40%作为权数。

表9-2 上证成分指数的分级靠档方法

流通比例(%)	≤10	(10,20]	(20,30]	(30,40]	(40,50]	(50,60]	(60,70]	(70,80]	>80
加权比例(%)	实际流通比例	20	30	40	50	60	70	80	100

(2) 上证50指数

2004年1月2日,上海证券交易所发布了上证50指数。上证50指数根据流通市值、成交金额对股票进行综合排名,从上证180指数样本中选择排名前50位的股票组成样本。指数以2003年12月31日为基日,以该日50只成分股的调整市值为基期,基数为1 000点。上证50指数的计算方法、修正方法、调整方法与上证成分股指数相同。

(3) 上证红利指数

上证红利指数简称红利指数,由上海证券交易所编制。上证红利指数挑选在上证所上市的现金股息率高、分红比较稳定、具有一定规模及流动性的50只股票作为样本,以反映上海证券市场高红利股票的整体状况和走势。上证红利指数以2004年12月31日为基日,基点为1 000点,于2005年首个交易日发布。上证红利指数的计算方法、修正方法、调整方法与上证成分股指数相同。上证红利指数每年末调整样本一次,特殊情况下也可进行临时调整,调整比例一般不超过20%。

3. 分类指数

分类指数包括上证A股指数、B股指数及工业类指数、商业类指数、地产类指数、公用事业类指数、综合类指数,共7类。

(二) 深圳证券交易所股价指数

1. 深证综合指数

深圳综合指数是一种市值加权指数,以所有在深圳证券交易所上市的股票为样本,以1991年4月3日作为基期,基期指数定为100点。其计算公式为:

$$报告期指数 = \frac{报告期现时市价总值}{某日市价总值} \times 100$$

1991年4月4日开始编制发布,包括A股指数和B股指数。

2. 深圳成分指数

深圳成分指数简称"深成指",是最常用的指数,于1995年1月3日开始编制,包括A股成分指数和B股成分指数。深圳成分指数以1994年7月20日为基期,基期指数定为1 000点,从上市的股票中选取40只A股和6只B股作为成分股,以成分股的可流通股数为权数,利用派氏加权法进行计算,自1995年1月23日起正式发布。其公式为:

$$深圳成分股指数 = \frac{报告期成分股流通市价总值}{基日成分股流通市价总值} \times 1 000$$

成分股中所有A股用于计算成分A股指数,所有B股用于计算成分B股指数。

而深证100指数选取在深交所上市的100只A股作为成分股,以成分股的可流通A股数为权数,采用派氏加权法编制,以2002年12月31日为基日,基期指数定为1 000点,从2003年第一个交易日开始编制和发布。深证100指数的编制借鉴了国际惯例,吸取了深证成分指数的编制经验,成分股选取主要考察A股上市公司流通市值和成交金额份额两项重要指标。根据市场动态跟踪和成分股稳定性的原则,深证100指数每半年调整一次成分股。

3. 分类指数

深证分类指数包括农林牧渔指数、采掘业指数、制造业指数、水电煤气指数、建筑业指数、运输仓储指数、信息技术指数、批发零售指数、金融保险指数、房地产指数、社会服务指数、传播文化指数、综企类指数共13类。其中,制造业指数又分为食品饮料指数、纺织服装指数、木材家具指数、造纸印刷指数、石化塑胶指数、电子指数、金属非金属指数、机械设备指数、医药生物指数等9类。深证分类指数以1991年4月3日为基期,基期指数设为1 000点,起始计算日为2001年7月2日。

4. 中小企业板指数

中小企业板指数简称"中小板指数",由深圳证券交易所编制。中小企业板指数以全部在中小企业板上市后并正常交易的股票为样本,新股于上市次日起纳入指数计算。中小板指数以最新自由流通股本数为权重,即以扣除流通受限制的股份后的股本数量作为权重,以计算期加权法计算,并以逐日连锁计算的方法得出实时指数的综合指数。中小板指数以2005年6月7日为基日,设定基点为1 000点,于2005年12月1日起正式对外发布。

5. 创业板指数

深圳证券交易所决定于2010年6月1日起正式编制和发布创业板指数。创业板指数包括价格指数和收益指数两条,创业板价格指数为主指数,简称"创业板指",代码为"399006",创业板收益指数简称"创业板R",代码为"399606"。创业板指数的基日为2010年5月31日,基点为1 000点。

创业板指数的初始成分股为指数发布之日已纳入深证综合指数计算的全部创业板股票。在指数样本未满100只之前,新上市创业板股票在上市后第11个交易日纳入指数计算;在指数样本数量满100只之后,样本数量锁定为100只,并依照定期调样规则实施样本股定期调样。

创业板指数选样指标为一段时期(一般为六个月)平均流通市值的比重和平均成交金额的市场占比,并按照2:1的权重加权平均,计算结果后从高到低排序,再参考公司治理结构、经营状况等因素后,选取创业板指数成分股。创业板指数在样本满100只之后将实施按季定期调样,每次调样均采用缓冲区技术进行。每年1月、4月、7月、10月的第一个交易日实施,通常于实施日前一月的第二个完整交易周的第一个交易日公布调样方案。

深交所于2010年8月20日起,将创业板指数的样本股数量锁定为100家,每季度根据规则实施样本股调整。深交所将于同日起发布创业板综合指数,新上市股票于上市后第11个交易日纳入创业板综合指数计算。创业板综合指数代码为"399102",简称为"创业板综",基日为2010年5月31日,基日指数为1000点。

创业板指数作为深交所多层次指数体系的重要组成部分,能够全面、客观地反映创业板股票的总体价格走势,凸显创业板作为独立市场层次的运行特征,将为创业板市场投资者提供权威的参照指标,并为指数产品的开发提供新的标的,有利于进一步推动多层次市场建设和创业板市场持续、健康发展。

(三) 中证指数

中证指数有限公司成立于2005年8月25日,是由上海证券交易所和深圳证券交易所共同出资发起设立的一家专业从事证券指数及指数衍生产品开发服务的公司。

1. 沪深300指数

沪深300指数是沪、深证券交易所于2005年4月8日联合发布的反映A股市场整体走势的指数。沪深300指数编制目标是反映中国证券市场股票价格变动的概貌和运行状况,并能够作为投资业绩的评价标准,为指数化投资和指数衍生产品创新提供基础条件。中证指数有限公司成立后,沪、深证券交易所将沪深300指数的经营管理及相关权益转移至中证指数有限公司。

沪深300指数简称沪深300,成分股数量为300只,指数基日为2004年12月31日,基点为1000点。选样标准是选取规模大、流动性好的股票作为样本股。对样本空间股票在最近1年(新股为上市以来)的日均成交金额由高到低排名,剔除排名后50%的股票,然后对剩余股票按照日均总市值由高到低进行排名,选取排名在前300名的股票作为样本股。选样方法是,先计算样本空间股票最近1年(新股为上市以来)的日均总市值、日均流通市值、日均流通股份数、日均成交金额和日均成交股份数5个指标,再将上述指标的比重按2:2:2:1:1进行加权平均,然后将计算结果从高到低排序,选取排名在前300的股票。

指数计算采用派许加权方法,按照样本股的调整股本为权数加权计算。公式为:报告期指数=报告期样本股的调整市值/基期样本股调整市值×1000。其中,调整市值=

$\sum$(市价×调整股本数)。采用分级靠档法确定样本股的加权股本数。具体分级靠档方法如表8-2所示。

2. 中证规模指数

中证规模指数包括中证100指数、中证200指数、中证500指数、中证700指数、中证800指数。

中证指数有限公司于2006年5月29日发布中证100指数。指数以沪深300指数样本股作为样本空间,样本数量为100只,选样方法是根据总市值对样本空间内股票进行排名,原则上挑选排名前100名的股票组成样本,但经专家委员会认定不宜作为样本的股票除外。指数以2005年12月30日为基日,基点为1000点。

中证指数有限公司于2007年1月15日正式发布中证200指数、中证500指数、中证700指数、中证800指数。上述指数的基日为2004年12月31日,基点为1000点。这些指数与沪深300指数、中证100指数共同构成中证规模指数体系。其中,中证100指数定位于大盘指数,中证200指数为中盘指数,沪深300指数为大中盘指数,中证500指数为小盘指数,中证700指数为中小盘指数,中证800指数则由大中小盘指数构成。

3. 沪深300行业指数

中证指数有限公司于2007年7月2日发布10只沪深300行业指数。行业指数分别是沪深300能源指数、沪深300原材料指数、沪深300工业指数、沪深300可选消费指数、沪深300主要消费指数、沪深300医药卫生指数、沪深300金融地产指数、沪深300信息技术指数、沪深300电信业务指数和沪深300公用事业指数。各行业指数的基日均为2004年12月31日,基点均为1000点。沪深300行业指数样本空间由沪深300指数300只成分股组成。行业分类方法借鉴国际主流行业分类标准,并结合我国上市公司特点进行调整,将上市公司分为10个行业。

4. 沪深300风格指数

为综合反映沪、深证券市场不同风格特征股票的整体表现,中证指数有限公司于2008年1月21日正式发布沪深300风格指数系列,该指数系列共有4只指数,包括沪深300成长指数、沪深300价值指数、沪深300相对成长指数和沪深300相对价值指数。沪深300风格指数系列均以2004年12月31日为基期,基点为1000点。

本 章 小 结

有价证券的价格主要决定于证券预期的收入量和投资要求的收益率两个因素,它同前者成正比,同后者成反比。同时,证券价格又强烈地受到市场上证券供求关系的影响。

股票价格包括股票的理论价格、票面价格、账面价格、发行价格、清算价格、市场价格等。股票的市场价格由股票的理论价格,即内在价值决定,但由于受诸多因素的影响,呈现出不断波动的特征。股票理论价格的估值模型主要有基本评价模型、零增长模型、不变增长模型和可变增长模型。

债券价格包括债券的理论价格、债券市场价格。证券投资基金的价格实际上是指每个证券投资基金单位的价格。证券投资基金的价格可分发行价和交易价两种形式。

基金的交易价格是指基金在二级市场进行流通的价格。按照封闭型基金买卖标的具体形式,封闭型基金价格有面值、净值和市价三种;开放型基金的价格由基金单位资产净值决定。

股票价格指数简称股价指数。股票价格指数是一个广义的概念,包括股价平均数和股价指数。股价指数的作用是反映国民经济运行及其发展趋势的晴雨表,是描述股票市场行情的指示器,为投资者进行投资决策提供重要依据,是分析、观察企业的主要技术指标。股价平均数的计算方法主要有算术平均法、修正平均法和加权平均法三种。世界主要的股票价格指数是道琼斯股票价格平均指数、标准普尔股票价格指数、纽约证券交易所股票价格综合指数、英国《金融时报》股价指数、日经股价指数、东京证券交易所股价指数、香港恒生股价指数。中国股票价格指数有上海证券交易所股价指数、深圳证券交易所股价指数和中证指数。

本章练习题

一、名词解释

股票理论价格　开盘价格　收盘价格　债券价格　基金价格　股价平均数　股价指数　道琼斯股价指数　上证综合指数　深圳成分股指数

二、单项选择题

1. 世界上最早、最享盛誉和最有影响的股价指数是(　　)。

A. 道·琼斯股价指数　　　　　　B. 《金融时报》指数

C. 日经225股价指数　　　　　　D. 恒生指数

2. 深圳证券交易所编制并公布的以全部上市股票为样本股,以指数计算日股份数为权数进行加权平均计算的股价指数是(　　)。

A. 上证综合指数　　　　　　　　B. 深证综合指数

C. 上证180指数　　　　　　　　D. 深证成分指数

3. 在计算股价指数时,将样本股票基期价格和计算期价格分别加总,然后再求出股价指数,这种方法是(　　)。

A. 相对法　　　　　　　　　　　B. 综合法

C. 基期加权法　　　　　　　　　D. 计算期加权法

4. 在计算股价指数时,先计算各样本股的个别指数,再加总求算术平均数,是股价指数计算方法中的(　　)。

A. 相对法　　　　　　　　　　　B. 综合法

C. 基期加权法　　　　　　　　　D. 计算期加权法

三、多项选择题

1. 股票价格指数的编制步骤包括(　　)。

A. 选定某基期并计算基期平均股价或市值

B. 计算计算期平均股价或市值并作必要修正

C. 选择样本股

D. 指数化

2. 国际证券市场上著名的股价指数有( )。

A. NASDAQ 综合指数

B. 日经 225 股价指数

C. 金融时报证券交易所指数

D. 道·琼斯工业股价平均数

四、思考题

1. 股票的价值表现形式有哪些?
2. 简述零增长模型的推导过程。
3. 简述不变增长模型的推导过程。
4. 简述债券定价原理。
5. 简述封闭型基金与开放型基金价格。
6. 简述股票价格指数的概念及作用。
7. 股票价格指数有哪些计算方法?
8. 股价平均数与股价指数有何区别?
9. 世界上具有代表性的股价指数有哪些?
10. 我国主要有哪几种股价指数?它们是如何编制的?

第十章 证券投资的收益与风险

【学习目标】
- 掌握股票、债券和证券投资基金的收益；
- 掌握证券投资风险的分类和衡量；
- 了解证券投资收益与风险的关系。

第一节 股票投资的收益

一、股票投资收益的构成

股票收益包括三部分：股利收益、资本利得和公积金转增股本。

（一）股利收益

股利收益是指投资者以股东身份，按照持股额，从公司盈利分配中获得的收益。其表现为股息和红利，统称为股利。具体形式有：

1. 现金股利

现金股利是以货币形式支付的股息和红利，是最普通、最基本的股利形式。一般来说，股份有限公司只要有净利润，有一定量的现金，一般都派发现金股利。但是，现金股利派发的多少取决于董事会对影响公司发展的各种因素的权衡，并兼顾公司和股东的利益。

2. 股票股利

股票股利是以股票的方式派发的股利，原则上是按公司现有股东持有股份的比例进行分配，采用增发普通股并发放给普通股股东的形式，实际上是将当年的留存收益资本化。也就是说，股票股利是股东权益账户中不同项目之间的转移，对公司的资产、负债、股东权益总额毫无影响，对得到股票股利的股东在公司中所占权益的份额也不产生影响，仅仅是股东持有的股票数比原来多了。发放股票股利既可以使公司保留现金，满足公司发展对现金的需要，又使公司股票数量增加，股价下降，有利于股票的流通。股东持有股票股利在大多数西方国家可免征所得税，出售增加的股票又可转化为现实的货币，有利于股东实现投资收益，因而是兼顾公司和股东利益的两全之策。

3. 财产股利

财产股利是公司用现金以外的其他财产向股东分派股利。最常见的是公司持有的其他公司或子公司的股票、债券，也可以是实物。

4. 负债股利

负债股利是公司通过建立一种负债,用债券或应付票据作为股利分派给股东。这些债券或应付票据既使公司支付了股利,也满足了股东的获利需要。

5. 建业股利

建业股利又称建设股利,是指经营铁路、港口、水电、机场等业务的股份有限公司,由于建设周期长,不可能在短期内开展业务并获得赢利,为了筹集到所需资金,在公司章程中明确规定并获得批准后,公司可以将一部分股本作为股利派发给股东。建业股利不同于其他股利,它不是来自于公司的赢利,而是对公司未来赢利的预分,实质上是一种负债分配,也是无赢利无股利原则的一个例外。

(二)资本利得

股票买入价与卖出价之间的差额就是资本利得,或称资本损益。当股票的卖出价大于买入价时为资本收益,当股票卖出价小于买入价时就是资本损失。资本损益具有很大的不确定性,其获得主要取决于股份有限公司的经营业绩和股票市场的价格变化,同时与投资者的投资心态、投资经验、投资技巧也都有很大关系。

(三)公积金转增股本

公积金转增股本也采取送股的形式,但送股的资金不是来自于当年可分配赢利,而是公司提取的公积金。公司提取的公积金有法定公积金和任意公积金之分。法定公积金的来源有以下几项:一是股票溢价发行时,超过股票面值的溢价部分,要转入公司的法定公积金;二是依据《公司法》的规定,每年从税后净利润中按比例提存部分法定公积金;三是公司经过若干年经营之后的资产重估增值部分;四是公司从外部取得的赠予资产,如从政府部门、国外部门及其他公司等得到的赠予资产。

我国《公司法》规定,公司分配当年税后利润时,应当提取利润的10%列入公司法定公积金。公司法定公积金累计额为公司注册资本的50%以上的,可以不再提取。股东大会决议将公积金转为资本时,按股东原有股份比例派送红股或增加每股面值。但法定公积金转为资本时,所留存的该项公积金不得少于转增前公司注册资本的25%。

二、股票投资收益率

股票投资收益率是一定时期内股票投资收益额与相应投资额的比率。反映股票投资收益率的高低,可用本期股利收益率、持有期收益率和拆股后持有期收益率进行计算。

(一)本期股利收益率

本期股利收益率,简称股利率,即股份公司派发的股利(包括股息和红利)与本期股票价格的比率。其计算公式为:

$$本期股利收益率 = \frac{年现金股利}{本期股票价格} \times 100\%$$

年现金股利指一年每一股股票获得的股利,本期股票价格指目前的股票市价。本期股利收益率表明以现行价格购买股票的预期收益率。这种方法简便,易于掌握,但也有缺点:股利收入仅仅是股票投资收益的一部分,另一部分收益即股票升值部分则无法包

括进去。例如某公司上年每股股利是 3 元,现行市价为 80 元,则本期股利收益率为:

$$\frac{3}{80} \times 100\% = 3.75\%$$

(二) 持有期收益率

股票没有到期日,投资者持有股票的时间长到几年,短到几天。股票在持有期间的股利收入与买卖差价占购买价格的比率即为持有期股票收益率。

$$持有期收益率 = \frac{出售价格 - 购买价格 + 现金股利}{购买价格} \times 100\%$$

例 1 某投资者 1 月 1 日以每股 60 元购买某公司的股票,7 月 1 日又以每股 65 元出售,在半年持有期内获得公司的股利每股 2 元,试求其持有期收益率。

$$持有期收益率 = \frac{65 - 60 + 2}{60} \times 100\% = 11.7\%$$

如果将股票持有期间收益率与债券收益率、银行存款利率等其他金融资产的收益率相比较,应注意时间的可比性,这时要将持有期间收益率化为年率。其计算公式为:

$$持有期间股票年收益率 = \frac{(出售价格 - 购买价格)/持有年限 + 现金股利}{购买价格} \times 100\%$$

(三) 拆股后持有期收益率

股份公司拆股后,会出现股份增加和股价下降的情况,于是拆股后股票价格要作调整,相应的持有期的收益率也发生变动。

$$拆股后持有收益率 = \frac{调整后资本所得或所失 - 调整后的现金股利}{调整后的购买价格} \times 100\%$$

例 2 某股份公司头年发行股票 100 000 份,每份票面额 200 元,每股股利 8 元,持有期股票收益率为 4%,如果在第二年把每股 200 元的股票面额以 1:2 拆股,得股票 200 000 份,而企业的股利每股也降到 4 元,此时,假定原始投资额为 200 元的某投资者,他拥有的股数由 1 股变成了 2 股,但他拆股后的持有期股票收益率并没有得到变化。只有在每股股利或股票价格与拆股份额不是同一比例变化时,拆股后持有期股票的收益率才会产生变化。

$$拆股后持有期间股票年收益率 = \frac{调整后资本所得或所失 / 持有年限 + 调整后的现金股利}{调整后的购买价格} \times 100\%$$

三、股息的分配

股份公司关于股息和红利的分配,是一项重要的经济活动,必须给予充分的重视和仔细的研究。首先要由董事会责成有关部门拟订股利分配方案,依据企业的具体情况确定股利支付比率,并按国家法律和公司章程规定发放。具体发放多少股利,何时以何种形式发放股利,则由董事会讨论决定,再提交股东大会审议通过,分配方案生效并加以公告和实施。

在股利分配过程中,首先要按照预先确定的股息率给优先股支付股息,优先股不能参加红利分配,只能分得股息。然后,才能给普通股按照同股同利的原则发放红利。在企业经济效益好、利润多的情况下,普通股分得的红利会比优先股分得的股息多;在企业利润少的情况下,普通股分得的红利会比优先股分得的股息少。股利必须按股分配,在时间上可以按月、按季、按半年、按一年分配。这些都要在公司章程中明文规定。股票的类别不同,获得股利的方式也有所不同。

派发股息,各国公司法都有规定,要求股份公司董事会先以公告形式。向股东宣告派发的数量和支付方式。在派发现金股息时,有四个重要日期需要注意。

1. 宣布股息日

股份公司在决定分配股息后,应当由董事会根据股息分配方案向股东宣布公司将在某个时期发放股息。宣布这一事项的日期称为宣布股息日。一般来说,宣告分配消息和正式支付股息的日期都有一个时间间隔期。应当指出的是,股份公司董事会一旦宣布分配股息,股息的支付就构成了公司应当承担的一项法律责任。

2. 股权登记日

股权登记日是董事会规定的登记股权的具体日期。只有在董事会规定的日期登记了股权的股东,才有资格领取公司派发的本期股息。如果股东在股权登记日之后才买到股票或者虽在股权登记日之前已购买本公司股票但没有进行股权登记,是不能领取本期股息的。在股权登记日登记了股权的股东,就有资格在股息发放日领取股息,即使该股东在登记了股权后又把股份卖给了其他投资者,他仍然可以领取到公司的本期股息,而购买该股票的那个投资者,尽管他持有该公司的股票,却由于没有登记股权而不能领取该公司本期股息。

3. 除息日

除息日,即除去股息的日期。在一些国家和地区,大多数证券交易所都规定股票在成交几天后才准予结算,股份公司或代理金融机构无法及时得到股票转移情况的信息和资料。因此,规定新股东必须在股权登记日的一定日期(如几天)之前购买股票,才有资格领到本期发放的股息。股权登记日之前的这个日期就是除息日期。如果持股人在除息日之前卖出股票,那么他将失去分享本期股息的权利;如果持股人在除息日当天或以后买进股票,那么他也无权分享即将分配的一次股息,这次股息仍归原来的股东领取。

4. 股息发放日

股息发放日是股份公司将股息正式发给股东的具体日期。在这一日期,股东可到指定的金融机构领取股息。

第二节 债券投资的收益

一、债券投资收益的构成

债券投资收益来自两个方面:一是债券的利息收益,二是资本利得。

（一）债券利息

债券的利息收益取决于债券的票面利率和付息方式。债券的票面利率是指1年的利息占票面金额的比率。一次性付息债券的计息方式有以下三种。

(1) 单利计息。以单利计息，到期还本时一次支付所有应付利息。这种方式被称为利随本清。我国的一次还本付息债券即是单利计息债券。

(2) 复利计息。运用这种复利计息的债券，投资者的实际收益率要高于票面利率同水平的单利债券收益率。它是国际债券市场上的常见品种，我国到目前为止尚未发行过这类债券。

(3) 贴现方式计息。以贴现方式计息，投资者按票面额和应收利息的差价购买债券，到期按票面额收回本息。

分期付息债券又称附息债券或息票债券，是在债券到期以前按约定的日期分次按票面利率支付利息，到期再偿还债券本金。分次付息一般分按年付息、半年付息和按季付息三种方式。

（二）资本利得

债券投资的资本利得是指债券买入价与卖出价或买入价与到期偿还额之间的差额。由于债券的票面利率与市场利率并不总是相等的，只要这两个利率不相等，债券的市场价格就与债券的面值不相等，因此，受市场利率变动的影响，债券价格也是实时变动的，债券的买入价和卖出价不一定相等，这就会产生债券的资本利得。

二、债券投资收益的衡量

债券投资收益主要是用债券收益率来衡量。债券收益率是指一定时期内债券投资者在债券上的收益与投资额的比率。但债券的利率并不等于实际收益率。因为债券的价格常常背离其面值，但债券利率是收益率的决定因素。

（一）债券收益率的主要影响因素

1. 债券的利率

债券的利率对发行人和投资人都很重要。对发行人来说，债券利率过高，会增加筹资成本；定得过低，又使债券缺乏吸引力不易销售；对投资者来说，在同样条件下，债券利率越高越好。

债券利息主要受银行利率、发行人资信和资本市场情况的影响。银行利率上升时，债券利率也将随着上升。如果债券利率跟不上银行存款利率的增长，人们就会把钱存在银行里，而不去购买债券。债券发行人的资信高，债券利率就可以低些。债券收益与利率成正比变化。利率提高，债券收益率也提高；利率降低，收益率也随着降低。

2. 债券的认购价格

受各种因素的影响，债券的市场价格常常不等于其面值。当债券的价格高于其面值时，收益率将低于利率；当价格低于其面值时，收益率将高于利率。在流通市场上购买债券，认购价格与收益率成反比变化。认购价格越低，收益率越高，反之，则越低。

3. 债券的还本期限

当债券的价格与其面值不等时，债券期限越长，债券价格与其面值的总额对收益率的影响越小。

（二）债券收益率的计算

债券收益率的计算方法主要有以下几种：

1. 直接收益率

直接收益率，也称当期收益率，指债券的年利息收入与购买价格的比率。即只考虑债券利息收入而未考虑其他任何会影响投资者收益率的收益情况。其计算公式如下：

$$直接收益率 = \frac{年利息}{购买价格} \times 100\%$$

例3 发行债券的面值为1 000元，票面年利率为6%，期限为一年，某一投资者以950元的价格购入，求其直接收益率。

$$直接收益率 = \frac{1\,000 \times 6\%}{950} \times 100\% = 6.32\%$$

由于购买实际价格低于其面值，所以收益率高于其利率。

例4 发行债券的面值为1 000元，票面利率为8%，期限为1年，购买价是1 050元，求其直接收益率。

$$直接收益率 = \frac{1\,000 \times 8\%}{1\,050} \times 100\% = 7.62\%$$

由于购买实际价格高于其面值，所以收益率低于其利率。

2. 持有期收益率

持有期收益率是指债券投资者从购入债券并持有至卖掉债券为止的期限收益率。其计算公式如下：

$$持有期收益率 = \frac{年利息 + (卖出价格 - 买入价格)/持有期}{买入价格} \times 100\%$$

例5 某投资者于2009年7月购买2008年发行的面值100元，票面利率为6%的企业债券，购买价格为105元，2012年7月该投资者又以115元价格出售，其持有期为3年，计算其持有期收益率。

$$持有期收益率 = \frac{100 \times 6\% + (115 - 105)/3}{105} \times 100\% = 8.88\%$$

3. 到期收益率

到期收益率是指债券持有者将债券保存到还本期满时所应得到的收益率。

（1）认购者到期收益率

认购者到期收益率是指债券投资者在债券发行时投资购入并持有到期满的收益率，属于单利到期收益率。其计算公式为：

$$到期收益率 = \frac{票面年利息 + (票面金额 - 购入价格)/到期年限}{购入价格} \times 100\%$$

例6 某企业于2012年发行面额为100元的5年期企业债券，其票面年利率为6%，发行价格为 105 元,计算认购者到期收益率。

$$到期收益率 = \frac{100 \times 6\% + (100-105)/5}{105} \times 100\% = 4.76\%$$

(2) 既发债到期收益率

既发债到期收益率是指债券投资者在债券流通市场上投资购入已发行的债券,并持有至期满的收益率。它属于单利到期收益率。其计算公式为:

$$到期收益率 = \frac{票面年利息 + (票面金额 - 购入价格)/剩余年数}{购入价格} \times 100\%$$

例7 某投资者于 2011 年 7 月以时价 105 元购一张面值为 100 元的 2010 年发行的某企业债券,其年利率为 6%,剩余年数为 4 年。计算其到期收益率。

$$到期收益率 = \frac{100 \times 6\% + (100-105)/4}{105} \times 100\% = 4.52\%$$

4. 贴现债券收益率

投资者购买贴现债券后没有利息收入,而只能获得偿还价格与购买价格之差额报酬率。即贴现债券不支付年息,只是以低于票面额的价格发行,以票面额偿还。贴现债券收益率包括贴现债券单利到期收益率和贴现债券复利到期收益率。

(1) 贴现债券单利到期收益率

贴现债券单利到期收益率是指投资者在购入债券后不获得债券利息收入,而只获得偿还价格(面额)与购买价格之差的收益率。一般是期限在 1 年以内的贴现债券用单利计算到期收益率。其计算公式为:

$$到期收益率 = \frac{偿还价格 - 购买价格}{购买价格} \times \frac{365}{到期日期} \times 100\%$$

例8 一张面额为 1 000 元的债券,期限为 91 天的贴债券,发行价格 980 元,计算该债券单利到期收益率。

$$到期利益率 = \frac{1\,000-980}{980} \times \frac{365}{91} \times 100\% = 8.19\%$$

(2) 贴现债券复利到期收益率

贴现债券复利到期收益率是指期限在 1 年以上的贴现债券以复利计算的到期收益率。

$$到期收益率 = \left(\sqrt[n]{\frac{偿还价格}{购买价格}} - 1\right) \times 100\%$$

式中,n 为距到期年数。

例9 一张面额为 1 000 万日元的日本贴现债券,其发行价格为 683 万日元,期限为 5 年,计算其复利到期收益率?

$$到期收益率 = \left(\sqrt[5]{\frac{1\,000}{683}} - 1\right) \times 100\% = 7.92\%$$

三、债券的偿还

（一）债券的偿还方式

债券是一种债权凭证，除永久性债券外，其他所有的债券到期必须偿还本金。不同债券的偿还方式各不相同，不同的偿还方式影响着发行者和投资者的利益，因此，发行人在债券发行时，就应该公开说明偿还方式。

按照偿还方式的不同，债券的偿还可分为到期偿还、期中偿还、展期偿还三种。按偿还时的金额比例又可分为全额偿还和部分偿还，而部分偿还还可按偿还时间分为定时偿还和随时任意偿还。而在期中偿还时还可以采用抽签偿还和买入注销偿还两种方式。

1. 按照偿还方式的不同划分

按照偿还方式的不同，债券的偿还可分为到期偿还、期中偿还、展期偿还三种。

（1）到期偿还

到期偿还就是按发行所规定的还本时间在债券到期时一次全部偿还债券本金。我国目前所发行的国库券、企业债券都是采用这种偿还方式。债券在期满时偿还本金是由债券的内在属性决定的，是买方和卖方在一般情况下的约定，如果债券的发行人在发行债券时不一定能在债券到期时一次偿还本金，就必须在发行时事先予以说明，且订好特殊的还本条款。

（2）期中偿还

期中偿还就是在债券到期之前部分或全部偿还本金的偿还方式。采用这种方式偿还的目的在于：一是为了吸引投资者，二是为了减轻发行人到期还本的负担。

在期中偿还时还可以采用抽签偿还和买入注销偿还两种方式。

抽签偿还是指在期满前偿还一部分债券时，通过抽签方式决定应偿还债券的号码。这种方式比较符合债权人平等原则，多用于定期偿还，但这也是一种强迫性偿还，中签者必须接受提前偿还，否则发行人有权不予以支付中签后的利息。

买入注销是指债券发行人在债券未到期前按照市场价格从二级市场中购回自己发行的债券而注销债务以免除到期还本付息义务的偿还方式。买入注销遵循买卖自由原则，在发行人与投资者相互协议的基础上达到返还本金的目的。这种方式对投资者没有强制力，因此比较受投资者的欢迎。发行人采用这种方式可简单迅速地完成债券的偿还，但买入注销偿还要以发达流通市场为前提，要受债券流通市场的交易价格和供应量的限制。

（3）展期偿还

展期偿还也叫延期偿还，是在债券发行时就设置了延期偿还条款，赋予债券的投资者在债券到期后继续按原定利率持有债券直至一个指定日期或几个指定日期中一个日期的权利。这一条款对债券的发行人和购买者都有利，它在筹资人需要继续发债和投资人愿意继续购买债券时省去发行新债的麻烦，债券的持有人也可据此灵活地调整资产组合。

2. 按偿还时的金额比例划分

在采取期中偿还时，按偿还时的金额比例可分为全额偿还和部分偿还。

(1) 全额偿还

全额偿还就是在债券到期之前一次偿还本金的偿还方式。采取这种偿还方式的,一是发行人在发债后由于种种原因出现资金过剩,提前一次偿还债券就可避免不必要的利息负担;二是发债后由于市场利率下调,发债时的利率和现在相比过高,在这种情况下提前偿还旧债,重新发行利率较低的新债可以降低筹资成本。全额偿还往往对投资人不利,因为高利率的旧债偿还后,市场上往往没有高利率的债券,难以寻找新的投资机会。

(2) 部分偿还

部分偿还就是经过一段时间后将发行额按一定比例偿还给投资者。一般是每半年或一年偿还一批,其目的是减轻债券发行人一次偿还的负担。

部分偿还按时间划分又可分为定期偿还和随时偿还。

定期偿还是在债券到期前分次在规定的日期按一定的比例偿还本金。定时偿还的偿还日期、方式、比例都是在债券发行时就已确定并在债券的发行条件中加以注明。

随时偿还也称之为任意偿还,是一种由发行者任意决定偿还时间和金额的偿还方式。这种偿还方式对发行人有利,发行人可以根据自己的资金需求情况和市场利率变动情况,选择提前或延期偿还以调整债务结构,减轻债务负担。这种偿还方式完全凭发行者的意愿,有时会损害投资者的利益,投资者不但将在利率下降时失去继续持有该债券以获取高利率的权利,而且会影响投资计划,因此在实际中并不常用。

(二) 债券的利息支付方式

债券的利息支付方式主要有以下几种:

1. 息票方式

持券人凭债券上所附息票定期取得或到期一次取得利息。这是最常见的利息支付方式。

2. 折扣方式

投资者在购买债券时,按照规定的折扣率,以低于票面额的价格买进,到期则按面额收回本金。采用这种方式时,投资者的利息已提前取得,其投资收益来自购买时的价格与期满收回的本金之间的差额。

3. 实物利息

这是一种以购买某种特定的紧俏商品、物质的优先权、优价权作为利息的支付方式。

第三节 证券投资基金的收益

一、证券投资基金收益的构成

证券投资基金收益是指在一定时期内(如一年)经营基金的全部收入,是弥补基金费用及对受益人进行分配的资金来源。不同种类的证券投资基金,由于投资目标和策略不同,其收益来源也不一样,一般由以下四种构成:

(一)利息收入

利息收入来自两个方面:一是存款利息收入。证券投资基金管理公司为了保证资产的流动性,以备投资者赎回受益凭证的要求,或及时抓住有利的投资机会,一般都会保留一定比率的流动资金,大约5%~10%,这部分款项大部分存放于银行或其他金融机构,所以,每隔一段时间便会有利息收入;二是投资于有价证券的利息收入。投资于各种债券、商业票据、可转让大额存单或其他短期票据,这部分证券就会带来稳定的利息收入。

(二)股利收入

股利收入即基金以其资产投资于股票每年所获取的股息和红利。它们将大部分资金投资于股票,上市公司根据经营状况而定期发放股息,便会获得股息收入。

(三)资本利得

资本利得即基金管理人将基金资产投资于有价证券后,利用各种投资技巧在证券市场获取的买卖差价收益。这是基金收益中的最大部分。基金管理公司通常把已实现的资本利得分配给投资者。

(四)资本增值

资本增值即基金投资一定时期后的净资产与原有资产相比的增长额。基金所投资的证券市值不断上升,超过购买时的成本,从而导致基金净资产的增加,这部分增加额就是基金的资本增值。

二、证券投资基金的费用

证券投资基金是以委托的方式请专家进行投资管理和操作的,这就必须支付一定的费用。证券投资基金的费用通常包括以下两个方面:

(一)基金经营费用

基金经营费用指基金在运作过程中所支付各项开支项目。

1. 开办费用

包括基金管理公司的设计费、注册费及其他有关支出。

2. 固定资产购置费

基金管理公司是一种高智能的机构,必须购入先进的电脑与通信网络。该项支出占基金费用的重要部分。

3. 操作费

包括支付的会计师费、律师费、广告费以及召开受益人大会所需支出的一些费用。操作费占费用总支出的比重较小,一般按有关规定或当事人的标准,适当支付。

4. 承销及分配费用

即基金受益凭证的销售和投资利润分配所涉及的费用。这部分费用是美国1980年通过12b-1规则后准许以基金资产支付。这些费用包括广告费、宣传品支出、公开说明书、年报、季报的印刷制作与分发费用、销售人员的佣金、股票经纪人及财务顾问的佣金、银行介绍基金与客户的费用(即介绍费)及代理费用等。在12b-1规则未出台以前,这些费用统由证券投资基金组织本身负担,它可以通过手续费等方式向投资者另外收取,但禁止动用基金资产来支付这些费用。

5. 行政费用

包括经理人的办公费、工资、福利及劳动保险费用等。

（二）基金收费

基金收费是指按一定标准从基金收益中提取或向某些当事人收取费用。管理公司及保管公司在经营基金过程中所发生的各种费用,不是按实际发生额核销,而是按一定标准收取,引入基金经营成本。

1. 管理年费

管理年费是基金管理公司和投资顾问收取的经营费用。管理费一般是以基金资产净值的一定比率,逐日累计,每月计提,按年收取。这部分费用通常从基金股息（或债券利息）收益中,或者从基金本身扣除,无须向基金所有人收取。其标准一般按基金净资产的一定比率确定,比率大小与基金规模成反比,与基金风险大小成正比。通常为基金净资产的0.25%~2.5%。该费用按月支付。其计算公式为:

$$每月应提取的基金管理年费 = \left(\begin{array}{c}该月估价的\\基金资产净值\end{array} \times 年费率\right) \div 12$$

2. 保管年费

保管年费是基金保管公司因保管、处分基金资产而收取的手续费。每年的费用标准也按基金净资产的一定比率提取,每年为总资产净值0.2%左右,是按日累计,按月支付。其计算公式为:

$$每月应提取的基金资产保管年费 = \left(\begin{array}{c}该月估价的\\基金资产净值\end{array} \times 年费率\right) \div 12$$

3. 业绩报酬

业绩报酬是证券投资基金在分配时一次性支付给经理人的费用,一般占证券投资基金年终实现利润的3%~4%左右。

4. 首次认购费

首次认购费是投资者认购或买入基金时所支付的费用。该项费用一般都附加在基金发行价上,由基金购买者负担。其内容主要是广告费、佣金及设备费支出。收费标准大多为买卖基金总额的3%左右。

5. 赎回费与投资财务费

赎回费与投资财务费是当基金发行后,再出售或赎回基金时所收取的费用,由新加入或退出基金投资者负担。收费标准一般为单位基金净资产的0.5%~1%。收取这两项费用主要是为了保持基金的稳定、阻止投资者频繁地赎回基金单位,因此这种收费率一般较高,其费用收入远远大于实际支出。

三、证券投资基金收益的分配

证券投资基金在获取的投资收益中扣除各项费用后就是投资利润。按照证券投资基金管理条例规定,证券投资基金必须定期将投资利润分配给投资者,这种分配叫投资利润分配,或叫收益分配。

美国的有关法律规定,基金至少要把95%的投资利润分配给投资者,而很多基金则把全部利润都分配给投资者。投资利润分配的方式多种多样,货币市场基金的收入全部是利息,通常每月分配一次;债券基金收入主要是利息和资本利得,通常是每月或每季分配一次;股票基金收入来源比较多,包括利息、股利和资本利得,每年分配一次。相应地,投资者领取利润的方式也有多种。第一种是只领取利息和股息收入,而将资本利得部分作为追加资本,再进行投资;第二种是将资本利得作为投资收入,只领取资本利得而将利息和股息看作资本增值,从而将利息和股息滚入资本金再行投资;第三种是将利息、股息和资本利得都看作资本增值,为了扩大投资额,以获取更多的资本收益,将利息、股息和资本利得都滚入本金再投资。所谓再投资就是把应分配的收益按基金单位折换成相应的基金持有份额,然后以此作为以后收益分配的依据。投资者领取利润的方式,通常在填写基金认购书时既要声明,此后若要更改,必须提出书面申请。

第四节 证券投资风险

一、证券投资风险的概念

风险就是遭受各种损失的可能性。证券投资风险是指投资者在投资期间内不能获得预期的收益或遭受损失的可能性。投资者投资证券希望获得预期收益,而真正得到的是实际收益。这样,预期收益与实际收益之间的差额,就是投资者承受风险的程度。如某投资者预期的收益率为15%,但实际获得的收益率为10%,两者之间的差额即为风险。

二、证券投资风险的种类

证券投资风险是指与证券投资活动相关的所有风险即总风险,总风险可分为系统风险和非系统风险。

(一)系统风险

系统风险是指由于某种全局性因素的变化而引起的投资者收益的可能变化。在证券市场上,所有企业的上市证券都受全局性因素的影响,这些因素包括政治、经济、社会等各方面因素。由于这种风险是所有证券都面临的,因而不会因为多样化投资而消失或避免,所以它又被称为不可分散风险。系统风险包括市场风险、利率风险和购买力风险。

1. 市场风险

市场风险是指由于市场行情变化所引起的风险。是证券交易中最直接、也是影响最大的一种风险。

证券市场行情的变动受多种因素的影响,如战争的突然爆发和结束、国家元首的更迭、政治运动、国家重大经济或政治体制的变更、通货膨胀、投机活动、投资者的心理等都会对证券市场行情造成较大影响。市场风险是不可避免的,但投资者可以设法减轻这种风险的影响。

2. 利率风险

利率风险是指市场利率变动所引起的证券投资收益变动的可能性。一般来说,证券价格与市场利率成反方向变化:当市场利率提高时,证券价格会下降;当市场利率下降时,证券价格将上升,从而导致资本利得的增减变动。在证券中,受市场利率风险影响最大的是债券,当市场利率上升时,投资者便抛出债券转为银行存款,抛售债券造成市场债券供给量增加而导致债券价格下降。此时,债券的持有者,若将债券出售,价格上会受损失;不出售则要受到利息上的损失。利率风险还受债券持有期长短的影响,债券的期限越长,风险越大。所以长期债券的利率风险要大于短期债券的利率风险;固定收益证券的利率风险通常大于非固定收益证券的利率风险。

3. 购买力风险

购买力风险又称通货膨胀风险,是指由于通货膨胀造成货币贬值,从而使投资者实际收益下降的风险。

通货膨胀的存在使投资者货币收入增加却不一定获利,这主要取决于名义收益率是否高于通货膨胀率。名义收益是投资者取得的货币收益,而投资者的实际收益是考虑通货膨胀影响的实际收益。实际收益率公式为:

$$实际收益率 = 名义收益率 - 通货膨胀率$$

例如,某投资者购买了一张年利率为10%的债券,当年通货膨胀率为3%,他的实际收益率为7%(10%-3%);当年通货膨胀率为10%时,他的实际收益率为0;当年通货膨胀率为13%时,他的实际收益率为-3%。所以,只有当名义收益率大于通货膨胀率时,实际收益率才为正的。在证券中易受购买力风险影响的是固定收益的债券和优先股。可见,通货膨胀是常见的一种经济现象,它的存在使投资者必然存在购买力风险,而且这种风险不会退出投资就可以避免。

(二)非系统风险

非系统风险是指由于某些特殊因素引起的,只对各种证券收益造成损失的风险。非系统风险属于各别风险,投资者可通过投资多样化的方法来分散和规避,所以,它又被称为可分散风险或多样化风险。非系统风险包括经营风险、违约风险。

1. 经营风险

经营风险是指企业经营失误给投资者带来损失的可能性。企业在经营过程中出现经营决策失误、经营管理不善,导致企业竞争能力下降,经营业绩不良,引起企业亏损甚至破产,是投资者不但得不到预期的收益,还可能使本金也遭受不同程度的损失。企业的经营风险主要有企业的内部和外部两方面的原因。其中,外部原因就是来自于企业外部的不可抗力,如地震、火灾、战争等天灾人祸。内部原因就是来自于企业内部的人为因素,如管理不善造成产品成本上升、质量下降,市场预测不准,造成产品积压或脱销。管理人员素质低,产品不能及时更新换代,缺乏竞争力,失去销售市场。

2. 违约风险

违约风险是企业由于财政状况不佳而不能对某一证券按期支付利息和本金,而使投资者遭受损失的可能性。违约是企业失去信誉的表现。违约风险产生的原因主要是财务状况不佳,如负债比例过高、流动性过低等。违约风险主要有两种情况,一是无力履约或兑现承诺;二是虽有履约或兑现能力却不履行。任何一个证券投资者都面临着违约风险。但不同的投资者遭受的风险程度是不同的。债券的投资者作为企业的债权人,为了维护自身的权益,可以诉诸法庭,强制企业还债。而股票投资者由于是企业的所有者,没有要求企业必须支付股息的权力,只能由自己承担损失。

3. 流动性风险

流动性风险也称适销性风险,即指某种证券能否按市场价格卖出变为现金能力。任何实物资产和金融资产在持有者手中都不能视同为现金,而且在资产变为现金时,并非随心所欲,而是要花费一定的时间和交易费用。另外,有的资产容易转换,如存款和国库券,有些不容易转换,如房地产。在转换上还受到经济周期和该资产市场供求状况的制约。所有这些,都影响到资产的变现能力。变现越迅速,成本支出越少,则流动性越大,市场力越高,风险也就越小。证券时限越短、发行公司业绩越好、市场交易越活跃,其流动性风险越小。

三、证券投资风险的衡量

证券投资存在风险,所以投资者在投资前应充分了解风险的程度,除了对风险进行定性分析外,还要进行定量分析,用数学统计方法来分析和衡量证券投资的风险程度。

(一)市盈率

市盈率也叫本益比,是指股票市价与每股盈利的比率。它是以公司收益作为衡量股票投资价值的尺度,投资者可以用其考察投资价值的变动和风险程度。一般来说,该指标值越大,表明风险越大,投资价值越低;反之则风险越小,投资价值越大。

(二)价差率

价差率是利用某段时间内证券的最高价格与最低价格的差异率来衡量风险的一种方法。其计算公式为:

$$价差率 = \frac{最高价 - 最低价}{(最高价 + 最低价)/2} \times 100\%$$

价差率越高,说明股价发散程度越高,该股票的风险也就越大;反之,价差率越低,股票收益越集中,投资风险越小。

表 10-1 甲公司 2010—2017 年股票价格　　　　单位：人民币元

年度	最高价	最低价	价差率(%)
2010	300	224	29
2011	294.9	233.3	23.3
2012	309.6	175	55.6
2013	292.5	226.5	25.4
2014	341.3	265.3	25.1
2015	365.1	235.1	43.3
2016	254	150.5	51.2
2017	227.4	157.3	36.5

表 10-2 乙公司 2010—2017 年股票价格　　　　单位：人民币元

年度	最高价	最低价	价差率(%)
2010	8.24	5	48.9
2011	11.3	7	47.0
2012	9.42	1.92	132.3
2013	6.88	3.08	76.3
2014	13.21	6.50	68.1
2015	36.25	7.63	130.4
2016	25.13	6.25	120.3
2017	48.38	9.25	135.8

从表 10-1 和表 10-2 中可以看出，甲公司股票年度差价最低为 23.3%，最高为 55.6%，平均水平为 36.2%；而乙公司股票的最高价差率达到 135.8%，最低达到 47.0%，其平均值为 95%。可见甲公司股票价格波动较小，收益分布集中，属于比较安全的股票；反之，乙公司的股票价格波动较大，发散程度相当高，因而属于风险比较大的股票。

价差率既可以用年作为计算期间，也可以用月或者周作计算期间，其计算方法相同。

价差率的优点是简单明了，但其测定的范围有限，着重于过去的证券价格波动，风险所包含内容狭窄、片面。

(三) 标准差法

标准差是一个统计指标，它是度量某证券本身在不同时期收益的平均波动幅度，并通过其自身收益的波动幅度来反映其风险大小。标准差越小，概率分布越集中，风险程度就越小。

(四) β 系数法

β 系数法是指反映某种证券风险与整个市场投资风险关系程度的指标，反映市场风险对某种证券的影响程度。作为整体风险 β 系数为 1。如果某种证券的风险程度与整个证券市场的风险程度一致,那么这种证券的 β 系数也等于 1,则说明其风险程度小于整个市场的风险水平。比如,某一证券的 β 系数为 0.85,由此得出,该证券价格变动比整个市场趋势要慢,即其波动低于整个市场水平,故其风险程度也小于整个市场水平。

四、证券投资收益与风险的关系

证券投资的收益和风险是证券投资的核心问题,投资者的投资目的是为了得到收益,但与此同时又不可避免的面临着风险,一般地说,风险较大的证券,收益率也较高,反之,收益率较低的投资品,风险也较小。

证券投资的收益与风险同在,收益是风险的补偿,风险是收益的代价。它们之间成正比例的相互交换。这种关系表现为:

$$预期收益率 = 无风险利率 + 风险补偿$$

预期收益率是投资者在投资中要求得到的报酬,在证券投资中常以贴现率来代替。预期收益率的高低,各个投资者根据其对收益与风险的态度不同而有所差异,有些人要求高一点,有些人可接受低一点的收益,也就是说不愿意承担过大的风险。无风险利率的意思是,把钱投在某种对象上可以得到一定利息,但是不附有任何风险。在美国,在证券投资界中一般都把联邦政府发行的短期国库券看做是无风险证券,因为它的还本付息,绝对保险,当然利率要低一些,不附有风险的补偿。假定说国库券的利率为 6%,到期时间为半年,那么,这 6% 的利息是作为投资者牺牲目前可以进行的消费,要延期到半年后才能进行的补偿,是一种牺牲或者说等待的报酬。但这有一个前提,即是说在这段期间内物价没有上涨,否则,这里面也就附有通货膨胀风险的报酬。

现在我们假定国库券是没有风险的,其利率为 6%,但预计到在最近的将来物价是一定要涨的。如年通货膨胀率约为 7%,则投资者对其他证券所要求的收益率就不只是 6%,而要加上 7%,变为 13%,以弥补购买力降低所蒙受的损失。再者,如果投资者对某种证券还估计到有不按期还本付息的可能性,则他不会购买这种证券,除非这种证券的收益率提高到 18%,即以 5% 作为风险的补偿。如此类推。总的来讲长期证券比短期证券风险要大,股票比债券风险要大,所以前者的收益都要比后者高,才能吸引买者。即使同是债券,或者同是股票,也会因发行单位的资信、盈利能力等的不同而有所不同。一句话,收益与风险必须是成正比的。亦即收益越大,风险也随之越大。

本 章 小 结

证券投资的收益包括股票投资的收益、债券投资的收益和证券投资基金的收益。股票投资收益由股利收益和股票买卖差价收益两部分构成;股票投资收益率可用本期股利收益率、持有期收益率和拆股后持有期收益率进行计算。债券投资收益由利息收入、偿还损益和利息再投资的收益三部分构成;债券投资收益主要是用债券收益率来衡量,债券收益率的计算方法主要有直接收益率、持有期收益率、到期收益率和贴现债券收益率四种。证券投资基金收益由利息收入、股利收入、资本利得和资本增值四部分构成;证券投资基金的费用通常包括基金经营费用和基金收费两个方面;证券投资基金的收益分配是在获取的投资收益中扣除各项费用后,即投资利润必须定期分配给投资者。

证券投资风险分为系统风险和非系统风险。系统风险是指由于某种全局性因素的变化而引起的投资者收益的可能变化,包括市场风险、利率风险和购买力风险;非系统风险是指由于某些特殊因素引起的,只对各种证券收益造成损失的风险,包括经营风险、违约风险和流动性风险。证券投资风险可以通过市盈率、价差率、标准差和 β 系数来衡量。

证券投资的收益和风险是证券投资的核心问题,收益是风险的补偿,风险是收益的代价,二者一般呈正相关关系。

本章练习题

一、名词解释

股票股息　股权登记日　股息发放日　债券收益率　系统风险　非系统风险

二、单项选择题

1. (　　)是影响债券定价的内部因素。

　A. 银行利率　　　　　　　　　B. 外汇汇率风险

　C. 税收贷款　　　　　　　　　D. 市场利率

2. (　　)是影响债券定价的外部因素。

　A. 通过膨胀水平　　　　　　　B. 市场性

　C. 提前赎回规定　　　　　　　D. 拖欠的可能性

3. 如果一种债券的市场价格下降,其到期收益率必然会(　　)。

　A. 不确定　　B. 不变　　C. 下降　　D. 提高

4. 市盈率的计算公式为(　　)。

　A. 每股价格乘以每股收益

　B. 每股收益加上每股价格

　C. 每股价格除以每股收益

　D. 每股收益除以每股价格

5. 投资基金的单位资产净值是(　　)。

　A. 经常发生变化的　　　　　　B. 不断上升的

　C. 不断减少的　　　　　　　　D. 一直不变的

三、多项选择题

1. 下面(　　)属于影响债券定价的内部因素。

　A. 债券期限长短　　　　　　　B. 票面利率

　C. 提前赎回规定　　　　　　　D. 税收待遇

　E. 市场性

2. 股票内在价值的计算方法模型包括（　　）。
A. 现金流贴现模型　　　　　　　　B. 内部收益率模型
C. 零增长模型　　　　　　　　　　D. 不变增长模型

3. A公司股票目前价为4元，股息为每股0.2元，预期回报率为16%，超常态增长率为20%，随后的增长率为10%，则（　　）。
A. 该股票价值被高估　　　　　　　B. 该股票价值被低估
C. 该股票的理论价值小于5元　　　 D. 该股票的理论价值大于5元

四、思考题

1. 简述股票投资收益的构成和衡量。
2. 简述股息的分配方式。
3. 简述债券投资收益的构成。
4. 债券投资收益率的影响因素有哪些？
5. 简述证券投资基金收益的构成。
6. 简述债券的偿还方式。
7. 证券投资基金的费用有哪些？
8. 证券投资风险的类型有哪些？
9. 简述证券投资收益和风险的关系。

第十一章 证券投资基本分析

【学习目标】
● 理解宏观经济运行和宏观经济政策对证券市场的影响,了解其他宏观因素对证券市场的影响;
● 掌握行业分析的内容;
● 掌握与理解公司的基本素质分析和公司财务分析。

第一节 证券投资的宏观分析

一、宏观经济运行与证券投资分析

证券市场是国民经济的重要组成部分,国民经济的宏观走势对证券市场有着非常重要的影响。在进行证券投资分析时,首先要将其置身于宏观经济运行的大背景之中,在确定基本面的影响后,才能展开有关的技术分析。

(一)宏观经济运行对证券市场的影响途径

从总体上来看,宏观经济因素是影响证券市场长期走势的唯一因素,其他因素可以暂时改变证券市场的中期和短期走势,但改变不了证券市场长期走势。宏观经济对整个证券市场的影响,既包括经济周期波动这种纯粹的经济因素,也包括政府经济政策及特定的财政金融行业等混合因素。宏观经济运行对证券市场的影响通常通过以下途径实现。

(1)企业经济效益。无论从长期看还是从短期看,宏观经济环境是影响公司生存、发展的最基本因素。公司的经济效益会随着宏观经济运行周期、宏观经济政策、利率水平和物价水平等宏观经济因素的变动而变动。如果宏观经济运行趋好,企业总体盈利水平提高,证券市场的市值自然上涨;如果政府采取强有力的宏观调控政策,紧缩银根,企业的投资和经营必然会受到影响,使其盈利下降,证券市场市值就可能缩水。

(2)居民收入水平。在经济周期处于上升阶段或在提高居民收入政策的作用下,居民收入水平提高,将会在一定程度上拉动消费需求,从而增加相关企业经济效益。另外,居民收入水平的提高,也会直接促进证券市场投资需求。

(3)投资者对股价的预期。投资者对股价的预期,也就是投资者的信心,是宏观经济影响证券市场走势的重要途径。当宏观经济趋好时,投资者预期公司效益和自身的收入水平会上升,证券市场自然人气旺盛,从而推动市场平均价格走高;反之,则会令投资者对证券市场信心下降，引起股市价格下跌。

（4）资金成本。贷款利率提高，增加公司成本，从而降低利润；存款利率提高增加了投资者股票投资的机会成本，二者均会使股票价格下跌。另外，征收利息税、实施消费信贷等政策，居民、单位的资金持有成本将随之变化。如征收利息税的政策，将会促使部分资金由银行储蓄变为投资，从而扩大证券市场的资金供应量，影响股价的上升。

（二）宏观经济变动与证券市场波动的关系

1. GDP变动对证券市场的影响

GDP是一国经济的根本反映。从长期来看，在上市公司的行业结构与该国产业结构基本一致的情况下，股票平均价格的变动与GDP的变化趋势是相吻合的，即GDP的持续快速增长会带来股票平均价格的持续上升。但并不能简单地认为GDP增长，证券市场就必将伴之以上升的走势，实际走势有时可能相反，关键是看GDP的变动是否将导致各种经济因素（或经济条件）的恶化，以下对几种基本情况进行讨论。

（1）持续、稳定、高速的GDP增长。在这种情况下，证券市场将基于以下原因而呈现上升趋势：① 伴随着总体经济增长，上市公司利润持续上升，股息不断增长，投资风险也越来越小，从而公司的股票和债券全面得到升值，证券价格上扬；② 人们对经济形势产生了良好的预期，投资积极性得到提高，增加了对证券的需求，供求关系的变化促使股价上升；③ 随着GDP增长，国民收入和个人收入不断提高，从而增加证券的需求，导致证券价格上涨。

（2）高通货膨胀下GDP增长。当经济处于严重失衡的高速增长时，总需求大大超过总供给，这将表现为高的通货膨胀率，这是经济恶化的先兆，如不及时采取调控措施，必将导致未来的"滞胀"。这时经济中的矛盾会突出表现出来，企业经营环境恶化，居民实际收入也将降低，因而失衡的经济增长必将导致证券市场下跌。

（3）宏观调控下的GDP减速增长。当GDP呈失衡增长时，政府可能采取宏观调控措施以维持经济的稳定增长，这样必然减缓GDP的增长速度。如果调控目标得以实现，GDP仍以适当的速度增长而未导致GDP的负增长或低增长，说明宏观调控措施十分有效，这时证券市场也将反映这种好的形势而呈平衡渐升的态势。

（4）转折性的GDP变动。如果GDP一定时期以来呈负增长，当负增长速度减缓并呈现向正增长转变的趋势时，表明恶化的经济环境逐步得到改善，证券市场也将由下跌转为上升。如果GDP由低速度增长转向高速增长时，表明在低速增长中，经济结构得到调整，经济的"瓶颈"制约得以改善，新一轮经济高速成增长已经来临，证券市场也将有快速上涨之势。

上述只按一种方向进行分析，实际上，每一点都可沿相反的方向导出相反的结果。一般情况下，证券市场提前对GDP的变动做出反映。因此，对GDP变动分析时必须着眼于未来，这是最基本原则。

2. 经济周期变动对证券市场的影响

宏观经济的运行具有周期性，人们一般把经济运行的周期分为以下四个阶段，即繁荣、衰退、萧条和复苏阶段。经济总是在波动性的经济周期中运行，而股票市场作为经济的"晴雨表",将提前反映经济周期。股票市场综合了人们对于经济形势的预期,这种预期较全面地反映了经济发展过程中表现出的有关信息,这种预期又必然反映到投资者的投资行为中,从而影响股票市场的价格。既然股价反映的是对经济形势的预期,因而其表现必定领先于经济的实际表现。

当经济持续衰退到萧条期时,投资者已远离股票市场,每日成交量极少,而那些有眼光且不断搜集和分析有关经济形势并作出合理判断的投资者已在默默吸纳股票,股价开始缓慢回升,当各种媒介开始传播萧条已去、经济日渐复苏时,股价实际上已经升至一定水平。随着人们普遍认同及投资者自身的境遇也在不断改善,股市日渐活跃,需求不断扩大,股价不断攀升,加之有些投机者借机"哄抬"、"炒作",普通投资者在趋利心理和乐观及从众心理的驱动下竭力"捧场",证券价格屡创新高。这时,那些有远见的投资者在综合分析经济形势的基础上,认为经济繁荣已经走到尽头,开始悄然离场,此时证券交易价格还在上升,但速率明显放慢,供需力量逐渐发生变化。当经济形势逐渐被更多投资者认同时,供需逐渐趋于平衡,甚至供大于求,证券价格开始下跌。当经济形势发展按照人们的预期开始走向衰退时,与上述相反的情况便会出现。因此,投资都必须充分认识宏观经济走势及经济周期与证券的价格相互关联,把握好投资机遇。

3. 通货膨胀对证券市场的影响

通货膨胀是影响股票市场价格的一个重要宏观经济因素。这一因素对股票市场趋势的影响比较复杂,它既有刺激股票市场的作用,又有压抑股票市场的作用。通货膨胀主要是由于过多地增加货币供应量造成的。货币供应量与股票价格一般呈正比关系,即货币供给量增大使股票价格上升;反之,货币供给量缩小则使股票价格下降。但在特殊情况下又有相反的趋势。因此,对影响进行分析必须从该时期通货膨胀的原因、通货膨胀的程度,配合当时的经济结构和形势,以及政府可能采取的干预措施等方面的分析入手。

温和、稳定的通货膨胀对证券价格上扬有推动作用。这种类型的通货膨胀,通常被理解是一种积极的经济政策结果,旨在调整某些商品的价格并以此推动经济的增长。在这种情况下,某些行业、产业和上市公司因受政策的支持,其商品价格有明显的上调,销售收入也随之上升,公司业绩提高,促使其证券价格上涨,但与此同时,一部分上市公司得不到政策支持,其业绩承受向下调整的压力,其证券价格也有较大幅度的下降。因此,以温和、稳定的通货膨胀来刺激经济,其初始阶段将会导致证券市场各品种之间的结构性调整。如果通货膨胀在一定范围内存在,经济又处于比较景气(扩张)阶段,产量和就业都持续增长,证券价格也会稳步攀升。但是严重通货膨胀则是非常危险的,因为此时的价格被严重扭曲,货币不断大幅度贬值,人们为资金保值而囤积商品、购买房产,资金相应流出资本市场,证券价格随之下跌;同时,扭曲的经济失去效率,企业难以筹集到必要的生产资金,而且原材料、劳动力价格飞涨,使企业经营严重受损,盈利水平下降,甚至倒闭。政府不能容忍通货膨胀的存在,又必然会运用宏观经济政策抑制通胀,其结果是置企业于紧缩的宏观形势中,这又势必在短期内导致企业盈利的下降,资金进一步逃离资本市场,证券市场的价格又会形成新一轮的下跌。

通货膨胀时期,并不是所有价格和工资都按同一比率变动,而是相对价格发生变化。这种相对价格变化引致财富和收入的再分配,因而一部分公司获利而一部分公司受损,上市公司的证券价格也会相应发生变动。通货膨胀使得各种商品的价格具有更多的不确定性,也使企业未来经营具有更大的风险性,从而影响投资者的心理和预期,并可能导致证券价格的暴涨或暴跌。显然,在适度通货膨胀的刺激下,人们为了避免损失,将资金投入证券市场,同时通货膨胀初期物价上涨,也刺激了企业利润增加,证券价格相应看涨;但持续通货膨胀的存在,提高了企业成本,遏制了商品需求,企业收支状况恶化,证券价格下跌。此时,如果政府再采取严厉的紧缩政策,这必然使企业经营环境进一步恶化,证券价格不可避免地下跌。

二、宏观经济政策与证券投资分析

在当代市场经济下,国家政府对经济的干预主要是通过货币政策和财政政策来实现的,同时也包括外汇政策。根据宏观经济运行状况的不同,政府可采取扩张的和紧缩的货币政策和财政政策,以调节经济的增长和物价总水平的稳定,实现充分就业目标。这些政策的实施会直接或间接地反映到作为国民经济"晴雨表"的证券市场上。

(一)货币政策对证券市场的影响

中央银行贯彻货币政策、调节信贷与货币供应量的主要手段有:调整法定存款准备金率、再贴现政策和公开市场业务。当国家为了防止经济衰退、刺激经济增长而实行扩张性货币政策时,中央银行就会通过降低法定存款准备金率、降低中央银行的再贴现率或在公开市场上买入国债的方式来增加货币供应量,扩大社会的有效需求。当经济持续高涨、通货膨胀压力较重时,国家往往采取紧缩性的货币政策。此时,中央银行可以通过提高法定存款准备金率,提高中央银行的再贴现率或在公开市场上卖出国债以减少货币供应量,紧缩信用,以实现社会总需求和供给大体保持平衡。

1. 扩张性货币政策对证券市场的影响

(1)存款准备金率、再贴现率下调对证券市场的影响。存款准备金率、再贴现率下调,增加了商业银行的资金头寸,使市场上可贷资金充裕,为上市公司提供良好的融资环境。一方面有利于上市公司利用财务杠杆经营,加速公司的业务创造,同时对于业绩不好的公司,可以有资金进行资产重组摆脱经营困境,增加营业利润,为证券价格盘升奠定坚实基础;另一方面,二级市场资金更为宽裕,资金流动性增强,有利于更多的资金进入证券市场,有利于证券市场的发展。

(2)降低利率对证券市场的影响。如果政府采取扩张性的货币政策,降低利率,投资证券的机会成本降低,证券投资的实际收益变得相对有利,从而会直接吸引储蓄资金流入证券市场,购买股票的投资者会因此而增加,刺激证券价格长期走好;降低利率,企业借款成本降低,企业的投资活动则趋向活跃,利润增加,并由此刺激经济增长,使证券价格攀升。

(3)中央银行在公开市场上买进证券时,对证券的有效需求增加,促进证券价格上涨。

2. 紧缩性货币政策对证券市场的影响

紧缩性货币政策是指减少货币供应量,提高利率,加强信贷控制的政策。紧缩性货币政策对证券市场的影响与扩张性货币政策对证券市场的影响正好相反,从总体上抑制证券价格上涨。总体上来说,扩张性货币政策将使证券市场价格上扬,紧缩性货币政策将使证券市场价格下跌。

由于货币政策以货币市场为媒介,通过利率等手段来调节货币供应量,因此,它对证券市场的影响直接而迅速。例如,中央银行在公开市场上买进或卖出证券就直接影响证券市场的需求,影响其价格的变动;而利率的调整则瞬间改变了证券投资的机会成本和上市公司未来的营运成本等。

(二)财政政策对证券市场的影响

财政政策主要手段包括:改变政府购买水平、改变政府转移支付水平和改变税率。当经济增长持续放慢、失业增加时,政府就实行扩张性财政政策,提高政府购买水平,提高转移支付水平,降低税率,以增加总需求,刺激经济增长,解决衰退与就业问题;当经济持续增长,价格水平持续上涨时,政府要实行紧缩性的财政政策,降低政府购买水平,降低转移支付水平,提高税率,从而降低总需求,抑制通货膨胀。

1. 扩张性财政政策对证券市场的影响

(1)减少税收对证券市场的影响

在其他条件不变的条件下,公司税的调整直接影响公司的净利润,并进一步影响公司扩大生产规模的能力和积极性,从而影响公司未来成长的潜力。对于社会公众,降低税收、扩大减免税范围,将直接影响居民个人的实际收入水平,并同时增加他们的投资需求和消费需求,增加投资需求会直接引起证券市场价格上涨,而增加消费需求会带动社会整体需求增加,总需求增加反过来刺激投资需求,利于股票价格上涨。总之,税率的降低或免税将有助于证券价格上涨,反之将抑制证券价格上涨。

(2)扩大政府购买力对证券市场的影响

扩大政府购买力如增加政府在道路、桥梁、港口等非竞争性领域的投资,可直接增加相关产业(如水泥、钢筋建材等产业)的产品需求,这些产业的发展又形成对其他产业的需求,可使与这些行业有关的公司的利润增加,居民收入增加,从而促使证券价格上涨。

(3)提高政府转移支付水平对证券市场的影响

如增加社会福利费用、增加为维持农产品价格而对农民的拨款等,会使一部分人的收入水平得到提高,也间接地促进了公司的利润的增长,因此有利于证券市场价格的上涨。一般来说,提高政府转移支付水平会扩大社会总需求和刺激供给增加,对证券市场是利好的消息。

(4)国债发行对证券市场的影响

实施扩张性财政政策,究竟是减少国债发行还是增加国债发行,往往要考虑很多的因素。从增加社会货币流通量角度出发,应减少国债的发行。减少国债的供给,社会货币流通量增加,使流入证券市场的资金增加,使证券价格上涨。但减少国债发行又会影响到政府的支出,给国民经济及证券市场上涨带来负面影响。

从增加政府支出角度出发,又应增加国债的发行。增加国债发行一方面导致证券供应的增加,在证券市场无增量资金介入的情况下,就会减少对证券的需求,引起证券价格下跌;另一方面又会增加政府支出,刺激国民经济增长,有利于证券价格上涨。

因此,国债的发行对证券价格的影响十分复杂,不能单纯地从一个角度来分析国债发行对证券价格的影响。

2. 紧缩性财政政策对证券市场的影响

紧缩性财政政策是通过高税率、高收费来增加财政收入,同时通过控制财政性投资消费支出来降低财政支出。但如果长期采用紧缩性财政政策势必抑制经济发展,影响企业融资环境,会对证券投资产生制约作用;同时由于政府用于财政性投资支出减少,固定资产规模缩小,社会资金投资和货币资本流动程度缩小,社会资金总量下降,使进入资本市场资金流规模缩小,影响证券交易的顺利进行。因此,紧缩性财政政策对证券市场产生的影响与扩张性财政政策正好相反,从总体上抑制证券价格上涨。

财政政策与货币政策同为现代市场经济中最重要的两种宏观经济调控手段,然而,货币政策的调整会直接、迅速地影响证券市场,但财政政策的调整对证券市场具有持久的但较为缓慢的影响。例如,1998年我国中央政府开始实施扩张的财政政策,大规模扩大政策投资,但当时证券市场并没有给予多大的响应,到1999年才演绎出创历史新高的大行情。

(三) 汇率政策对证券市场的影响

在开放经济条件下,汇率对经济的影响十分显著。汇率的变动和汇率政策的调整主要是从结构上影响证券市场。汇率的高低将影响资本的国际流动,也会影响本国的进出口贸易。如果以单位外币的本币标值来表示汇率,那么汇率主要通过以下途径对证券市场产生影响。

(1) 汇率上升,本币贬值,本国产品的竞争力增强,出口型企业将受益,该类上市公司的证券价格上涨;反之,进口型企业将因成本增加而受损,该类上市公司的证券价格将下跌。汇率下跌的情形与此相反。

(2) 汇率上升,本币贬值,将导致资本流出国外,本国的证券市场资金供应减少,价格下跌;反之汇率下跌,则资本流入本国,本国的证券市场将因需求旺盛而价格上升。

三、其他宏观因素对证券市场的影响

(一) 国内政局及重大政治事件

国内政局的稳定有利于该国股票市场的平稳发展;反之,政局不稳和社会动荡是导致证券价格直线下跌的因素。例如未预期到的政府更迭或改组,新政府对原有经济政策进行重大改变等,所有这些都会引起证券价格下跌。

(二) 军事冲突或战争

战争使一国政局不稳、经济倒退、人心动荡,战乱对证券价格产生消极作用,但是战争对不同行业的股票价格影响有所不同。在别国发生军事冲突或战争的情况下,因战略物资出口的需求增加而刺激了国内的生产,相关企业的利润就会增加,其股票价格就会

上升。就国家而言,美国在第二次世界大战中发了战争财,而日本经济的恢复和发展则受惠于朝鲜战争和越南战争,在这种情况下,战争对证券价格具有一定的积极作用。

(三)自然灾害

一个国家一旦发生如洪涝、地震等无法抗拒的自然灾害,设备受损、生产停顿、经济停滞,对证券市场就会产生重大的影响。

(四)国际金融市场环境

国际金融市场按经营业务的种类划分为货币市场、证券市场、外汇市场、黄金市场和期权期货市场。这些市场是一个整体,各个市场相互影响。加入WTO后,我国资本市场将逐步开放,目前人民币还没有实现完全自由兑换,同时证券市场是有限度地开放的。因此,我国的证券市场是相对独立的,国际金融市场对我国证券市场的直接冲击较小。但由于经济全球化的发展,我国经济与世界经济的联系日趋紧密,因此,国际金融市场的剧烈动荡会通过各种途径影响我国的证券市场。

改革开放以来,我国国民经济的对外依存度大大提高,国际金融市场动荡会导致出口增幅下降、外商直接投资下降,从而影响经济增长率,失业率随之上升,宏观经济环境的恶化导致上市公司业绩下降和投资者信心下降,最终使证券市场行情下跌。其中,国际金融市场的动荡对外向型上市公司和外贸行业上市公司的业绩影响最大,对股价的冲击也最大。

总之,证券市场有其自身的运动规律,没有只涨不跌的市场,也没有只跌不涨的个股。证券价格的起起落落是一个正常的现象。有些股市波动与宏观经济的运动状况有联系,而另一些证券价格波动则受投资者对有关信息的揣测以及心理因素的影响。

第二节 证券投资的行业分析

一、证券投资行业分析概述

行业分析是连接宏观经济分析和公司分析的桥梁,在证券投资分析中占有非常重要的地位,它与公司分析是相辅相成的。行业分析主要任务包括:解释行业本身所处的发展阶段及其在国民经济中的地位,分析影响行业发展各种因素及判断对行业影响的力度,预测并引导行业的未来发展趋势,判断行业投资价值,揭示行业投资风险,从而为政府部门、投资者及其他机构提供投资决策依据。

(一)行业的定义

所谓行业,是指从事国民经济中同性质的生产或其他经济社会活动的经营单位和个体等构成的组织结构体系,如林业、汽车业、银行业、房地产业等。

从严格意义上来讲,行业与产业有差别,主要是适用范围不一样。产业是指一个企业群体。在这个企业群体中,各成员企业由于其产品在很大程度上的可相互替代性而处于一种彼此紧密联系的状态,并且由于产品可替代性的差异而与其他企业群体相区别。因此,产业作为经济学的专门术语,有更严格的使用条件。构成产业一般具有以下3个特点。一是规模性;二是职业化;三是社会功能性。

行业虽然也拥有职业人员,也具有特定的社会功能,但一般没有规模上的约定。比如,国家机关和党政机关行业就不构成一个产业。证券投资分析师关注的往往都是具有相当规模的行业,特别是含有上市公司的行业,所以在业内一直约定俗成地把行业分析与产业分析视为同义语。

(二)行业分析的意义

宏观经济分析主要分析了社会经济的总体状况,但没有对总体经济的各组成部分进行具体分析。宏观经济的发展水平和增长速度反映了各组成部分的平均水平和速度,但各个组成部分的发展却有很大的差别,并非都与总体水平相一致。实际上,总是有些行业的增长快于宏观经济的增长,而有些行业的增长慢于宏观经济的增长。

从证券投资分析的角度看,宏观经济分析只是把握证券市场的总体趋势,并不能提供具体的投资领域和投资对象的建议,面对只能投资于国内上市的证券投资者,证券投资分析师除了提供宏观经济分析之外,更需要深入的行业分析和公司分析。

行业分析是对上市公司进行分析的前提,也是连接宏观经济分析和上市公司分析的有效途径,是基本分析的重要环节。行业有自己特定的生命周期,处在生命周期不同发展阶段的行业,其投资价值也不一样,而在国民经济中具有不同地位的行业,其投资价值也不一样。公司的投资价值可能会由于所处行业不同而有明显差异。因此行业是决定公司投资价值的重要因素之一。

在证券投资分析中,行业分析和公司分析是相辅相成的。一方面上市公司的投资价值可能会因为所处行业的不同而产生差异;另一方面,同一行业内的上市公司也会千差万别。

二、行业分类

在国民经济中,各个产业的发展很不平衡。一些产业如日中天,一些产业则苟延残喘;一些产业的增长与国民生产总值的增长保持同步,一些产业的增长高于国民生产总值的增长,而另一些产业的增长则低于国民生产总值的增长。由于这一现象的存在,要选择适当的产业进行投资,就有必要对产业进行有效的分类和分析研究。

对产业的分类目前有多种方法,如联合国标准产业分类法、我国的国民经济产业分类法等。

(一)标准行业分类法

为便于汇总各国的统计资料并进行相互对比,联合国经济和社会事务统计局制定了一个《全部经济活动国际标准行业分类》(简称《国际标准行业分类》),该分类将国民经济划分为10个门类:1)农业、畜牧狩猎业、林业和渔业;2)采矿业及土、石采掘业;3)制造业;4)电、煤气及水的生产和供应业;5)建筑业;6)批发和零售业、饮食和旅馆业;7)运输、仓储和邮电通信业;8)金融、保险、房地产和工商服务业;9)政府、社会和个人服务业;10)其他。对每个门类再划分为大类、中类、小类。

(二)我国国民经济行业的分类

1985年,我国国家统计局明确划分三大产业。农业为第一产业,工业和建筑业为第二产业。第一、二产业以外的各行业定义为第三产业,主要是指向全社会提供各种各样的劳务的服务性行业。第三产业的内涵非常丰富,而且随着生产力的发展,它所包括的细分行业也不断增多,因而它是一个发展性概念。

1994年颁布的《中华人民共和国国家标准(GB/T4754-94)》第一次对我国国民经济行业分类进行了详细的划分,将社会经济活动划分为门类、大类、中类和小类四级,即16个门类,90多个大类,360多个中类,840多个小类。

经过调整与修改,新标准共有行业门类20个,行业大类95个,行业中类396个,行业小类913个,基本反映出我国目前行业结构状况。其中,大的门类从A到T分别为:A:农、林、牧、渔业;B:采掘业;C:制造业;D:电力、煤气及水的生产和供应业;E:建筑业;F:交通运输、仓储及邮政业;G:信息传输、计算机和软件业;H:批发和零售业;I:住宿和餐饮业;J:金融业;K:房地产业;L:租赁和商务服务业;M:科学研究、技术服务与地质勘查业;N:水利、环境和公共设施管理业;O:居民服务和其他服务业;P:教育;Q:卫生、社会保障和社会福利业;R:文化、体育和娱乐业;S:公共管理和社会组织;T:国际组织。

(三)从证券市场角度进行的产业分类

从证券投资的角度来看,一般的投资者关心的只是他们的证券投资是否能保值增值。因此,证券市场的产业分类要重点反映产业的盈利前景。产业的发展前景与许多因素有关,因此从证券市场角度进行产业的分类也有多重标准。

(1)根据产业的发展与国民经济周期性变化的关系,可分为以下几类:

① 成长型产业。成长型产业的运动状态与经济活动总水平的周期及其振幅无关。这些产业销售收入和利润的增长速度不受宏观经济周期性变动的影响,特别是经济衰退的消极影响。它们依靠技术进步、推出新产品、提供更优质的服务及改善经营管理,可实现持续成长。例如,在过去的几十年内,计算机和打印机制造业就是典型的成长型产业。

② 周期型产业。周期型产业的运动状态直接与经济周期相关。当经济处于上升时期,这些产业会紧随其扩张;当经济衰退时,这些产业也相应跌落。产生这种现象的原因是,当经济上升时,对这些产业相关产品的购买被延迟到经济改善之后,如珠宝业、耐用品制造业及其他依赖于需求的具有收入弹性的产业就属于典型的周期性产业。

③ 防御型产业。防御型产业与周期型产业刚好相反,这种类型产业的运动状态并不受经济周期的影响。也就是说,无论宏观经济处在经济周期的哪个阶段,产业的销售收入和利润均呈缓慢增长态势或变化不大。正是由于这个原因,对其投资便属于收入投资,而非资本利得投资。例如,食品业和公用事业就属于防御型产业,因为社会需求对其产品的收入弹性较小,所以这些公司的收入相对稳定。

(2)根据产业未来可预期的发展前景,可以分为朝阳产业和夕阳产业。朝阳产业是指未来发展前景看好的产业,如目前的信息产业。朝阳产业尽管发展前景一片光明,但在创立之初常常十分弱小,此时它又被称为幼稚产业。夕阳产业是指未来发展前景不乐观的产业,如目前的钢铁业、纺织业。朝阳产业和夕阳产业的划分具有一定的相对性。一个国家或地区的夕阳产业在另一个国家或地区则可能是朝阳产业,如化工产业在发达国家已是夕阳产业,而在我国则被认为是朝阳产业。

(3) 按照产业所采用的先进程度,可分为新兴产业和传统产业。新兴产业是指采用新兴技术进行生产、产品技术含量高的产业,如电子业。传统产业是指采用传统技术进行生产、产品技术含量低的产业,如资源型产业。由于技术的不断更新和发展,新兴产业和传统产业之间的区分是相对的。目前,两者之间的区分是以第三次技术革命为标志的,以微电子技术、基因工程技术、海洋工程技术、太空技术等为技术基础的产业称为新兴产业,而以机械、电子等为技术基础的产业称为传统产业。新兴产业和传统产业内部也可进一步分类。一般地,新兴产业多为朝阳产业,传统产业多为夕阳产业。

(4) 按照产业的要素集约度,可以分为资本密集型产业、技术密集型产业和劳动密集型产业。资本密集型产业是指需要大量资本投入的产业,技术密集型产业的技术含量较高,而劳动密集型产业主要依赖于劳动力。它们之间并没有严格的界限,有些产业同时是资本密集型产业和技术密集型产业,如汽车业。一般地,由于通常情况下资本是不可替代的短缺资源,因而资本密集型产业容易产生垄断;技术密集型产业由于技术的不断更新,容易导致十分残酷的竞争;至于劳动密集型产业,由于劳动是一种可替代性较强的生产要素,它特别容易受到技术革新的冲击。

(5) 我国上市公司的行业分类以上市公司营业收入为分类标准,所采用的财务数据为经会计师事务所审计的合并报表数据。当公司某类业务的营业收入比重大于或等于50%,则将其划入该业务相对应的类别。当公司没有一类业务的营业收入比重大于或等于50%时,如果某类业务营业收入比重比其他业务收入比重均高出30%,则将该公司划入此类业务相对应的行业类别;否则,将其化为综合类。由此,上市公司可分为13大类:农、林、牧、渔业;采掘业;制造业;电力、煤气及水的生产和供应业;建造业;交通运输、仓储业;信息技术业;批发和零售贸易;金融、保险业;房地产业;社会服务业;传播与文化产业;综合类。

值得注意的是,在全球金融市场中最负盛名的道琼斯指数所做的产业分类相对而言较为简单。道琼斯分类法将股票分为三类:工业、运输业和公用事业,然后选取有代表性的股票。虽然入选的股票并不涵盖这类行业中的全部股票,但足以代表该行业的变动趋势,具有相当的代表性。在道琼斯指数中,工业类股票取自工业部门的30家公司,包括了采掘业、制造业和商业;运输业类股票取自20家交通运输业公司,包括了航空、铁路、汽车运输与航运业;公用事业类股票取自6家公用事业公司,主要包括电话公司、煤气公司和电力公司等。

三、行业分析的主要内容

行业分析是对上市公司进行分析的前提,也是连接宏观经济分析和上市公司分析的桥梁,是基本分析的重要环节。行业具有各自的市场结构,有自己特定的生命周期。上市公司所处行业的竞争程度不同,其投资价值也不相同。

(一)行业的市场结构分析

1. 完全竞争市场

完全竞争市场结构是指许多企业生产同质产品的市场情形,它具有以下特点:① 生产者众多,各种生产资料可以完全流动;② 产品不论有形或无形的,都是同质的、无差别的;③ 没有一个企业能够影响产品的价格;④ 企业永远是价格的接受者而不是制定者;⑤ 企业的盈利基本由市场对产品的需求来决定;⑥ 生产者和消费者对市场的情况非常了解,并可以自由进入或退出这个市场。

完全竞争的根本特点在于:企业的产品无差异,所有的企业都无法控制产品的市场价格。这些特征决定了该类行业经营业绩波动较大,股票价格受此影响波动也较大,投资风险相对较高。在现实经济中,完全竞争是四种市场类型中最少见的,如小麦等初级产品的市场类型与此相近。

2. 不全完竞争或垄断竞争市场

不完全竞争市场结构是最常见的。在不完全竞争市场上,每个企业都在市场上具有一定的垄断力,但它们之间又存在激烈的竞争,造成这种市场结构的原因是产品的差异。它具有以下特点:生产者众多,各种生产资料可以流动;生产的产品同种但不同质,即产品之间存在着差异。产品的差异性是指各种产品之间存在着实际或想象上的差异。这是垄断竞争与完全竞争的主要区别;由于产品差异的存在,生产者可以树立自己产品的信誉,从而对其产品的价格有一定的控制能力。

可以看出,不完全竞争行业中有大量企业,但没有一个企业能有效地影响其他企业的行为。这一特征决定了这类企业的分化较大。对于那些生产规模大、质量好、服务优、品牌知名度高的企业在同行业中具有较强的竞争能力,受此影响,其经营业绩一般较好且相对稳定,投资风险相对较小。如制成品的市场一般都属于这种类型。

3. 寡头垄断市场

寡头垄断市场结构是指相对少量的生产者在某种产品的生产中占据很大市场份额的情形。其特点是企业数量较少,但产量很大;进入该行业的门槛较高,一般为资金密集型或技术密集型,往往由于资金、技术等因素限制了新企业的进入,因而,个别企业对其产品价格有较强的控制能力,如汽车制造、飞机制造、钢铁冶炼等行业。

4. 完全垄断市场

完全垄断市场结构是指独家企业生产某种特质产品的情形。特质产品是指那些没有或缺少相近替代品的产品。完全垄断可以为两种类型:一是政府完全垄断,如国有铁路、邮电等部门;二是私人完全垄断,如根据政府授予的特许专营或根据专利生产的独家经营以及由于资本雄厚、技术先进而建立的排他性的私人垄断经营。它具有以下特点:由于市场被独家企业所控制,产品没有或缺少合适的替代品,因此垄断者能够根据市场的供需情况制定理想的价格和产量,以获取最大的利润;垄断者在制定产品的价格与生产数量方面的自由性是有限制的,要受到反垄断法和政府管制的约束。

在现实经济生活中,公用事业(如发电厂、煤气公司、自来水和邮电通信等)和某些资本、技术高度密集型或稀有金属矿藏的开采等行业属于这种完全垄断的市场类型。

(二)经济周期与行业分析

经济周期变化一般会对行业的发展产生影响,但影响的程度不尽相同。根据经济周期与行业发展的相互关系,可将行业划分为以下三种类型。

1. 增长型行业

增长型行业的发展一般与经济周期的变化没有必然的联系。这些行业较快的发展速度主要依靠技术进步、新产品的开发和更优质的服务。在经济高涨时,它的发展速度通常高于平均水平;在经济衰退时期,它所受影响较小甚至仍能保持一定的增长。例如,在过去的几十年内,计算机和打印机制造业就是典型的成长型行业。投资者对高增长的行业十分感兴趣,主要是因为这些行业对经济周期波动来说,提供了一种财富的"套期保值"的手段,且选择该行业进行投资可以分享行业增长的利益。

2. 周期型行业

周期型行业的运动状态直接与经济周期相关。当经济处于上升时期,这些行业会紧随其扩张;当经济衰退时,这些行业也相应跌落。产生这种现象的原因是,当经济上升时,对这些行业相关产品的购买相应增加。例如消费品业、耐用品制造业及其他需求的收入弹性较高的行业。

3. 防守型行业

防守型行业的特征是受经济周期的影响小,它们的商品往往是生活必需品或是必要的公共服务,公众对它们的商品有稳定的需求,因而行业中有代表性的公司盈利水平相对也较稳定。这些行业往往不因经济周期变化而出现大幅度变动,甚至在经济衰退时也能取得稳步发展。食品业和公用事业就属于这一类行业。

了解经济周期与行业的关系,是为了使投资者认清经济循环的不同表现和不同阶段,顺势选择不同行业进行投资。当经济处于上升、繁荣阶段时,投资者可选择投资周期型行业证券,以谋取丰富的资本利得;当经济处于衰退阶段时,投资者可选择投资防守型行业证券,可获得稳定的适当的收益,并可减轻所承受的风险。

(三)行业生命周期分析

通常,每个产业都要经历一个由成长到衰退的发展演变过程。这个过程便被称为行业的生命周期。一般来说,行业的生命周期可分为四个阶段,即初创期、成长期、成熟期和衰退期。

1. 初创期

在行业初创期,由于新行业刚刚诞生或初建不久,只有为数不多的创业公司投资于这个行业,且创业公司的研究和开发费用较高,而大众对其产品尚缺乏全面了解,产品市场需求狭小,市场风险很大;营业收入较低,财务状况较差,甚至出现较大亏损;信用的不足又使创业公司缺乏强劲的资本基础,还可能因财务困难而引发破产风险。因此,初创期是一个风险大、收益小的时期,期间的主要风险为技术风险和市场风险。例如,美国的网络股雅虎(Yahoo),其股价曾以每笔交易上扬几十美元的速度上涨,最高价达200多美元,但此时其业绩尚处于亏损状态。这种价格的大幅扬升没有其业绩基础,因此,其风险很大。初创期产业的风险较大,因而其投资必然是投机性的,证券价格的大幅波动不可避免,如雅虎又曾在一个交易日内下跌数十美元。初创期企业更适合投机者和创业投资者。

2. 成长期

成长期是产业发展的黄金时代。在成长期,企业的生产技术逐渐形成,产业的发展已得到普遍认可,市场急剧扩张,销售收入迅猛增长,而技术的成熟化、产品的多元化和标准化使成本大幅度降低。因而,处于此阶段的产业不仅业绩优良,而且高速成长。但产业内部发展并不均衡,资本、技术实力雄厚且营销管理水平较高的大公司处于竞争的有利地位,而规模较小,管理、营销水平不高的中小公司则相对不利,常常倒闭或被兼并。因而成长期的主要风险在于管理风险和市场风险。

处于成长期的产业由于利润快速成长,因而其证券价格也呈现快速上扬趋势。由于证券价格的上涨有业绩为基础,所以这种证券价格的上扬是明确的,并且具有长期性质。证券价格也会因对未来成长的过度预期和对这种过度预期的纠正而出现中短期波动。另外,由于在产业快速成长的同时产业内部会出现厂商之间的分化,相应地,证券价格也表现为在某一成长性产业的证券价格快速上涨的同时,个别证券却表现不佳。

3. 成熟期

行业的成熟期是一个相对较长的时期。当产业处于成熟期时,市场规模虽然有可能在成长,但增速已缓甚至负增长,产品价格通常已趋稳定,同时降低成本的空间也已十分有限,因而产业的利润进入一个稳定期。此时,产业的垄断局面已经形成,垄断利润非常丰厚,而技术风险和市场风险已基本消除。因此,成熟期的风险较小、收益较高。

处于成熟期的产业是蓝筹股的集中地。由于处于成熟期的产业垄断已经形成,产业发展的空间已经不大,所以产业快速成长的可能性已经很小,但一般能保持适度成长,而且垄断利润丰厚。所以,其证券价格一般呈现稳步攀升之势,大涨和大跌的可能性都不大,颇具长线持筹的价值。

4. 衰退期

处于衰退期的产业,即使还健在,也只能维持正常的利润水平。因此,对衰退型产业的业绩是不应该寄予厚望的。衰退型产业面临的最大问题是它的市场正在被新产品、新产业一点点地分割,因而尽管衰退型产业内部的竞争压力并不大,但来自其他产业的竞争压力并不小,这毕竟是一个资本净流出的产业。由此可见,衰退期产业的主要风险是生存风险,但产业内部的风险较小,同时收益也小。

在很多情况下,行业的衰退期往往比行业生命周期的其他 3 个阶段的总和还要长,大量的行业都是衰而不亡,甚至会与人类社会长期共存,例如,钢铁业、纺织业在衰退,但是人们却看不到它们的消亡。因此,行业生命周期分析并非适用于所有行业,有的行业的产品是生活和生产不可缺少的必需品,有漫长的生命周期,有的行业则由于高科技含量,需要高额成本、专利权和高深的知识来阻碍其他厂商的进入和竞争,但行业生命周期分析仍然适用于大部分行业。

行业生命周期不同阶段的特征显示其不同风险水平与盈利水平,有利于把握产品及其行业未来的发展趋势。行业生命周期分析对投资者而言,关键在于帮助投资者选择合适的投资对象和投资时机。

(四)影响行业发展的主要因素

1. 政府的影响

政府的影响作用是相当广泛的。实际上,各个行业都要受到政府的管理,只是程度不同而已。如果政府要鼓励某一行业的发展,通过补贴、税收优惠、保护某一行业的附加法规等措施来实现。结果这些措施对刺激该行业的股价上涨都起到了相应的效果。相反,如果政府在考虑到生态、安全、企业规模和价格因素后要对某些行业实施限制时,如对该行业的融资进行限制,提高该行业的公司税收等,这会加重该行业的负担,并对行业的短期业绩产生了副作用,结果使该行业股票价格下跌。

政府实施管理的主要行业是:公用事业、运输部门和金融部门。另外,政府除了对这些关系到国计民生的重要行业进行直接管理外,通常还制定有关的反垄断法来间接地影响其他行业。

2. 技术因素的影响

目前,人类社会所处的时代正是科学技术日新月异的时代,不仅新兴科学不断涌现,而且理论科学向实用技术的转化过程大大缩短,速度大大加快,直接而有力地推动了工业的迅速发展和水平的提高。二战后工业发展的一个显著特点是,新技术在不断地推出新行业的同时,也在不断地淘汰旧行业。如大规模集成电路计算机代替了一般电子计算机,通信卫星代替了海底电缆等。这些新产品在定型和大批量生产后,市场价格大幅度地下降,从而很快就能被消费者所使用。上述这些特点使得新兴行业能够很快地超过并代替旧行业,或严重威胁原有行业的生存。

3. 产业组织创新

推动产业形成和产业升级的重要力量就是产业组织创新,产业组织创新包括持续的技术创新和服务创新。

缺乏产业组织创新的行业,如我国20世纪末期的建筑业、纺织业等,由于技术壁垒较低,市场竞争以价格竞争为主,其行业平均利润水平较低,缺乏增长潜力。产业组织创新活跃的行业主要有计算机行业、生物医药行业和通信行业,这些行业的新技术和新产品不断涌现,使其能够获得超额创新利润。

4. 社会倾向的影响

由于工业化给社会与环境所带来的种种负面影响,当今社会消费者和政府越来越强调经济行业所应负担的社会责任。特别是在西方国家,这种日益增强的社会意识对许多行业已经产生了明显的作用。在发展中国家也正日益受到重视,如大众环保意识的觉醒则推动了环保产业的迅速发展。防止环境污染,保持生态平衡目前已经成为工业化国家的一个重要的社会趋势,因此与保护生态平衡相关的一些行业会不断产生并得到迅速发展。

5. 相关行业变动因素的影响

相关行业变动对股价的影响一般表现在三个方面:

(1) 如果相关行业的产品是该行业生产的投入品,那么相关行业产品价格上升,就会造成该行业的生产成本提高,利润下降,从而股价会出现下降趋势;相反的情况在此也成立,如钢材价格上涨,就可能会使生产汽车的公司股票价格下跌。

(2) 如果相关行业的产品是该行业产品的替代产品,那么若相关行业产品价格上涨,就会提高对该行业产品的市场需求,从而使市场销售量增加,公司盈利也因此提高,股价上升；反之亦然，如茶叶价格上升，可能对经营咖啡制品的公司股票价格产生利好影响。

（3）如果相关行业的产品与该行业生产的产品是互补关系，那么相关行业产品价格上升，对该行业内部的公司股票价格将产生不利反应。如1973年石油危机爆发后，美国消费者开始偏爱小汽车，结果对美国汽车制造业形成相当大的打击，其股价大幅下跌。

第三节 证券投资的公司分析

在进行了行业分析后，投资者对投资某行业进行了选择，但每一行业又有许多企业，这些企业在规模大小、实力强弱、经营好坏、盈利多寡等方面存在着千差万别，因此还需要对该行业的企业进行分析，以便从中挑选出最合适的投资对象，以期获得最佳的投资效益。宏观经济分析判断宏观经济环境，中观的行业分析选择投资领域，微观的公司分析确定具体投资对象。

一、公司基本素质分析

（一）公司竞争地位分析

公司竞争实力的强弱和公司的生存能力、盈利能力有密切关系，投资者一般都乐意投资于具有强大竞争实力的公司。在市场经济的激烈竞争中，公司要始终立于不败之地，主要依靠雄厚的资金实力、规模经营的优势、先进的技术水平、优异的产品质量和服务、高效的经营管理等条件。下面从以下几个方面进行公司竞争地位分析。

1. 行业地位分析

行业地位分析，是找出公司所处行业竞争地位，如是否是领导企业，在价格上是否具有影响力，有没有竞争优势等。企业的行业地位决定了其盈利能力是高于还是低于行业平均水平，决定了其行业的竞争地位。衡量公司行业竞争地位的主要指标是产品的市场占有率和行业综合排序。市场占有率指标是公司市场营销战略的核心。

2. 公司经济区位分析

经济区位，即经济地理范畴上的经济增长极或经济增长点及其辐射范围，是资本、技术和其他经济要素高度集聚并且经济发展快速的地区。上市公司的投资价值与区位经济的发展密切相关，处在经济区位内的上市公司，一般具有较高的投资价值。上市公司区位分析的内容，主要包括：

（1）区位内的自然和基础条件。自然和基础条件包括矿产资源、水资源、能源、交通、通信设施等。可以分析上市公司的经营条件对区位内的自然和基础条件的依赖程度。例如，如果矿产资源有限，则以该矿产资源为主要劳动对象的上市公司的发展前景就不太乐观。

（2）区位内政府的产业政策和其他相关的经济支持。如果区位内的上市公司的主营业务是属于当地政府产业政策支持的范围，则上市公司就会获得诸多政策支持，对上市公司的进一步发展有利。

（3）区位内的比较优势和特色。区位内的比较优势和特色是相对区位而言的，主要包括经济发展环境、经济发展条件和经济发展水平等方面的比较优势和特色。处于具有比较优势和特色区位内的上市公司更具竞争力。

3. 主营业务收入及市场占有率

在激烈的市场竞争中,公司竞争优势的确立主要依靠雄厚的资金实力、规模经营的优势、先进的技术水平、优异的产品质量和服务、高效的经营管理等条件,而竞争实力的强弱又集中表现在公司的主营业务收入和产品市场占有率指标上。

(1) 主营业务收入。公司年销售收入的大小是衡量一个公司在同行业中相对竞争优势的重要指标。一般来说,主营业务越突出,年销售额越大,表明公司的竞争优势地位越强。主营业务收入在整个行业中排在前几名的公司属于该行业的领导型企业,这类企业的销售收入往往在市场同类产品中占有很大份额甚至长期居于支配地位,具有明显的竞争优势;而小型公司则可能在激烈的市场竞争中消亡。判断一个公司的竞争地位还必须从其主营业务收入的增长率来考察公司的发展前景,只有那些既有相当规模又能长期保持销售收入迅速增长的公司才能保持在本行业的领导、支配地位,才能真正具有竞争优势,否则有可能被其他更有发展潜力的公司所取代。

一般来说,在其他条件相同的情况下,公司若能保持稳步的销售额和销售增长率,则公司的盈利水平也能稳定或稳步增长,股息派发相应稳定,投资者面临的投资风险大为降低。通常公司销售收入的稳定程度和增长程度与公司所在行业的性质有很大关系。

(2) 市场占有率。市场占有率是指一个公司的产品销售量占该类产品整个市场销售总量的比例。产品的市场占有率在衡量一个公司的竞争力方面占有重要的位置,通常从以下两个方面进行考察。

公司产品销售市场的地域分布情况。从这一角度可将公司的销售市场划分为地区型、全国型和世界范围型。市场地域的范围能大致地估计一个公司的经营能力。

公司产品在同类产品市场上的占有率。市场占有率是对公司的实力和经营能力的较精确的估计。市场占有率越高,表明公司的经营能力和竞争能力越强,公司的销售和利润水平越好、越稳定。

(二) 技术水平和产品的竞争能力

技术水平和产品的竞争力是确定企业竞争优势的关键。

1. 公司的技术水平

决定公司竞争地位的首要因素在于公司的技术水平。在现在企业中,企业新产品的研究与开发能力是决定企业竞争成败的关键因素,因此企业一般都确定了占销售额一定比例的研究开发费用,这一比例的高低往往体现企业的新产品开发能力。产品的创新包括研制出新的核心技术,开发出新一代产品,研究出新的工艺,降低现在的生产成本等,从而提高企业的核心竞争能力。

2. 产品分析

(1) 产品的竞争能力分析。如果一个公司具备了成本优势、技术优势、质量优势,其产品的竞争优势就会得到确立。成本优势是指公司的产品依靠低成本获得高于同行业其他企业的盈利能力。企业的技术优势是指企业拥有的比同行业其他竞争对手更强的技术实力及其研究与开发新产品的能力。质量优势是指公司的产品以高于其他公司同类产品的质量赢得市场,从而取得竞争优势。不断提高公司产品的质量是提升公司产品竞争力行之有效的方法。

(2) 产品的市场占有率。分析公司的产品市场占有率,可从以下两个方面进行。公司的产品销售市场的地域分布,看其是属于地区型还是全国型或是世界型的。市场分布越广,说明公司的经营能力越强;公司产品销售量占该类产品整个市场销售总量的比例。该比例越高说明公司的经营能力和竞争力越强。

(3) 品牌战略。品牌竞争是产品竞争的深化和延伸。在产业发展进入成熟阶段时,品牌成为决定公司竞争力的重要因素。品牌具有创造市场、联合市场和巩固市场的功能。分析上市公司品牌,主要看其有无品牌战略及其品牌前景如何等。

(三) 公司成长性分析

公司成长性分析包括公司经营战略分析和公司规模变动特征及扩张潜力分析。

1. 公司经营战略分析

经营战略是在符合和保证实现企业使命的条件下,在充分利用环境中存在的各种机会和创造新机会的基础上,确定企业同环境的关系,规定企业从事的经营范围、成长方向和竞争对策,合理地调整企业结构和分配企业的资源。由于经营战略决策直接牵涉企业的未来发展,其决策对象是复杂的,所面对的问题常常是突发性的、难以预料的。因此对公司经营战略的评价比较困难,难以标准化。

在进行分析时,可以通过收集公开信息、到公司调查走访等途径了解公司的经营战略,考察和评估公司高级管理层的稳定性及其对公司经营战略的可能影响,分析公司的投资项目、财力资源、人力资源等是否适应公司经营战略的要求,对照公司的竞争地位分析公司的经营战略是否适当等。

2. 公司规模变动特征及扩张潜力分析

公司规模变动及扩张潜力一般与其所处的行业发展阶段、市场结构、经营战略密切相关,它是从微观方面具体考察公司的成长性。通过分析公司规模的扩张动力来自供给推动还是来自需求拉动,公司是靠技术进步还是靠其他因素实现扩张等;通过比较公司历年的销售、利润和资产规模等数据判断公司的发展趋势是加速发展还是稳步扩张或停滞不前;通过将公司的销售、利润、资产规模等数据及其增长率与行业平均水平比较及与主要竞争对手的数据比较,了解公司行业地位的变化。另外,通过分析,预测公司主要产品的市场前景及公司的投资和筹资能力来分析公司的扩张潜力。

二、公司财务分析

(一) 财务分析的主要依据

财务分析是运用适当的方法,对公司的财务报表以及相关资料中的数据进行分析,从而评估公司的经营状况,并预测公司未来发展前景的分析工具。上市公司定期公布的财务报表是财务分析信息的主要来源和依据。上市公司的财务报表中,最重要的是资产负债表、利润表和现金流量表。

1. 资产负债表

资产负债表是反映公司在一特定日期的财务状况的静态报表。它根据"资产＝负债＋股东权益"会计平衡式编制,反映了公司资产、负债和股东权益之间的平衡关系。资产负债表由资产和负债两个部分组成。报表的左边列示了公司的各项资产:流动资产、长期资产、固定资产和无形资产、其他资产,反映了公司现有的或其他公司所占用的财产,通过对上列各大项资产的分析、比较,我们可以了解公司资产增减变动主要是由哪些资产造成的,并进一步对其各子项进行分析,判断造成变动的原因。报表右边列示了负债和股东权益,其中负债包括流动负债和长期负债,反映了公司应支付的各种债务;股东权益包括公司的创业资本和历年留存利润,反映了公司资产在支付了全部负债后的公司净资产。通过对负债和股东权益的分析,投资者可以了解公司经营资金的来源性质和独立性,即内部形成(股东权益)或外部形成(借入资金和应付款),也可以了解资金来源的稳定性(长期负债或短期负债、自有资金)。

2. 利润表

利润表(损益表)是反映公司在某一时段内发生的收支和盈利状况的动态报表,它反映了公司的经营情况、盈利能力和经营趋势。利润表主要列示了公司每期收入、成本(费用)及净利润。其利润按来源分为三大块,即经营性利润、投资收益、营业外收益,通过对其构成的分析,投资者可以判别公司盈利的稳定性。

3. 现金流量表

现金流量表是反映公司一定时期经营活动、筹资活动、投资活动对现金流量所产生影响的报表。通常,经营活动现金净流量反映了公司主营业务上的现金净流入和净流出,以此来判别公司主营业务的现状;筹资活动现金净流量反映了公司借入资金和归还本息的情况;而投资活动现金净流量则反映了公司的对外投资或收回投资本息。投资者通过分析三者之间固有的联系,可以判断该公司的经营状况和财务情况,预测公司未来的现金流量。

(二)基本的财务比率分析

财务比率分析简称比率分析,就是通过将两个有关的会计项目数据相除所得到的各种财务比率来揭示同一张会计报表中不同项目之间或不同会计报表的有关项目之间所存在的逻辑关系的一种分析技巧。

1. 短期偿债能力

任何一家企业要想维持正常的生产经营活动,手中必须持有足够的流动资产,如现金、银行存款等,以支付各种到期的费用账单和其他债务,而最能反映企业短期支付能力的是建立在对流动资产和流动负债关系的分析之上的流动比率和速动比率。

(1)流动比率

流动比率反映流动资产和流动负债之间的关系,并用于衡量公司短期偿债能力的高低。其计算公式为:

$$流动比率 = \frac{流动资产}{流动负债}$$

公司的短期负债需用流动资金来偿还,此项比率越高,表示公司的偿债能力越强。但比率过高,却反映出公司的流动资金过剩,尤其是在应收账款增多或库存积压商品增多时,说明公司资金使用效率较低。一般生产企业,该指标在2左右;而在以现金收入为主的零售业、餐饮业,可以适当降低此比率。

（2）速动比率

速动比率是反映公司速动资产与流动负债关系的指标。速动资产包括现金、银行存款、应收账款、应收票据、有价证券,是指能迅速变现的资产,在剔除了不能迅速变现的存货后,其计算公式为：

$$速动比率 = \frac{流动资产 - 存货}{流动负债}$$

正常的速动比率为1,如果此比率过低,表示公司的短期偿债能力较差。

（3）现金比率

现金比率是现金类资产与流动负债的比率。现金类资产是指货币资金和现金等价物。其计算公式为：

$$现金比率 = \frac{现金 + 现金等价物}{流动负债}$$

现金比率反映公司随时可以还债的能力。现金比率越高,反映公司直接支付能力越强。如果现金比率达到1,这意味着公司即使不动用其他资产如存货、应收账款等,仅凭手中的现金就足以偿还流动负债了。但是,一般情况下公司不可能也不必要保留过多的现金类资产。将资产过多停留在现金上,虽然提高了公司的偿债能力,却增加了公司资金的机会成本,并使公司盈利能力受影响。

现金比率对公司偿债能力的分析应与流动比率、速动比率结合起来,孤立地分析这一指标意义不大。

2. 长期偿债能力比率

长期偿债能力指企业偿还长期负债能力,通常以反映债务与资产、净资产的关系的负债比率来衡量长期偿债能力。

（1）资产负债率

资产负债率是企业负债总额对资产总额的比率。它表明企业资产总额中,债权人提供资金所占的比重,以及企业资产对债权人权益的保障程度。这一比率越小,表明企业的长期偿债能力越强。其计算公式如下：

$$资产负债率 = \frac{负债总额}{资产总额}$$

资产负债率也表示企业对债权人资金的利用程度。对企业所有者来说,如果此项比率较大,表示利用较少的自有资本投资,形成较多的生产经营资产,不仅扩大了生产经营规模,而且在经营状况良好的情况下,还可以利用财务杠杆的原理,得到较多的投资利润。但如果这一比率过大,则表明企业的债务负担重,企业资金实力不强,对债权人不利。企业资产负债率过高,债权人的权益就有风险,一旦资产负债率超过1,则说明企业资不抵债,有濒临倒闭的危险,债权人将受损失。因此所有者在利用资产负债率制定借入资本决策时,必须充分估计可能增加的风险,在二者之间权衡利害得失,做出正确决策。

(2) 权益比率

权益比率又称净值比率,是指公司股东权益与资产的比率。其计算公式为:

$$权益比率 = \frac{股东权益总额}{资产总额} \times 100\%$$

根据"资产=负债+股东权益"的平衡等式可知:

$$负债比率 + 权益比率 = 1$$

权益比率越高,表明公司长期偿债能力越强;权益比率越低,表明公司长期偿还债务的能力越低。

(3) 产权比率

产权比率是负债总额与所有者权益之间的比率,它反映企业投资者权益对债权人权益的保障程度。其计算公式如下:

$$产权比率 = \frac{负债总额}{股东权益}$$

产权比率高,是高风险、高报酬的财务结构;产权比率低,是低风险、低报酬的财务结构。产权比率越低,表明企业的长期偿债能力越强,债权人权益的保障程度越高,承担的风险越小。

(4) 有形资产净值债务率

有形资产净值债务率是指企业负债总额与有形资产净值之比。有形资产净值是股东权益减去无形资产净值,即股东具有所有权的有形资产的净值。其计算公式为:

$$有形资产净值债务率 = \frac{负债总额}{股东权益 - 无形资产净值} \times 100\%$$

有形资产净值债务率实际上是负债与股东权益比率的延伸,是更为谨慎地反映公司清算时债权人投入资本受到股东权益的保障程度。上式中之所以扣除无形资产净值,是因为专利权、商标权、非专利技术、商誉等无形资产不一定能用来偿债。从长期偿债能力来讲,该比率越低越好。

(5) 长期负债比率

长期负债比率是指公司长期负债对总资产的比率。其计算公式为:

$$长期负债比率 = \frac{长期负债}{资产总额}$$

长期负债比率反映了公司的总资产对长期负债的负担能力。长期负债比率越高,表明公司总资产对长期负债的负担越重,公司经营对长期资本的依赖性越强,公司长期债务的偿还压力越大,债权人的风险越高;反之,长期负债比率越低,表明公司长期债务的偿还压力越小,债权人的风险越低。

（6）已获利息倍数

已获利息倍数，是指企业生产经营所获得的利息税前利润与利息费用的比率。它是衡量企业偿付负债利息能力的指标。其计算公式如下：

$$已获利息倍数 = \frac{利息税前营业利润}{利息费用}$$

已获利息倍数足够大，公司就有充足的能力偿付利息，否则相反。因此，债权人要分析利息保障倍数指标，来衡量债权的安全程度。

3. 运营能力分析

应收账款和存货是可转化为现金的资产，转化的时间长短直接影响公司短期偿债能力。因此，我们必须关注应收账款周转率、存货周转率，以便能更全面地反映企业财务的流动性，正确分析企业的运营能力。

（1）应收账款周转率和应收账款平均收账期

应收账款周转率，这是评估企业流动资产周转状况的比率之一，是分析企业应收账款变现速度的一个重要指标。其计算公式为：

$$应收账款周转率 = 销售收入 / 平均应收账款$$

$$应收账款周转天数 = \frac{360 天}{应收账款周转率}$$

这两个财务指标反映了公司特定期间回收应收账款的速度和效率。

应收款项周转率越高，说明公司在短期内收回货款、利用营运产生的资金支付短期债务的能力越强；反之，应收款项周转率越低，表明公司短期债务偿还能力越低。

应收款项周转天数数值越大，表明公司收回货款所需的时间长，利用营运产生的资金偿付短期债务的能力越低；反之，应收款项周转天数越短，表明公司短期偿债能力越高。

例如，A 公司 2016 年销售收入净额 1 000 万元，应收账款平均余额 100 万元，则应收账款周转率为 10 次，这说明公司的应收账款转化为现金的平均次数为 10 次，其流动性很强。假定同期行业应收账款周转率的平均次数为 8.66 次，相比之下，A 公司回收应收账款的效率较高。

（2）存货周转率和存货平均周转期

存货周转率是销货成本与商品存货之间的比率，它是衡量企业销售能力强弱和存货是否过量的指标，同时，也是反映企业将存货转换为现金的速度的一个重要指标。其计算公式为：

$$存货周转率 = \frac{销货成本}{平均存货}$$

$$存货周转天数 = \frac{360 天}{存货周转率}$$

存货周转率快，表示存货量适度，存货积压和价值损失的风险相对降低，存货所占资金使用效益高，企业变现能力和经营能力强。但存货周转率与企业生产经营周期有关。

生产经营周期短,表示无须储备大量存货,故其存货周转率就会相对加速。因此在评价存货周转率时,应考虑各行业的生产经营特点。同时,应关注存货内部构成比例的变化,有必要分别按产成品、在成品和原材料计算各自的周转率。

存货周转天数越长,表明存货周转一次平均所需的时间越长,存货积压的风险相对增大,公司通过销售实现的营运资金偿还短期债务的能力越弱;反之,存货周转天数越短,表明公司资金营运能力越强,则短期偿债能力也越强。

(3) 总资产周转率

总资产周转率又称投资周转率,是指销售收入与平均资产总额的比值。如果公司的资产总额中包含无形资产,则应作相应扣除,即以销售收入与平均有形资产总额相除。其计算公式为:

$$总资产周转率 = \frac{销售收入}{平均资产总额}$$

式中的"平均资产总额"是资产负债表中"资产总计"的年初数与期末数的平均数。

总资产周转率说明公司投资的每一元钱在一年之内可产生多少销售额,从总体上反映了公司利用资产创造收入的效率。该比率越高,表明公司投资发挥的效率越大,公司利润率也越高;反之,则说明资产利用程度低,投资效益差。但是总资产周转率在不同行业之间几乎没有可比性,资本密集程度越高的行业总资产周转率越低。

(4) 固定资产周转率

固定资产周转率是指公司在一定时期(通常为一年)内销售收入与固定资产平均净值的比率。其计算公式为:

$$固定资产周转率 = \frac{销售收入}{固定资产平均净值}$$

固定资产周转率越高,说明固定资产的利用效率越高,单位固定资产创造的销售收入越多。

(5) 流动资产周转率

流动资产周转率是指销售收入与全部流动资产的平均额的比值。其计算公式为:

$$流动资产周转率 = \frac{销售收入}{平均流动资产}$$

式中的"平均流动资产"是资产负债表中"流动资产"期初数与期末数的平均数。

流动资产周转率反映的是流动资产的周转速度。周转速度快,会相对节约流动资产,等于相对扩大资产投入,增强企业盈利能力;而较慢的周转速度,需要补充流动资产参与周转,会形成资金浪费,降低盈利能力。

4. 企业盈利能力

盈利能力就是企业赚取利润的能力。赚取利润是企业存在的首要目标,因而对企业盈利能力的分析至关重要。在盈利分析中,相对数比绝对数更有意义,更能反映资产运用的结果及企业的经营绩效。反映企业盈利能力的指标很多,我们在此介绍传统的三项指标:总资产报酬率、净资产收益率、销售利润率。

(1) 总资产报酬率

总资产报酬率是指企业一定时间内获得的报酬总额与企业平均资产总额的比率。它是反映企业资产综合利用效果的指标,也是衡量企业利用债权人和所有者权益总额所取得盈利的重要指标。其计算公式为:

$$总资产报酬率 = \frac{净利润}{资产平均总额}$$

资产平均总额为年初资产总额与年末资产总额的平均数。总资产报酬率比率越高,表明资产利用的效益越好,整个企业获利能力越强。

(2) 净资产收益率

净资产收益率又称股东权益收益率,是净利润与平均所有者权益的比值,它反映企业自有资金的投资收益水平,即反映股东权益的收益水平。其计算公式为:

$$净资产收益率 = \frac{净利润}{平均所有者权益}$$

净资产收益率反映所有者投资的获利能力,该比率越高,说明所有者投资带来的收益越高。其与总资产利润率不同的是:总资产利润率是从所有者和债权人两方共同考察整个企业盈利水平,而净资产利润率是从所有者角度来考察企业盈利水平高低的。

(3) 销售毛利率

销售毛利率是销售毛利与销售收入净额之比,其中销售毛利是销售收入与销售成本的差额。其计算公式为:

$$销售毛利率 = \frac{销售收入 - 销售成本}{销售收入净额}$$

一般说来,销售毛利率越大,说明在销售收入中,销售成本所占的比重就越小,产品的获利能力就越高。如果企业的毛利率过低,公司就不能盈利或盈利太少。

(4) 销售净利率

销售净利率是指利润总额占销售收入净额的百分比,表示每一元销售收入净额获取净利润的能力。其计算公式为:

$$销售净利率 = \frac{净利润}{销售收入净额}$$

净利润,在我国会计制度中是指税后利润。该指标反映每一元销售收入带来的净利润是多少,表示销售收入的收益水平。从计算公式看,净利润与销售净利率成正比关系,而销售收入与销售净利率成反比关系。企业在增加销售收入的同时,必须相应获得更多的利润,才能使销售净利率保持不变或提高。通过该指标的分析,可以促使公司在扩大销售的同时,注意改进经营管理,提高盈利水平。

(5) 主营业务利润率

主营业务利润率是指公司主营业务利润与主营业务收入的比率。其计算公式为:

$$主营业务利润率 = \frac{主营业务利润}{主营业务收入}$$

主营业务利润率反映公司主营业务的获利能力。该指标值越高,表明公司主营业务突出,发挥稳定,在竞争中的优势明显。

5. 投资收益分析

(1) 每股收益

每股收益是指普通股税后利润,其反映企业普通股股东持有每一股份所能享有企业利润或承担企业亏损的业绩评价指标。其计算公式为:

$$每股收益 = \frac{净利润}{流通股总股数}$$

每股收益是衡量上市公司盈利能力最重要的财务指标。在分析时,可以进行公司间的比较,以评价该公司相对的盈利能力;可以进行不同时期的比较,了解该公司盈利能力的变化趋势;可以进行经营实施和盈利预测的比较,掌握该公司的管理能力。

(2) 市盈率

市盈率代表投资者为获得的每一元利润所愿意支付的价格。它一方面可以用来证实股票是否被看好,另一方面也是衡量投资代价的尺度,体现了投资该股票的风险程度。其计算公式为:

$$市盈率 = \frac{每股市价}{每股收益}$$

例如,招商银行 2012 年末的每股收益为 1.04 元,2013 年 2 月 1 日收盘价为 33.16 元,市盈率为:

$$市盈率 = \frac{33.16}{1.04} = 31.9(倍)$$

市盈率是投资决策的重要参考依据。通常,绩优蓝筹股的每股收益高,市盈率则相对较低,投资风险相对较小,其适合于以追求高分红为主要目的的稳健型投资者;而处于成长阶段的公司,其每股收益较低,市盈率则相对较高,投资风险相对较大,其适合于以追求高速资本增值为主要目的的积极型投资者。

市盈率分析有一定的局限性,因为股票市价是一个时点数据,而每股收益则是一个时段数据,这种数据口径上的差异和收益预测的准确程度都为投资分析带来一定的困难。同时,在判断市盈率高低时还应当把流通盘的大小考虑进去。市盈率低的股票,流通盘往往很大,也就是说,流通市值(股票价格×流通盘)并不小。由于流通市值大,若想控盘需要大量资金,一般中小机构难以入驻做庄,所以这类股票大多长时间蛰伏在底部,这类股票很适合中小投资者进行中长线投资。在底部介入的投资者只要能"捂",往往持股一年半载也会有 30% 以上的收益。市盈率高的股票,流通盘往往很小,也就是说,流通市值并不大。由于流通市值不大,若想控盘并不需要大量资金,一般中小机构乐于驻庄,所以这类股票一旦被庄家所控盘,便会出现暴发性上升行情,善于投机者往往热衷于介入这类股票做短线,但"吃套"、"割肉"的可能也很大。

(3) 每股净资产

每股净资产反映企业普通股股东持有每一股份所拥有的净资产额。其计算公式为:

$$每股净资产 = \frac{净资产}{流通股总股数}$$

每股净资产反映了普通股每股所代表的股东权益。该指标值越大,表明普通股每股所代表的权益额越大;该指标值越小,表明普通股每股所代表的股东权益额越小。

(4) 市净率

市净率是指股票价格与每股净资产的比例。市净率反映了市场对于上市公司净资产经营能力的溢价判断。计算公式为:

$$市净率 = \frac{每股市价}{每股净资产}$$

市净率的比例大于1时,表明上市公司每一元的净资产可以高于1元的价格进行交易。

(5) 股利发放率

股利发放率是指普通股股东所分得的股利与可供普通股股东分配的净利的比率,即普通股每股股利与普通股每股收益的比率。其计算公式为:

$$股利发放率 = \frac{普通股每股股利}{普通股每股收益}$$

股利发放率是衡量普通股股东实际分得股利的财务指标。该指标值越高,表明普通股股东从每股的全部收益中分得的部分越多。公司股利发放率的高低取决于公司的股利分配政策,以及公司对资金的需求情况。对单独的普通股投资人来讲,在短期时间内,股利发放率较每股盈余有更实际的意义。

本 章 小 结

证券投资分析是证券投资管理的一个重要组成部分,其主要内容可分为基本分析和技术分析两大类。本章主要内容是证券投资的基本分析。

基本分析的重点是揭示证券的内在价值,它可分为宏观因素分析、行业分析和公司分析三个部分。宏观分析是以宏观经济因素、市场因素、政策因素、政治因素为研究对象,通过分析各因素对证券市场的影响程度,来判断证券市场的价格运行趋势;行业分析的内容包括行业的市场结构、行业生命周期、行业景气度、政府的产业政策、技术因素、社会倾向等,通过上述分析来确定国民经济中的优势行业,从而为选择投资对象打下基础;公司分析的内容包括公司基本素质分析和财务分析,分析的目的是为了正确评估公司的内在价值,为证券投资提供合适的投资目标。

本章练习题

一、名词解释

国内生产总值 通货膨胀 经济周期 货币政策 法定存款准备金率 公开市场业务 垄断竞争市场 寡头垄断市场 行业生命周期 增长型行业 周期型行业 防御型行业 杜邦分析法 流动比率 速动比率 资产负债率 存货周转率 应收账

款周转率 净资产收益率 每股营业现金流 市盈率 市净率

二、单项选择题

1. 在基本分析中,对于利率波动的分析属于(　　)。
   A. 宏观经济分析　　　　　　　　B. 行业分析
   C. 公司分析　　　　　　　　　　D. 以上都不对

2. 属于典型的防守型行业的是(　　)。
   A. 计算机行业　　　　　　　　　B. 汽车产业
   C. 食品行业　　　　　　　　　　D. 家电行业

3. 市场利率变动与股价的变动相关,从理论上说,其关系是(　　)。
   A. 利率提高,股价不变　　　　　B. 利率提高,股价下跌
   C. 利率下降,股价不变　　　　　D. 利率下降,股价下跌

4. 某股票的市场价格为12元,每股税后利润为0.6元,则该股票的市盈率是(　　)。
   A. 6　　　　　B. 12　　　　　C. 20　　　　　D. 24

5. 基本分析的缺点主要有(　　)。
   A. 考虑问题的范围相对较窄
   B. 对市场长远的趋势不能进行有益的判断
   C. 预测的时间跨度太短
   D. 预测的时间跨度相对较长,对短线投资者的指导作用比较弱;同时,预测的精确度相对较低

三、多项选择题

1. 基本分析的内容主要包括(　　)。
   A. 宏观经济分析　　　　　　　　B. 行业分析
   C. 公司分析　　　　　　　　　　D. 行情数据分析
   E. 区域分析

2. 影响行业兴衰的主要因素有(　　)。
   A. 技术进步　　　　　　　　　　B. 政府政策
   C. 产业组织创新　　　　　　　　D. 消费水平
   E. 社会习惯的改变

3. 按照行业与经济增长的关系,可以将行业分为(　　)。
   A. 增长型行业　　　　　　　　　B. 衰退型行业
   C. 周期型行业　　　　　　　　　D. 进攻型行业
   E. 防守型行业

4. 反映公司盈利能力的指标有(　　)。
   A. 主营业务利润率　　　　　　　B. 主营业务收入增长率
   C. 销售净利率　　　　　　　　　D. 存货周转率
   E. 存货周转率

5. 反映公司偿债能力的指标有（　　）。
A. 流动比率　　　　　　　　　　B. 速动比率
C. 利息支付倍数　　　　　　　　D. 应收账款周转率和周转天数
E. 股东权益比率

四、思考题
1. 简述国家一般是如何通过财政政策和货币政策对于证券市场施加影响。
2. 简述影响证券市场中宏观经济运行、宏观经济政策以外的其他宏观因素。
3. 简述影响行业兴衰的因素。
4. 根据行业分析的基本方法，选取某一行业对其投资价值进行剖析，并给出投资建议。
5. 为什么产业的证券市场表现与业绩水平并不一一对应？
6. 简述公司分析中公司基本素质分析的主要内容。
7. 为什么要用速动比率指标测试公司资产的流动性？
8. 如何理解财务状况分析的局限性。
9. 简述公司财务分析中市盈率和市净率分析。

第十二章 证券投资技术分析

【学习目标】
- 掌握技术分析的假设条件、要素和理论分类；
- 熟悉K线理论；
- 熟悉切线理论；
- 熟悉形态理论；
- 熟悉波浪理论；
- 熟悉技术指标。

第一节 技术分析概述

证券投资技术分析是指直接对证券市场的市场行为所作的分析，以证券市场过去和现在的行为为分析对象，运用数学和逻辑的方法，探索出一些典型的规律，并据此预测证券市场的未来变化趋势，从而决定证券投资时机的分析方法。证券投资技术分析作为一种常用的分析方法，其理论经过上百年的发展和完善，已经得到了实践的验证。目前，其不仅应用于证券市场，还广泛地应用于外汇市场、期货市场和其他金融市场。但是，由于它是以一定的假设为理论依据，以历史数据为信息基础，以经验总结而非缜密逻辑为分析思路，导致其在实际运用中可能出现对长期趋势判断无效以及"骗线"现象等情况，因此，技术分析具有一定的内在局限性，必须和基本分析结合使用，才能更好地用于指导证券投资实践。

一、证券投资技术分析的基本假设

技术分析的理论基础是基于三项合理的市场假设条件，即市场行为涵盖一切信息、价格会沿着一定的趋势运行、历史会在相似的背景下重演。

（一）市场行为涵盖一切信息

这一假设是进行技术分析的基础。技术分析者认为由市场自身不断演进的价格已经包容了所有信息，影响股票价格的每一个因素（包括内在的和外在的）都反映在市场行为中，不必过多地关心影响股票价格的具体因素。如果不承认这一前提条件，技术分析所得到的任何结论都是无效的。

这条假设是有一定合理性的。任何一个因素对股票市场的影响最终都必然表现在股票价格的变动上。外在的、内在的、基础的、政策的和心理的因素，以及别的影响股票价格的所有因素，都已经在市场的行为中得到了反映。作为技术分析方法的应用者，不必关注具体导致股票价格变动的原因究竟是什么，只需关心股票价格的变动本身将带来的结果。即根据股票价格的变动来预测市场的走势。同样，技术分析在通过研究市场行为来预测市场价格变动的趋势时，也不关注市场行为形成的原因，只需关注市场行为会给价格带来怎样的影响。

（二）价格沿趋势移动

这一假设是进行技术分析最根本、最核心的因素，技术分析的全部目的就是搞清市场价格变动的趋势。技术分析者认为股票价格的变动是有一定规律的，股票价格有保持原来方向运动的惯性。而证券价格的运动方向是由供求关系决定的，证券价格的变动反映了一定时期内供求关系的变化，一旦确立了供求关系，证券价格的变动趋势就会延续，只要供求关系不发生大的变化，证券价格的走势就不会发生反转。

这条假设是有一定合理性的。因为供求关系决定价格这一客观规律普遍存在于市场经济中。只有运用各种方法发现和揭示这一规律，才能对证券投资活动进行有效的指导。

（三）历史会重复

这条假设是从投资者的心理因素方面考虑的。投资者认为市场上进行具体买卖的是人，是由人来决定最终的操作行为。如果某个投资者在某种情况下，运用一种方法操作取得了成功，那么以后遇到相同或相似的情况，必然会采取同一方法进行操作。反之，如果上一次操作失败，则在下一次操作中必然会吸取教训，不会按照上一次的方法操作。某个市场行为或价格形态会给投资者留下刻骨铭心的印象，在进行技术分析时，一旦遇到与过去相同或相似的情况，应与过去的结果进行比较，从而给未来做出预测提供参考。

这条假设也是有一定的合理性的。因为投资者的心理因素会影响投资行为，进而影响证券价格的运行。

技术分析的三大假设有合理的一面。第一条肯定了研究市场行为就意味着全面考虑了影响股价的所有因素；第二和第三条使得我们能够找到规律并将其应用于股票市场的实际操作之中。但是这三大假设也有其不尽合理的一面。如市场行为涵盖一切信息，但市场行为反映的信息只体现在股票价格的变动之中，同原始的信息毕竟有差异，信息的漏损是必然的，所以市场行为涵盖一切信息也只是理想状态。正因为如此，在进行技术分析的同时，还应进行基本面分析，以弥补技术分析的不足。同时，一些基本因素虽然会通过供求关系来影响证券价格和成交量，但是证券价格的内在价值是制约其变动的决定因素。另外，股票市场的影响因素错综复杂，市场行为千变万化，即使历史有相似之处，但绝不是简单的重复，差异总是存在的，不可能有完全相同的情况重复出现，即历史不一定会完全重演。

二、证券投资技术分析的要素

证券投资技术分析中的要素是价格、成交量、时间和空间，这四大因素的具体情况和相互关系是进行正确投资技术分析的基础。

(一)价格和成交量是市场行为最基本的表现

市场行为最基本的表现反映在价格和成交量上。过去和现在的价格、成交量涵盖了过去和现在的市场行为。技术分析就是利用过去和现在的价格和成交量资料,以图形分析和指标分析工具来分析、预测未来的市场走势。正因如此,价格和成交量成为技术分析的基本要素。在某一时点上的价格和成交量反映的是买卖双方在这一时点上共同的市场行为,是双方的暂时均势点。随着时间的变化,均势会随之不断变化,这就是价量关系的变化。

一般而言,买卖双方对价格的认同程度通过成交量的大小得到确认。认同程度大,分歧小,成交量小;认同程度小,分歧大,成交量大。双方的这种市场行为反映在价格和成交量上就往往呈现出这样一种趋势规律:价升量增,价跌量减。根据这一趋势规律,当价格上升时,成交量不再增加,意味着价格得不到买方的确认,价格上升的趋势就会减弱;反之,当价格下降时,成交量萎缩到一定程度不继续萎缩,意味着卖方不再认同价格继续下降,价格下降的趋势将有可能发生变化。价格和成交量的这种规律关系是技术分析的合理性所在。因此,价格和成交量是技术分析的基本要素,是市场行为的最基本的表现。

(二)时间和空间是市场潜在能量的表现

时间和空间在技术分析中同样具有不可或缺的作用,二者也是技术分析的基本要素。技术分析中,时间是指完成某个过程所经过的时间长短,通常是一个波段或一个升降周期所经过的时间。空间是指价格波动的范围。投资者对市场运行的分析,主要集中在证券价格有可能在何时出现上升或下降以及证券价格有可能会上升或下降到什么位置。

时间更多地与循环周期理论相联系,反映价格波动的内在规律以及事物发展周而复始的特点,体现了市场潜在能量由小变大及由大变小的过程。空间反映的是价格发生变动程度的范围,体现了市场潜在的上升或下降的能量的大小。当上升或下降的幅度越大的时候,市场潜在能量就越大;反之,当上升或下降的幅度越小的时候,市场潜在能量就越小。

(三)成交量与价格趋势的关系

(1)股价随着成交量的递增而上涨,为市场行情的正常特征,此种量增价涨关系,表示股价将继续上升。

(2)在一波段的涨势中,股价随着递增的成交量而上涨,突破前一波的高峰,创下新高后继续上涨,然而此波段股价上涨的整个成交量水准却低于前一波段上涨的成交量水准,股价突破创新高,成交量却没突破创新水准,则此波段股价涨势令人怀疑,同时也是股价趋势潜在的反转信号。

(3)股价随着成交量的递减而回升,股价上涨,成交量却逐渐萎缩,成交量是股价上涨的原动力,原动力不足显示股价趋势潜在反转的信号。

(4)有时股价随着缓慢递增的成交量而逐渐上涨,浅浅地走势突然成为垂直上升的喷发行情,成交量急剧增加,股价暴涨。但随之而来的是成交量大幅萎缩,同时股价急速下跌。这种现象说明涨势已到末期,上升乏力,走势力竭,显示出趋势反转的现象。反转的程度将视前一波股价上涨幅度的大小及成交量扩增的程度而定。

(5) 在一波段的长期下跌,形成谷底后股价回升,成交量并没有因股价上涨而递增,股价上涨欲振乏力,然后再度跌落至先前谷底附近,或高于谷底,当第二谷底的成交量低于第一谷底时,是股价上涨的信号。

(6) 股价下跌,向下跌破股价形态趋势线或移动平均线,同时出现大成交量,是股价下跌的信号,预示趋势反转形成空头市场。

(7) 恐慌性卖出之后,往往是空头的结束。

(8) 当市场行情持续上涨很久,出现急剧增加的成交量,而股价却上涨乏力,在高档盘旋,无法再向上大幅上涨,显示股价在高档大幅震荡,卖压沉重,从而形成股价下跌的因素。股价连续下跌之后,在低档出现大成交量,股价却没有进一步下跌,价格仅小幅变动,是进货的信号。

(9) 成交量作为价格形态的确认。如果没有成交的确认,价格形态将是虚的,其可靠性也相对差一些。

(10) 成交量是股价的先行指标。关于股价和成交量的趋势,一般而言,成交量是价格的先行者。当成交量增加时,价格迟早会跟上来;当价格升而成交量不增时,价格迟早会掉下来。从这个意义上,我们往往说"价是虚的,只有量才是真实的"。

(四) 时间、空间与价格趋势的一般关系

对于时间长的周期,今后价格的变化过程也应该长,价格变动的空间也应该大。对于时间短的周期,今后价格的变化过程也应该短,价格变动的空间也应该小。一般地说,时间长、波动空间大的过程,对今后价格趋势的影响和预测作用也大;时间短、波动空间小的过程,对今后价格趋势的影响和预测作用也小。

三、证券投资技术分析的理论基础

道氏理论是证券投资技术分析的理论基础。这一理论的创始人是查尔斯·道(美),为了反映市场总体的变动趋势,他与爱德华·琼斯(美)创立了著名的道琼斯平均价格指数。他声称其理论并不是用于预测股市,甚至不是用于指导投资者,而是一种反映市场总体趋势的晴雨表。他在《华尔街日报》上发表的有关股票市场的文章,经过后人的整理,成为道氏理论。其主要思想体现在以下四个方面:

(1) 市场平均价格指数可以解释和反映众多投资者的综合市场行为。这是道氏理论对证券市场的重大贡献。目前,世界上所有的证券交易所都有自己的价格指数,其计算方法大同小异,目的都是为了反映市场总体的运行情况。

(2) 市场运行主要有三种趋势,即主要趋势、次级趋势和短期趋势。主要趋势是指持续时间在一年或一年以上的股价变动趋势;次级趋势主要是指持续时间在三周至三个月的股价变动趋势,是对主要趋势的调整;短期趋势是指持续时间不超过三周的股价变动趋势,其波动幅度很小。三种趋势的划分为后来的波浪理论奠定了基础。

(3) 成交量可以对基本趋势做出判断。趋势的反转特点是进行投资的关键,成交量所提供的信息有助于投资者作出正确的判断。

(4) 收盘价格是最重要的价格。该理论认为,在所有的价格中,收盘价最为重要,尤其是技术指标的公式多是采用收盘价。

道氏理论作为技术分析的理论基础,许多技术分析方法的基本思想都来自于该理论。但是该理论有一定的局限性:第一,该理论注重长期趋势,而对短暂趋势甚至是次要趋势的判断作用并不大。第二,该理论的信号太迟,可操作性较差。原因在于该理论的结论都落后于市场,信号滞后。第三,该理论对选股没有帮助。它认为股市指数的收盘价和波动情况反映了一切市场行为,股市指数代表了群众心态和市场行为的总和,在选择个股方面,其无法对投资者提供帮助。虽然该理论有一定的局限性,但是后来市场上一些新的技术分析方法对该理论作出了必要的有益的补充。

四、证券投资技术分析理论与方法的分类

一般而言,目前将证券投资技术分析理论与方法分为以下六类:

(一) K 线理论

K 线图是进行各种技术分析的最重要的图表。K 线的研究方法侧重于若干天的 K 线组合情况,推测股票市场中多空双方力量的对比,进而判断证券市场行情的方法。人们经过不断地经验总结,发现了一些对证券市场股票买卖有意义的 K 线组合,而且新的研究结果也在不断地推陈出新。

(二) 切线理论

该理论是按照一定的方法和原则,在根据股票价格数据所绘制的图表中画出一些直线,进而对股票价格的未来趋势作出判断和预测,为投资决策提供参考。这些直线叫做切线,对股价的运行起着支撑和压力的作用,如趋势线、轨道线、黄金分割线等。

(三) 形态理论

该方法是根据价格图表中过去一段时间的运行轨迹来预测股票价格的未来趋势。市场行为包括一切信息。价格运行轨迹的形态是市场行为的重要部分,是证券市场对一段时间的各种信息消化之后的具体表现。从价格轨迹的形态中,可以推测出市场股票价格运行所处的阶段,进而对股票买卖提供决策依据和参考。市场中著名的形态有双顶(底)、头肩顶(底)、三重顶(底)、圆弧顶(底)等。

(四) 波浪理论

该理论认为股票的价格运动遵循波浪起伏的规律,简单地说,上升是五浪,下跌是三浪。数清楚波浪的数目就能准确地预测股价跌(涨)势已近尾声,牛(熊)市即将来临。波浪理论相对于其他技术分析方法,最大的区别是能提前很长时间预测到行情的底和顶,而别的方法往往要等到新的趋势已经确立之后才能看到。但是,波浪理论又是公认的最难掌握的技术分析方法,原因在于,在数浪的时候极易发生偏差,大浪套小浪,浪中有浪,在数浪的时候很容易发生偏差。但是该理论对市场运行进行事后验证具有较好的效果。

(五) 技术指标

该理论是根据市场行为的各个方面,运用数学的方法,建立一个计算公式,计算反映

市场某方面内在实质的指标值。指标值反映的内容大多是无法从行情报表中直接观察到的,它可以为投资者的投资提供指导方向。常见的技术指标有 MA、MACD、KDJ、OBV、RSI、BIAS、PSY 等。

五、证券投资技术分析应注意的问题

(1) 技术分析必须与基本分析结合起来使用,才能提高其准确度,否则,单纯的技术分析是不全面的。

(2) 注意多种技术分析方法的综合运用,切忌片面使用某一种技术分析结果。

(3) 技术分析有许多"技术分析死角",因此常常有错误信号发生或信号不灵敏。前人的结论和别人的结论要经过自己通过实践验证后才能放心地使用。

(4) 在特殊的大行情中,任何技术分析工具都可能失效。

第二节 技术分析主要理论与方法

一、K 线理论

K 线又称为日本线、蜡烛线或阴阳线,是目前使用最广泛的图形。K 线起源于日本古代的米市,主要用来记录米市的行情与价格波动,后经引用至股票市场,目前已经形成一整套 K 线分析理论,是专门用来研究 K 线的形状和组合的重要方法。

(一) K 线的画法

K 线由三部分组成:实体、上影线和下影线,并包含四个重要价格:开盘价、收盘价、最高价和最低价。开盘价和收盘价之间用长方形表示称为"实体"。当收盘价高于开盘价时,实体部分用红色(或空心)绘制,称为阳线;当收盘价低于开盘价时,实体部分用黑色(或涂黑)绘制,称为阴线。阳线中,实体上方最高价与开盘价之间的部分称为上影线;实体下方开盘价与最低价之间的部分称为下影线。阴线中,最高价与开盘价之间的部分称为上影线;收盘价与最低价之间称为下影线。如图 12-1 所示。

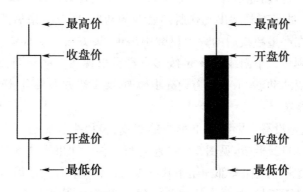

图 12-1 K 线基本形状

一根 K 线记录的是某一只股票一天的价格变动情况,将每天的 K 线按时间顺序排

列起来,就组成该只股票自上市以来每天的价格变动情况,称作日K线图。同样道理,根据不同的时间周期,可以画出5分钟K线、15分钟K线、30分钟K线、60分钟K线、周K线、月K线等。分时K线和日K线反映短期价格变动的趋势,周K线和月K线反映长期价格变动趋势。

K线代表买卖双方力量的对比,如果最高价和最低价相差悬殊,说明当时股票交易活跃,买卖双方争夺异常激烈。但是最高价和最低价容易被故意做市而脱离实际。为了避免被人为操纵,我国股市开盘价采用集合竞价的方式产生;收盘价作为最重要的价格,沪市采用最后一分钟的加权平均价,深市最后三分钟采用集合竞价产生。如果以阳线报收,说明买方力量占优;以阴线报收,说明卖方力量占优。

(二) K线的形状

根据K线四个价格的特殊取值,除了图12-1中的基本形状外,K线还有其他几种形状,如图12-2所示。

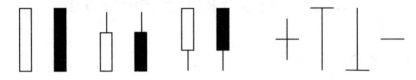

图12-2　K线的其他形状

K线图能充分显示买卖双方力量的对比,股价趋势的强弱,从而预测未来的股价变动趋势。

应用单根K线预测股价的变动,主要从阴线和阳线、实体和影线的长短、等方面进行。一般而言,指向一个方向的影线越长,越不利于股价今后向这个方向变动;当上下影线相对实体较短时,可忽略影线的存在。阴线实体越长,越有利于下跌;阳线实体越长,越有利于上涨。现就常见的具有典型意义的单根K线分析如下:

1. 光头光脚阳线

光头光脚阳线是没有上影线和下影线的阳线,即该证券当日交易一开盘就是最低价,而收盘收在最高价,因此也称为秃线,见图12-2左起第一种。如果实体部分较长,则称为大阳线。该K线形态经常出现在脱离底部的初期,回调结束后的再次上涨,及高位拉升阶段,有时也在严重超跌后的大力反弹中出现,买方占绝对优势,空方毫无抵抗;如果实体部分较短,则称为小阳线。该K线形态经常出现在上涨初期、回调结束或盘整的时候,上下价位窄幅波动,表示买方力量逐步增加,买卖双方多头力量暂时略占优势。

2. 光头光脚阴线

光头光脚阴线是没有上影线和下影线的阴线,表示一日交易中,开盘价即为当日最高价,收盘价即为当日最低价,见图12-2左起第二种。如果实体部分较长,则称为大阴线。该K线形态经常出现在头部开始下跌初期,反弹结束后或最后打压过程中,表示空方走势强劲,多方毫无抵抗;如果实体部分较短,则称为小阴线。该K线形态经常出现在下跌初期、横盘整理或反弹结束时,表示卖方力量有所增加,空方力量略占优势。

3. 光脚阳线

光脚阳线是只有上影线的阳线,开盘价即为最低价,见图12-2左起第三种。开盘后,买方占据明显优势,股票价格不断盘升,表示上升势头很强,但在高价位处多空双方有分歧,股价下跌,最终仍以阳线报收。实体部分越长,上影线越短,说明买方力量越强;实体部分越短,上影线越长,说明卖方具有一定的反击能力,但仍以失败告终。

4. 光脚阴线

光脚阴线是只有上影线的阴线,收盘价即为最低价,见图12-2左起第四种。开盘后,买方稍占据优势,股票价格出现一定涨幅,但上档抛压沉重。空方趁势打压,使股价最终以阴线报收。实体部分越长,上影线越短,说明卖方力量越强;实体部分越短,上影线越长,说明买方虽然做出了反击,但仍以失败告终。

5. 光头阳线

光头阳线是只有下影线的阳线,收盘价即为最高价,见图12-2左起第五种。开盘后,卖方力量较大,但在低价位上受到买方的反抗,卖方受挫,价格向上推过开盘价,最终以最高价报收。实体部分越长,下影线越短,说明买方力量越强;实体部分越短,下影线越长,说明盘中卖方具有一定的反击能力,但仍以失败告终。

6. 光头阴线

光头阴线是只有下影线的阴线,开盘价即为最高价,见图12-2左起第六种。开盘后卖方力量特别大,价位一路下跌,但在低价位上遇到买方的支撑,后市可能会反弹。实体部分越长,下影线越短,说明卖方力量越强;实体部分越短,下影线越长,说明盘中买方虽然做出了反击,但仍以失败告终。

7. 十字形

十字形是只有上下影线,没有实体的图形,见图12-2右起第四种。开盘价即为收盘价,表示在交易中,股价出现高于或低于开盘价成交,但收盘价与开盘价相等。其中:上影线越长,表示卖压越重;下影线越长,表示买方旺盛。通常在股价高位或低位出现十字线,可称为转机线,意味着出现反转。

8. T字形

T字形,又称蜻蜓线,因外观类似英文字母"T"而得名,见图12-2右起第三种。开盘价与收盘价相同,当日交易全部以开盘价以下价位成交,又以当日最高价(即开盘价)收盘。表示卖方虽强,但买方实力更大,局势对买方有利,是市场转折的信号,有较强看涨意义。

9. 倒T字形

倒T字形,又称塔形或墓碑线,开盘价与收盘价相同,当日交易全部以开盘价以上价位成交,又以当日最低价(即开盘价)收盘,见图12-2右起第二种。表示买方虽强,但卖方更强,买方无力再挺升,总体看卖方稍占优势,是市场转折的信号,有较强的看跌意义。

10. 一字线

一字线也称四值同价线,即当日开盘价、收盘价、最高价和最低价均为同一个价位,说明该股成交量较少,常见于一开盘就涨停或跌停的个股,而且由于极度看涨或极度看空导致单边买盘或卖盘,几乎找不到交易对手,常见于有突发消息的个股,见图12-2右起第一种。

(三) K线组合

K线组合形态有很多种,下面主要介绍几种常见的反转形态的K线组合。

(1) 早晨之星

早晨之星(即黎明之星、晨星或希望之星),出现在行情下跌趋势的末端,在一根小实体K线(通常为阴线,上下影线和实体较短,也可能是小十字星)之后,出现一根向上跳空的阳线。小实体K线出现当日,成交量严重萎缩,即"地量地价"。预示着行情跌势将尽,大盘处于拉升的前夜,行情即将摆脱下跌的阴影,逐步走向光明。如图12-3(1)所示。

(2) 黄昏之星

黄昏之星(即暮星),出现在行情上升趋势的末端,在一根小实体K线(通常为阳线,上下影线和实体较短,也可能是小十字星)之后,出现一根向下跳空的阴线。小实体K线出现当日,成交量急剧放大,即"天量天价"。预示着行情涨势将尽,市场趋势已经见顶,卖出时机悄然来临。如图12-3(2)所示。

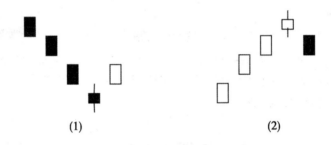

图12-3 早晨之星和黄昏之星

(3) 射击之星

射击之星通常出现在行情上升趋势的末端,在连续阳线上攻后,出现一根实体部分较短(阴线或阳线无关紧要)并且向上跳空的K线,没有下影线,只有较长上影线,其长度通常是实体的2~3倍,虽然市场以较高的价格收盘,但是上涨乏力,如果下一个交易日的开盘价低于射击之星实体,潜在的反转趋势可能形成。如图12-4所示。

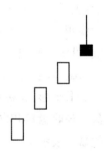

图12-4 射击之星

(4) 锤头

锤头通常出现在行情下跌趋势的末端,在连续的阴线杀跌后,出现一根实体部分较短(阴线或阳线无关紧要)的K线,没有上影线,只有较长下影线,其长度通常是实体的2~3倍,具有较强的趋势反转向上的信号。如图12-5(1)所示。

(5) 吊颈

吊颈通常出现在行情上升趋势的末端,在连续的阳线上攻后,出现一根实体部分较短(阴线或阳线无关紧要)的K线,没有上影线,只有较长下影线,其长度通常是实体的2~3倍,具有较强的趋势反转向下的信号。如图12-5(2)所示。

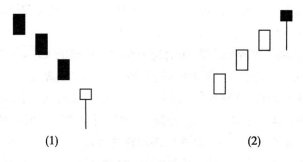

图 12‑5　锤头和吊颈

(6) 乌云盖顶

乌云盖顶的 K 线组合形态通常出现在行情上升趋势的末端，前一天的 K 线是长阳线，第二天的 K 线是长阴线，而且开盘价高于前一天的最高价，收盘价高于前一天的开盘价，但低于前一天 K 线实体的二分之一。预示着顶部已经形成，潜在的反转趋势即将到来。如图 12‑6 所示。

图 12‑6　乌云盖顶

(7) 两阳夹一阴

两阳夹一阴属上升中继形态，是指在上升途中一根阴线夹在两根阳线中间，主力震荡洗盘的图形，如图 12‑7 所示。

两阳夹一阴是常见的上升形态，表示股价在盘升过程中不断遭到卖方打压，但逢低介入的买方众多，股价回档有限，且顽强上涨。擅长短线操作的投资者可利用冲高和回档之际做短差，但前提是不能丢掉筹码。

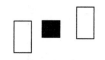

图 12‑7　两阳夹一阴

(8) 两阴夹一阳

两阴夹一阳属下跌抵抗形态，是指在下跌途中一根阳线夹在两根阴线中间，主力震荡出货的图形，如图 12‑8 所示。

两阴夹一阳是常见的下跌形态，表示股价在下跌过程中不断受到买方抵抗，但逢高出货者众多，股价反弹高度有限，且跌势不止。投资者应利用反弹机会逢高卖出，等股价跌到底部后，再重新进场承接。

图 12‑8　两阴夹一阳

二、切线理论

（一）趋势线

1. 趋势的含义和类型

趋势是股价波动的方向，或者说是证券市场运动的方向。如果确定了一段上升或者下降的趋势，股价的波动就会沿这个方向移动，并保持这种趋势。趋势的方向有三类：上升方向，如果 K 线图中股价波动的峰和谷都高于前面的峰和谷，即股价低点逐步抬高，则称趋势为上升方向；下降方向，如果 K 线图中股价波动的峰和谷都低于前面的峰和谷，即股价高点逐步降低，则称趋势为下降方向；水平方向，如果 K 线图中股价波动的峰和谷都和前面的峰和谷基本处于水平位置,没有明显的高低之分,几乎呈水平延伸,则称趋势为水平方向。

根据道氏理论,按照趋势运行时间的长短和波动幅度的大小,将趋势分为三类:

(1) 主要趋势。是趋势的主要方向,是投资者必须弄清楚的。了解了主要趋势才能做到顺势而为。主要趋势是股价波动的大方向,一般持续时间最长,波动幅度最大。

(2) 次要趋势。是在主要趋势运行过程中的暂时调整。一般持续时间和波动幅度次于主要趋势。趋势不会一成不变,总有局部调整的过程。

(3) 短暂趋势。是在次要趋势运行过程中的暂时调整。一般持续时间最短,波动幅度最小。

2. 趋势线

(1) 趋势线的含义

趋势线是在图形上每一个波浪顶部最高点间,或每一个谷底最低点间的直切线。在上升趋势中,将两个低点连成一条直线,就得到上升趋势线;在下降趋势中,将两个高点连成一条直线,就得到下降趋势线。如图12-9所示。

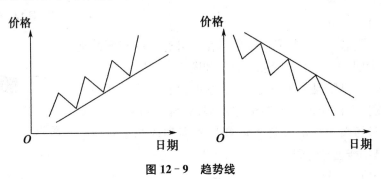

图 12-9 趋势线

由图中看出上升趋势线起支撑作用,下降趋势线起压力作用,也就是说,上升趋势线是支撑线的一种,下降趋势线是压力线的一种。

(2) 趋势线的画法

连接一段时间内价格波动的高点或低点可画出一条趋势。在上升趋势中,将相继出现的调整低点连接成一条直线,即构成上升趋势线,它位于相应的价格曲线的下部;在下降趋势中,将相继出现的高点连接成一条直线,就是下降趋势线,它一般位于相应的价格曲线的上部。

要正确地画出趋势线,还需要注意以下三点:

① 必须找出现有的股价波动趋势。如果股价波动的峰和谷高于前一个峰和谷,那么行情正处于上升趋势;反之,处于下降趋势。

② 找出两个明显的低(高)点,连成一条向上(下)倾斜的直线,如果该直线不能包含某一趋势段中的所有价位,那么有必要再去寻找低(高)点来尝试,直到包含了所有价位为止。

③ 最好用第三个低(高)点来验证它的有效性。如果随后出现的调整低(高)点出现在该趋势线的上(下)方,则说明该趋势的有效性得到印证。如果趋势线受到的试探次数越多,持续的时间越长,则有效性越高。

(3) 趋势线的作用

① 对价格今后的变动起约束作用,使价格总保持在这条趋势线的上方(上升趋势线)或下方(下降趋势线)。实际上,就是起支撑和压力作用。

② 趋势线被突破后,就说明价格下一步的走势将要向相反的方向运行。越重要越有效的趋势线被突破,其转势的信号越强烈。被突破的趋势线原来所起的支撑和压力作用,现在将相互交换角色,即原来是支撑线的,现在将起压力作用,原来是压力线的现在将起支撑作用。如图 12-10 所示。

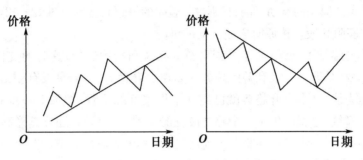

图 12-10 趋势线突破后的角色转化

(二) 支撑线和压力线

1. 支撑线和压力线的含义

支撑线又称为抵抗线,是指股价下降到某个价位附近时,价格停止下跌,甚至有可能还会回升,这是因为多方在此买入造成的。支撑线起到了阻止股价继续下跌的作用。如图 12-11 所示水平实线。

压力线又称为阻力线,是指当股价上升到某价位附近时,价格会停止上涨甚至回落,这是因为空方在此抛压造成的。压力线起到了阻止股价继续上升的作用。如图 12-11 所示水平虚线。

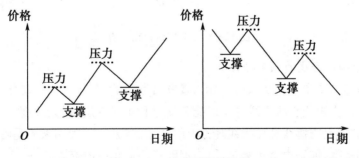

图 12-11 支撑线和压力线

支撑线和压力线的形成是由投资者的筹码分布、持仓成本以及投资者的心理因素所决定的。当股价下降到投资者的持仓成本附近,或股价从高位已经累计下降到一定程度,或股价下降到过去的最低价位区域时,会导致买盘大量增加,从而使股价在该位置形成支撑。当股价上升到某一个历史成交密集区,或当股价从低位上升到一定程度,或上升到过去的最高价位区域时,会导致大量解套盘和获利盘的抛出,从而使股价在该位置形成压力。

2. 支撑线和压力线的作用

(1) 阻止或暂时阻止股价向一个方向继续运动

股价的变动是有趋势的,要维持这种趋势,保持原来的运动方向,就必须冲破阻止其继续向前运行的障碍。如要维持上升趋势,就必须突破上升压力线的阻力和干扰,突破前期的高点,创造出新的高点;要维持下降趋势,就必须突破下降支撑线的阻力和干扰,突破前期的低点,创造出新的低点。由此可见,支撑线和压力线迟早会有被突破的可能,不足以长久地阻止股价保持原来的变动方向,只不过是暂时的停顿而已。如图12-12所示。

(2) 有彻底阻止股价按原有方向运动的可能

当一个趋势终结了,就不可能再创出新的高价和新的低价,这时的支撑线和压力线就显得异常重要,是取得巨大利益的地方。如在上升趋势中,如果没有创出新的高点,即行情未突破压力线,这个上升趋势就已经处于很关键的位置,如果下一步股价向下跌破上升趋势的支撑线,这就产生了一个趋势改变的强烈警告信号,通常这意味着,这一轮上升趋势已经结束,下一步的走向是向下跌的过程;如在下降趋势中,如果没有创造出新的低点,即行情未突破支撑线,这个下降趋势就已经处于很关键的位置,如果下一步股价向上突破下降趋势的压力线,这就产生了一个下降趋势将要结束的强烈信号,股价下一步将是上升趋势。如图12-12所示。

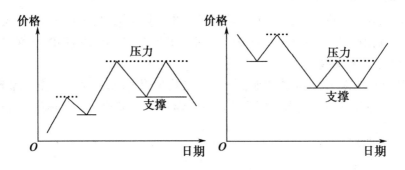

图12-12 支撑线和压力线

3. 支撑线和压力线的相互转化

支撑线和压力线主要是从人的心理因素方面考虑的,两者的相互转化也是从心理角度方面考虑的。支撑线和压力线之所以能起支撑和压力作用,很大程度是由于心理因素方面的原因,这就是支撑线和压力线理论上的依据。当然,心理因素不是唯一的依据,还可以找到别的依据,如历史会重复等,但心理因素是主要的理论依据。

证券市场中主要由多头、空头和旁观者构成。旁观者又分为持股者和持币者。假设股价在一个区域停留了一段时间后突破压力线向上移动,则在此支撑区域买进股票的多头和持股者为没有买进更多的股票而感到后悔;而在此支撑区域卖出股票的空头和持币者也意识到自己的错误,他们希望股价再跌回他们卖出的区域时,将他们原来卖出的股票补回来。而旁观者中的持股者的心情和多头相似,持币者的心情同空头相似。无论是这几种人中的哪一种,都有买入股票成为多头的愿望。此时,市场中的投资者都成为多头,伺机买入股票。这样只要股价回跌到原来的压力区域或者没有到压力区域,由于投资者大量买入股票,价格止跌回升,原来的压力线就转化为支撑线(如图12-13所示)。同样道理,支撑线也会转化为压力线。

由此可见,压力线一旦被突破,这条压力线就转化为支撑线;支撑线一旦被突破,这条支撑线就转化为压力线。这说明支撑线和压力线的地位是可以相互转化的,条件是它被有效的、伴有较大成交量的股价变动突破。

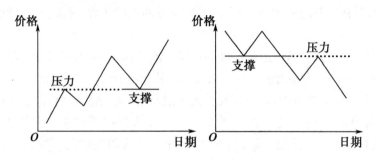

图12-13 支撑线和压力线的相互转化

(三) 轨道线

1. 轨道线的含义

轨道线又称通道线或管道线,是基于趋势线的一种支撑压力线。在已经得到了趋势线后,通过第一个峰和谷可以作出这条趋势线的平行线,这条平行线就是轨道线。在两条平行的阻力线与支撑线之间所形成的范围,可称之为"趋势轨道",也可分为"上升轨道"(上升趋势)与"下降轨道"(下降趋势)。如图12-14所示虚线。

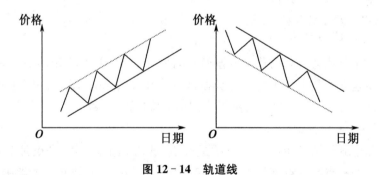

图12-14 轨道线

2. 轨道线的画法

在上升趋势中,先画出上升趋势线,然后从第一个明显的高点出发,用虚线作出一条趋势线的平行线,两条线共同构成一条上升通道,这条通道线也叫上轨线。如图12-12左图所示。

在下降趋势中,先画出下降趋势线,然后从第一个明显的低点出发,用虚线作出一条趋势线的平行线,两条线共同构成一条下降通道,这条通道线也叫下轨线。如图12-12右图所示。

3. 轨道线的作用

利用趋势轨道可以决定买卖点：

① 无论是在上升或下跌趋势轨道中，当股价触及上方的压力线时，就是卖出的时机；当股价触及下方的支撑线时，就是买进的时机。

② 若在上升趋势轨道中，发现股价突破上方的压力线时，证明新的上升趋势线即将产生。

③ 同理，若在下跌趋势中，发现股价突破下方的支撑线时，可能新的下跌趋势轨道即将产生。

④ 股价在上升行情时，一波的波峰会比前一波峰高，一波的波谷会比前一波谷高；而在下跌行情时，一波的波峰比前一波峰低，一波的波谷会比前一波谷低。

⑤ 处于上升趋势轨道中，若发现股价无法触及上方的压力线时，即表示涨势趋弱了。

需要说明的是，切线理论为投资者提供了很多价格移动可能存在的支撑线和压力线，这些直线有很重要的作用。但是，支撑线、压力线有被突破的可能，它们的价位只是一种参考，并不是万能的分析工具。

（四）黄金分割线

黄金分割是一个古老的数学方法。对它的各种神奇的作用和魔力，数学上至今还没有明确的解释，只是发现它屡屡在实践中发挥着我们意想不到的作用。

在技术分析中，有两种黄金分割线：一种是单点的黄金分割线；另一种是两点的黄金分割线。下面就简单地介绍一下如何通过计算得到黄金分割线，并如何利用他们进行证券投资。

应用黄金分割线的步骤是：

1. 记住以下几个特殊的数字

0.382　0.618　1.618　2.618　4.236

这几个数字是比较有名的黄金分割数，是使用黄金分割所要用的最为重要的数字。价格极易在由这5个数字产生的黄金分割线处产生支撑和压力。此外，还有如下数字：0.191　0.809　1.191　1.382　1.809　2.191　2.382　6.854。

2. 找到一个相对高（低）点

这个点是上升行情结束掉头向下的最高点，或者是下降行情结束掉头向上的最低点。当然这里的高点和低点都是指一定的范围，是局部的。只要我们能够确认一个趋势（无论是上升还是下降）已经结束或暂时结束，则这个趋势的转折点就可以作为进行黄金分割的点。

3. 计算黄金分割线的价位并画线

用找到的点的价格分别乘以上述黄金数字，就得到黄金分割线的位置。

例如，在上升行情开始调头向下时，我们极为关心这次下降将在什么位置获得支撑。黄金分割提供的是如下几个价位，它们是由这次上涨的顶点价格分别乘以上面所列特殊数字中小于1的数字。假设这次上涨的顶点是10元。则：

$$10 \times 0.809 = 8.09 \text{元} \quad 10 \times 0.618 = 6.18 \text{元}$$
$$10 \times 0.382 = 3.82 \text{元} \quad 10 \times 0.191 = 1.91 \text{元}$$

这几个价位极有可能成为支撑,其中 6.18 和 3.82 的可能性最大。

同理,在下降行情开始调头向上时,我们关心上涨到什么位置将遇到压力。黄金分割线提供的位置是这次下跌的低点价位乘以上面大于 1 的特殊数字。假设,这次下落的谷底价位为 10 元,则:

$$10 \times 1.191 = 11.91 \text{元} \quad 10 \times 1.382 = 13.82 \text{元} \quad 10 \times 1.618 = 16.18 \text{元}$$
$$10 \times 1.809 = 18.09 \text{元} \quad 10 \times 2.191 = 21.91 \text{元} \quad 10 \times 2.382 = 23.82 \text{元}$$
$$10 \times 2.618 = 26.18 \text{元} \quad 10 \times 4.236 = 42.36 \text{元}$$

这些价位将可能成为未来的压力位,其中 13.82、16.18 以及 42.36 成为压力的可能性最大。如图 12-15 所示。

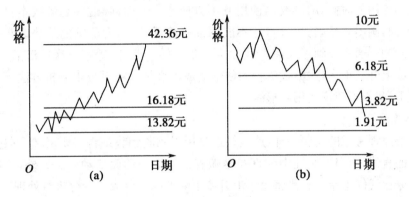

图 12-15 单点黄金分割线

以上黄金分割线的计算只用到了图形上的一个点,因此也称为单点的黄金分割。还有另外一种是用黄金分割线的方法,选择最高和最低点作为区间,以这个区间作为全长,然后在此基础上作黄金分割线,计算出反弹高度和回挡的深度。

(五) 其他切线

1. 扇形线

扇形线与趋势线有紧密的联系,初看起来像趋势线的调整,丰富了趋势线的内容,明确给出了趋势反转(不是局部短暂反弹)的信号。

趋势要反转必须突破层层阻碍,要反转向上,必须突破多条压在头上的压力线;要开始向下,必须突破多条横在下面的突破线。稍微的突破或短暂的突破都不能认为是反转的开始,必须消除所有阻止反转的力量,才能最终确认反转的来临。

扇形线原理是依据三次突破的原则。在上升趋势中,先以两个地点画出上升趋势线后,如果价格向下回挡,跌破了钢化的上升趋势线,则以新出现的低点与原来的第一个低点相连接,画出第二条上升趋势线。再往后,如果第二条趋势线又被向下突破,则同前面一样,用新的低点,与最初的低点相连接,画出第三条上升趋势线。依次变得越来越平缓的这三条直线形如张开的扇子,扇形线和扇形原理由此而得名。对于下降趋势也可如法炮制,只是方向正好相反。如图 12-16 所示。

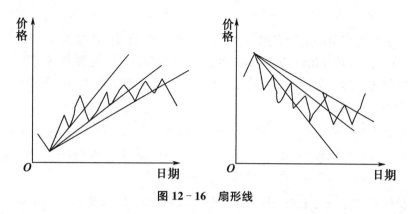

图 12-16 扇形线

扇形原理可以简单地叙述为:如果所画的三条趋势线一经突破,则趋势将反转。

在实际应用的时候,扇形线的使用并不方便。一方面,画这些趋势线本身就比较麻烦;另一方面,画出 3 条趋势线后,并不能保证趋势反转,因为所画的趋势线是否已经合理还是个问题。通常要画三条趋势线才会出现反转。此外,等第三次突破后,价格往往已经下降或上升了很多,这给投资者的使用造成了麻烦。在对技术分析方法了解不够深入的情况下,我们不建议使用扇形线。

2. 速度线

同扇形原理考虑的问题一样,速度线也是用以判断趋势是否将要反转,不过,它给出的是固定的直线,而扇形原理中的直线是随着价格的变动而变动的。另外,速度线又具有一些百分比线的思想。它是将每个上升或下降的幅度分成三等分进行处理。

速度线的画法分为两个步骤。第一步,找到一个上升或下降过程的最高点和最低点,然后将最高点和最低点的垂直距离三等分;第二步,连接高点(在下降趋势中)与 1/3 和 2/3 分界点,或连接低点(在上升趋势中)与 1/3 和 2/3 分界点,得到两条直线。这两条直线就是速度线。如图 12-17 所示。

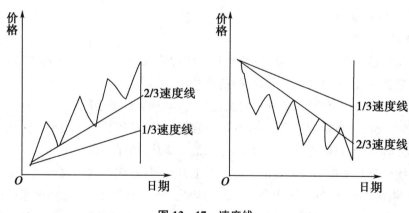

图 12-17 速度线

与别的切线不同,速度线有可能随时变动,一旦有了新高度或新低,则速度线将随之发生变动,尤其是新高和新低离原来的高点和低点相距很近时,更是如此,原来的速度线就一点用也没有了。

速度线一经被突破,其原来的支撑线和压力线的作用将相互转换,这也是符合支撑线和压力线一般规律的。

速度线最为重要的功能是判断一个趋势是被暂时突破还是长久突破(转势)。其基本的思想如下:

(1) 在上升趋势的调整之中,如果向下折返的程度突破了位于上方的 2/3 速度线,则价格将试探下方的 1/3 的速度线。如果 1/3 速度线被突破,则价格将一路上行,标志这一轮下降的结束,价格进入上升趋势。

(2) 在下降趋势的调整中,如果向上反弹的程度突破了位于下方的 2/3 速度线,则证券价格将是试探上方的 1/3 速度线。如果 1/3 速度线被突破,则价格将一路上行,标志这一轮下降的结束,价格进入上升趋势。

同扇形线一样,速度线的使用也是"高难度的"。画起来比较麻烦,而且经常变动。此外还可以想象,如果等到突破了 1/3 速度线才开始行动,那么一定不是"好的位置"和"好的时机"。这是没有办法的事情,一方面需要结论的准确,另一方面又需要"好的位置",实际中这样的好事可以说根本没有。对于不是专业研究速度线的投资者,建议不使用这个办法。

3. 甘氏线

甘氏线分上升甘氏线和下降甘氏线两种,它是由 William D. Gann 创立的一套独特理论。Gann,一般也被翻译成江恩,他是一位具有传奇色彩的证券技术分析大师。甘氏线就是他将百分比原理与几何角度远离结合起来的产物。甘氏线从一个点出发,依一定的角度,向后画出多条射线,所以,甘氏线包含了角度线的内容。

每条直线都有一定的角度,这些角度都与百分比线中的某些数字有关。每个角度的正切或余切分别等于百分比数中的某个分数(或者说是百分数)。

每条直线都有支撑和压力的功能,但是这里面最重要的是 1×1、2×1 和 1×2。其余的角度虽然在价格的波动中也能起一些支撑和压力作用,但重要性都不大,都很容易被突破。

画甘氏线的方法是首先找到一个点,然后以此点为中心按照不同的角度向上或向下画出数条射线。如图 12-18 所示。

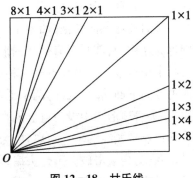

同其他趋势线的选点方法一样,被选择的点一定是显著的高点或低点,如果刚被选中的点马上被新的高点或低点取代,则甘氏线的选择也随之变更。如果是下降甘氏线,被选中的点应该是高点。甘氏线是比较早期的技术分析工具,在使用的时候会遇到以下两个问题。

图 12-18 甘氏线

(1) 受到技术图表使用刻度的影响,选择不同的刻度将影响甘氏线的作用。

(2) 甘氏线提供的不是一条或几条线,而是一个扇形区域,在实际应用中有相当的难度。对那些不是专业研究甘氏理论的投资者,最好不要使用甘氏线。

三、形态理论

股价的移动是由多空双方力量大小和所占优势大小决定的。如果多方占优势,则股价将向上移动;反之,如果空方占优势,则股价将向下移动。根据多空双方力量对比可能发生的变化,股价的移动应遵循这样的规律:第一,股价应在多空双方取得均衡的位置上下来回波动;第二,原有的平衡被打破以后,股价将寻找新的平衡位置。股价移动通常遵循如下的规律:保持平衡→打破平衡→寻找新的平衡→再打破平衡→再寻找新的平衡→……股价移动就是按照这样的规律循环往复,不断进行的。股市中的胜利者其收益通常来源于原来的平衡快要打破之前或者是在打破的过程中采取行动。如果在开始行动时原来的平衡已经被打破,新的平衡已经找到就为时已晚了。

股价的移动主要体现在保持平衡的持续整理以及打破平衡的突破的过程中,根据股价移动的规律,可以把股价移动的曲线形态分成两类:持续整理形态和反转突破形态。前者保持平衡,后者打破平衡。

(一)反转突破形态

反转突破形态是指股票价格改变原有的运行趋势所形成的运动轨迹。反转突破形态存在的前提是市场原先确有趋势出现,而经过横向运动后改变了原有的方向。反转突破形态的规模,包括空间和时间跨度,决定了随之而来的市场动作的规模,也就是说,形态的规模越大,新趋势的市场动作也越大。在底部区域,市场形成反转突破形态需要较长的时间,而在顶部区域,则经历的时间较短,但其波动性远大于底部形态。交易量是确认反转突破形态的重要指标,而在向上突破时,交易量更具参考价值。反转突破形态主要有头肩顶(底)形态、双重顶(底)形态、三重顶(底)形态、圆弧顶(底)形态等。

1. 头肩顶(底)形态

在市场运动中,头肩顶或头肩底形态是实际股价形态中出现得最多的形态,是最常见、最经典和最可靠的反转突破形态,形成时间较长。通常情况下,形态越大,对市场的影响就越大。

(1)头肩顶形态

头肩顶形态的特征(如图 12-19 所示):在上升途中出现了 3 个峰顶,这 3 个峰顶分别称为左肩、头部和右肩。从图形上看中间的最高点比另外两个高点要高,即为头部,左右两个相对较低的最高点分别称为左肩和右肩;左肩和右肩最高点基本相同;股价在上冲失败向下回落时形成的两个低点又基本上处在同一水平线上。这同一水平线,即为颈线,是头肩顶形态中极为重要的直线,颈线被有效突破是头肩顶形态形成的最重要标志;头部顶点到颈线的垂直距离,即为头肩顶形态的形态高度。当股价第三次上冲失败回落时,颈线就会被击破。于是头肩顶正式宣告成立。通常来说,左肩的成交量最大,头部的成交量略小些,右肩的成交量最小。成交量呈递减现象,说明股价上升时追涨力量越来越弱,股价有涨到头的意味。

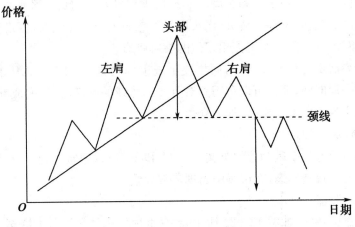

图 12-19 头肩顶形态

头肩顶形态的形成过程：股价经过长期上升后，成交量大增，此时获利回吐压力也增加，导致股价回落，上升趋势逐渐失去能量，升幅渐缓，左肩形成。股价回升，突破左肩之顶点，成交量也可能因大换手而创纪录，使得投资者产生恐慌心理，相继抛售，股价回跌到前一低点附近，有时高些，有时低些，但是绝对低于左肩的顶点，头部形成；股价第三次上升，已不再出现过去庞大的成交量，涨势也比较温和，股价到达头部顶点之前就下跌，右肩形成。最后第三次下跌时，股价急速向下突破颈线，再回升时，颈线成为压力线，股价遇阻下跌，头肩顶形态正式宣告完成。

需要注意的是，在头肩顶形态中，只要市场跌破了原有趋势线，即使头肩顶形态尚未完成，那么也可以先抛出一部分筹码了，而当颈线被决定性地击穿时，再抛出剩余筹码，市场向上出现反扑是抛空的最后时机。

(2) 头肩底形态

头肩底形态是头肩顶形态的相反形态，是股价从长期下跌状态中反转上升的主要形态。头肩底形态与头肩顶形态的显著区别主要在于成交量的变化，其余大体上与头肩顶形态相同，只是方向正好相反，如图 12-20 所示。

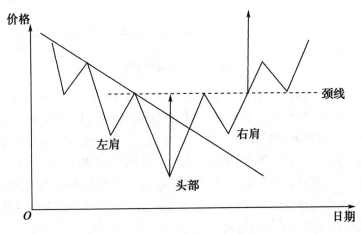

图 12-20 头肩底形态

需要说明的是,头肩顶形态和头肩底形态在成交量方面的最大区别是:头肩顶形态向下突破颈线时,成交量不一定放大;而头肩底形态向上突破颈线时,若没有大的成交量配合,可靠性将大大降低,甚至可能出现假的头肩底形态。

在运用头肩底形态指导操作时,同样要重视市场趋势线的阻力作用,由于头肩底形态的形成需要一段时间,那么可以利用其对重要趋势线的突破时机,完成部分建仓计划,而当颈线被决定性地向上突破时,加大仓位。

2. 双重顶(底)形态

双重顶和双重底形态因为形似英文字母 M 和 W,所以通常称为 M 头和 W 底形态,是一种极为重要的反转形态,在市场中出现非常频繁。

(1) 双重顶形态

双重顶形态的特征(如图 12-21 所示):双重顶形态是在股价上涨至一定阶段之后形成,形态出现两个顶峰,分别成为左峰、右峰。理论上,双重顶两个高点应基本相同,但实际 K 线走势中,左峰一般比右峰稍低一些,相差 3% 左右比较常见。另外,在第一个高峰(左锋)形成回落的低点,在这个位置画水平线,就形成了通常说的颈线,当股价再度冲高回落并跌破这根水平线(颈线)支撑,双重顶形态正式宣告形成。在双重顶形成过程中,左峰成交量较大,右峰成交量次之。成交量呈现递减现象,说明股价在第二次反弹过程中资金追涨力度越来越弱,股价有上涨到尽头的意味。双重顶形态形成后,股价在下跌过程中往往会出现反抽走势,但是反抽力度不强,颈线位置构成强阻力。

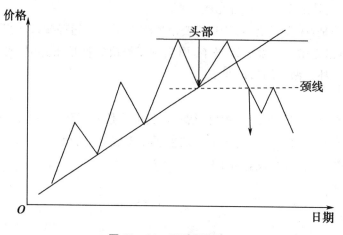

图 12-21 双重顶形态

双重顶形态的形成过程:在股价上升趋势的末期,股价放量急速上升到第一个高点之后进行正常的回落,受上升趋势线的支撑;股价继续上升,但是力量不够,只能重新回升到第一个高点区域附近,却不能回复到第一个高点的成交量水平,上升遇阻,股价向下回落,并向下击穿了上升趋势线;股价向下有效突破颈线,意味着双重顶形态正式确立。

需要说明的是,在双重顶形态中,只要市场跌破了原有趋势线,即使双重顶形态尚未完成,那么也可以先抛出一部分筹码了,而当颈线被决定性地击穿时,再抛出剩余筹码,市场向上出现反扑是抛空的最后时机。

（2）双重底形态

双重底形态与双重顶形态有完全相似或完全相同的结果。只要将对双重顶形态反过来描述即可,如图12-22所示。

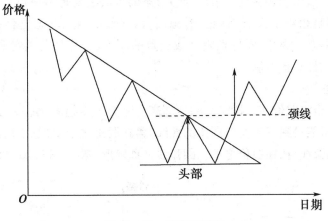

图12-22 双重底形态

需要说明的是,双重底形态在突破颈线时,必须有大的成交量的配合,否则,可能为无效突破。在运用双重底形态指导操作时,同样要重视市场趋势线的阻力作用,由于双重底形态的形成需要一段时间,那么可以利用其对重要趋势线的突破时机,完成部分建仓计划,而当颈线被决定性地向上突破时,加大仓位。

3. 三重顶(底)形态

三重顶(底)形态是头肩顶(底)形态的一种小的变形体,如图12-23所示。

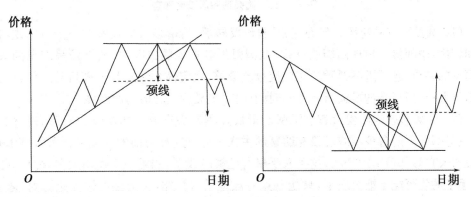

图12-23 三重顶和三重底形态

（1）三重顶(底)形态的特征

是由三个一样高或一样低的顶(底)组成。其峰顶与峰顶,或谷底与谷底的间隔距离与时间不必相等;三个顶点或三个谷底的股价不需相同,高低最大差距可达到3%,不应苛求;三重顶的第三个顶,成交量非常小时,即显示出下跌征兆,而三重底在第三个底部完成而股价上升时,成交量大量增加,即表示股价将会突破颈线而上升。

（2）三重顶(底)的形成

三重顶(底)与头肩顶(底)的区别是头的价位回缩到与肩差不多相等的位置,有时甚至低于或高于肩部的位置。从这个意义上讲,三重顶(底)与双重顶(底)也有相似的地方,前者比后者多"折腾"了一次。三重顶(底)的颈线差不多是水平的,三个顶(底)也是差不多相等高度的。

需要说明的是,识别和应用三重顶(底)形态的方法主要是用识别和应用头肩顶(底)形态的方法。但是相对于头肩顶(底)形态而言,三重顶(底)形态更容易演变成矩形形态,而不是反转形态。因此,要特别重视成交量的作用,尤其是三重底形态,如果放量突破颈线,则反转的形态基本确立。

4. 圆弧形态

圆弧形态是指将股价在一段时间的顶部高点用折线连起来,每一个局部的高点都考虑到,我们有时可能得到一条类似圆弧的弧线,盖在股价之上;将每个局部的低点连在一起也能得到一条弧线,托在股价之下。圆弧线又称碟形、圆形、碗形等,如图12-24所示。

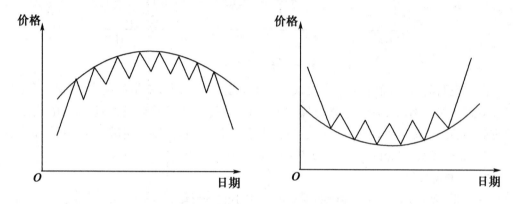

图 12-24 圆弧顶和圆弧底形态

(1) 圆弧形态的特征。形态完成、股价反转后,行情多属暴发性的急涨或急跌,持续时间较短,中间极少出现回档或反弹;在圆弧形态形成的过程中,成交量呈现出两头多,中间少的特点,越靠近圆弧顶或底成交量越萎缩,在突破颈线时及突破后的趋势,成交量急剧放大;圆弧形态的形成所需要的时间越长,突破后反转的力度越强。

(2) 圆弧形态的形成过程。圆弧的形成过程与头肩形中的复合头肩形有相似的地方,只是圆弧形的各种顶或底没有明显的主次区分。这种局面的形成在很大程度上是一些机构大户炒作股市的产物,这些人手里有足够的股票,如果一下抛出太多,股价下落太快,手里的货可能不能全出手,只能一点一点地来回拉锯,往上接近圆弧边缘时,才会用少量的资金一举往上提拉到一个很高的高度。因为这时股票大部分在机构大户手中,别人无法打压股价。

需要说明的是,圆弧形态在现实中出现的机会较少,但一旦出现则是绝佳的卖出或买入机会,它的反转深度和高度是不可预测的。

5. V形反转

V形反转是一种反转形态,通常出现在市场进行剧烈的波动中,如图12-25所示。

V形反转形态的特征:V形顶或V形底没有一个明显的形成过程;关键的顶或底的转向过程仅需要很短的时间;转势点必须有大的成交量的配合,且成交量在图形上形成倒 V 形。

需要说明的是，V 形反转一般事先无任何征兆，通常是由突发性的利好或利空消息而引起的。一般只能根据其他技术分析方法得到一些 V 形反转的信号，如支撑线、压力线以及技术分析指标等。

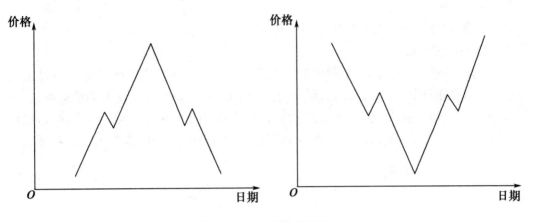

图 12-25　V 形和倒 V 形

6. 喇叭形态

喇叭形态因为形状酷似一只喇叭而得名，这种形状也可以看成是一个对称三角形倒转过来的结果，所以也可以把它看作是三角形的一个变形体。喇叭形是一种重要的可靠的顶部反转形态，如图 12-26 所示。

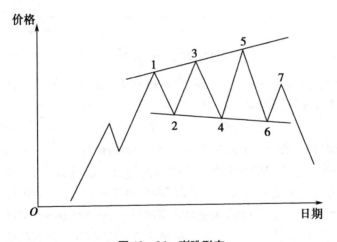

图 12-26　喇叭形态

喇叭形态的特征：是一个顶部反转下跌的形态；喇叭形态成立的最重要标志是在行情的顶部区域，出现三个高点(1,3,5)和两个低点(2,4)；在形态形成过程中，成交量保持不规则的大成交量；反转下跌的幅度不可测量的，一般都会很大；形态的成因在于投资者的非理性。

需要说明的是，在该形态完成后，几乎总是下跌，不存在突破是否成立的问题；在实际中这种形态出现的次数较少，但是一旦出现，则极为有用。

（二）持续整理形态

持续整理形态是指股价经过一段时间的快速变动后，只在一定区域内上下窄幅变动而不再前进，等时机成熟后沿着原来的趋势继续运动。整理形态主要有三角形、矩形、旗形和楔形等。

1. 三角形

三角形主要包括对称三角形、上升三角形和下降三角形。

（1）对称三角形

对称三角形，又称等边三角形或正三角形，由一系列的价格变动所组成，其变动幅度逐渐缩小，亦即每次变动的最高价，低于前次的水准，而最低价比前次最低价水准高，呈一压缩图形。如从横的方向看价格变动领域，其上限为向下斜线，下限为向上倾线，把短期高点和低点，分别以直线连接起来，就可以形成一对称的三角形（如图12－27所示）。

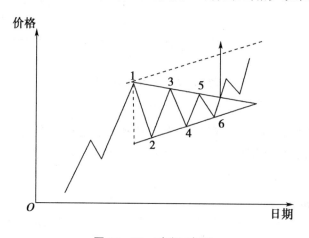

图12－27　对称三角形

对称三角形的特征：如图12－27所示，对称三角形上下两条边要求至少应有四个转折点，图中的1、2、3、4、5、6都是转折点。因为每条边的确定需要两个点，正如趋势线的确认要求第三点验证一样，对称三角形一般应有六个转折点，这样，上下两条边的支撑压力作用才能得到验证。股价一般沿原方向突破，突破的位置一般应在三角形的横向宽度的二分之一到四分之三之间的某个点。突破颈线的幅度超过该股市价的3%以上，突破后至少两日，即为有效突破。从成交量看，愈向右边成交愈清淡，表示短线进出困难，无利可图，直到向上突破三角形区域，成交量才可能放大，向下突破则不必放量。

对称三角形的测算功能：对称三角形的最少升幅量度方法是当股价往上突破时，从形态的第一个上升高点开始画一条和底部平行的直线，我们可以预期股价至少会上升到这条线才会遇上阻力；或者从突破点向上至少要达到的高度与对称三角形的底边高度相等。

需要说明的是，对称三角形如果向上无量突破，则有可能是假突破，从而转化成其他形态。另外，在上升趋势中，对称三角形也不是必然向上突破，在运行到接近对称三角形顶端，如果始终无量，也有可能向下突破。

(2) 上升三角形

上升三角形是对称三角形的变形体。对称三角形有上下两条直线,将上面的直线逐渐由向下倾斜变成水平方向运行,就得到上升三角形。除了上面的直线是水平的以外,上升三角形与对称三角形在形状上没有什么区别,如图 12-28 所示。

需要说明的是,上升三角形中上面直线表示压力是水平的,始终都是一样,没有变化,而支撑却是越来越高。由此可见,上升三角形与对称三角形相比,有更强烈的上升意识,多方比空方更为积极,通常以三角形的向上突破作为这个持续过程终止的标志。

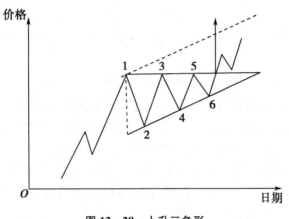

图 12-28 上升三角形

(3) 下降三角形

下降三角形同上升三角形正好反向,是看跌的形态。它的基本内容同上升三角形可以说完全相似,只是方向相反,如图 12-29 所示。

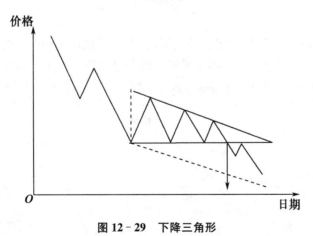

图 12-29 下降三角形

2. 矩形

矩形,又称箱形,是股价在两条水平的上下界限之间变动而形成的形态,也是一种典型的整理形态,股价在其范围之内上下波动,短期高点和低点分别以直线连接起来,可以给出一条平行通道,如图 12-30 所示。

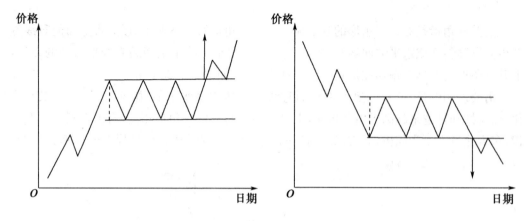

图 12-30 矩形

(1) 矩形的特征：股价在两条水平直线之间上下波动，上下两条水平直线起着压力和支撑的作用；如果原来的趋势是上升，那么经过一段矩形整理后，会继续原来的趋势，股价向上突破；反之，如果原来是下降趋势，股价则向下突破。

(2) 矩形的测算功能：矩形被突破后，也具有测算意义，形态高度就是矩形的高度，面对突破后股价的反扑，矩形的上下界线同样是具有阻止反扑的作用。

需要说明的是，与其他大部分形态不同，矩形为我们提供了一些短线操作的机会。如果在矩形形成的初期能够预计到股价将进行矩形调整，那么，就可以在矩形的下界线附近买入，在矩形的上界线附近卖出，高抛低吸，波段操作。另外，如果在股价经过大幅下跌以后，在底部区域矩形整理，一旦放量向上突破，则转化成底部反转形态，而且底部横向盘整的时间越长，向上的动能越强、空间越大。

3. 旗形

旗形的形状是上倾或下倾的平行四边形，就像一面挂在旗杆顶上的旗帜，大多发生在市场极度活跃，股价运行近乎于直线上升或下降的情况下。由于上升或下降得过于迅速，市场必然会有所休整，旗形就是完成这一休整过程的主要形式之一，如图 12-31 所示。

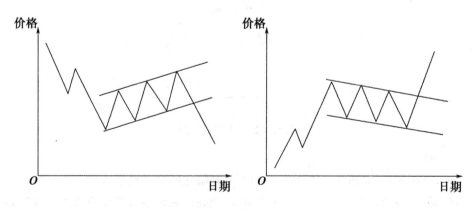

图 12-31 上升旗形和下降旗形

(1) 旗形的特征：旗形出现之前，一般应有一个旗杆，这是因为价格做直线运动形成的;上下两条平行线起着压力和支撑作用,这两条平行线中的某一条被突破,是旗形完成的标志;旗形持续的时间不能太长,一般应该短于3周,如果持续时间较长,它保持原来趋势的能力将下降;旗形形成之前和被突破之后,成交量都很大。在旗形的形成过程中,成交量从左向右逐渐减少。

(2)旗形的测算功能:旗形也有测算功能,旗形的形态高度是平行四边形左右两条边的长度,旗形被突破后,股价将至少要走到与形态高度相等的距离。

4. 楔形

楔形是股价介于两条收敛的直线中变动。两条直线同时上倾或下倾,成交量变化和三角形一样向顶端递减,又可以分为上升楔形和下降楔形,其特征和旗形的特征基本相同,如图12-32所示。

需要说明的是,楔形偶尔也可能出现在顶部或底部而作为反转形态。这种情况一定是发生在一个趋势经过了很长时间接近尾声的时候。此时,可以借助其他的技术分析方法,从时间上判断趋势是否可能接近尾声。

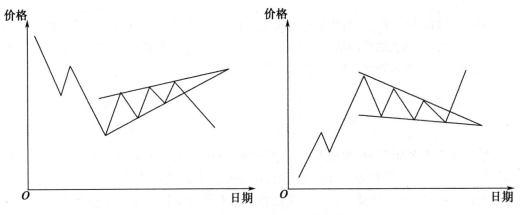

图12-32 上升楔形和下降楔形

(三)缺口形态

缺口又称为跳空,是指股价在快速大幅变动中有一段价格没有任何交易,显示在股价趋势图上是一个真空区域,这个区域称之为"缺口"。当行情上涨时,当日的开盘价格高于前一日的收盘价,仍将持续上涨;当行情下跌时,当日的开盘价格低于前一日的收盘价,仍将继续下降。然而,因为某一突发事件的发生,导致市场供需极度不平衡的状况,即行情一时之间势如破竹,开盘价可能远远地开在前一日的收盘价或开盘价之外,此种情况就会表现出缺口。从缺口发生的部位大小,可以预测走势的强弱,确定是突破,还是已到趋势之尽头。它是研判各种形态时最有力的辅助材料。

缺口分析作为重要的技术分析手段,通常将缺口划分为四种形态:普通缺口、突破缺口、持续性缺口和衰竭性缺口。

1. 普通缺口

普通缺口是指没有特殊形态或特殊功能的缺口,通常出现在股价持续整理形态中或发生在交易量极小的市场情况下,尤其是矩形或对称三角形等形态,并不影响股价短期内的走势。普通缺口的特点是在几个交易日内便会完全填补。

2. 突破缺口

突破缺口是指股票价格向某一方向急速运动,远离原有形态所形成的缺口。突破缺口的出现通常意味着股价会出现强劲的走势。突破缺口的特点是打破了原有的平衡格局,使行情走势有了明显的发展方向;突破缺口的股价变动剧烈,成交量明显增大;突破缺口出现后,一般都会再出现持续性缺口和消耗性缺口的形态;突破缺口一旦形成,较长时间内不会被封闭。

3. 持续性缺口

持续性缺口是指股票价格向某一方向有效突破之后,由于运动急速而在途中出现的缺口。持续性缺口表明股票价格的变动将沿着既定的方向发展变化。持续性缺口的特点是一种二次形态的缺口,它只能伴随突破缺口的出现而出现;持续性缺口能衡量股票价格未来的变动方向和距离;持续性缺口一般都不会被封闭;持续性缺口具有较强的支撑或阻力效能,而且这种效能在日后仍旧能得到体现。

4. 衰竭性缺口

衰竭性缺口通常发生在行情趋势的末端,如果一波行情运行过程中已经出现突破缺口和持续性缺口,那么随后的缺口就有可能是衰竭性缺口。判断的依据是考察缺口是否会在短期内封闭,如果封闭,则衰竭性缺口形态可以确立。

四、波浪理论

(一) 波浪原理

波浪理论又称为艾略特波浪理论,是美国技术分析大师艾略特经过对股票市场的长期研究提出的一种价格趋势分析理论,其核心是根据大海的潮汐及波浪的变化规律,来描述股票价格的波动规律及其走势。艾略特经过多年对美国道琼斯工业平均指数运动的形态、调整比率及时间周期的详尽统计,运用数学原理进行分析,力图客观地描述股价运动的基本规则,从而达到预测股市运动趋势的目的。这一理论以道氏理论为基础,又是对道氏理论的发展和完善,并且在精确度、可操作性方面大大超过了道氏理论。

(二) 波浪理论的基本形态

艾略特认为股票价格的波动具有一浪跟着一浪周期循环的规律性,任何波动都有迹可循,投资者可以根据波动的规律来预测未来价格的走势。波浪理论有三个重要的内容:波浪的形态、波幅比率和持续时间,其中最重要的是波浪的形态。波浪有两个基本的形态,推动浪和调整浪。波浪理论认为一个完整的价格循环周期由八浪组成,即五个上升波浪,三个下降波浪。上升波浪称为推动浪,如图12-33中的1浪、3浪、5浪就是推动浪;下降波浪称为调整浪,如图12-33中的2浪、4浪是调整浪,由a、b、c三浪组成的大浪是对由1浪到5浪组成的大浪的调整浪。在股价循环中,任何一级任何一浪都可以分为次一级的浪,反过来,任何一个八浪循环又构成上级波动的两个浪。波浪形态可以无穷伸展和压缩,但其基本形态永恒不变。

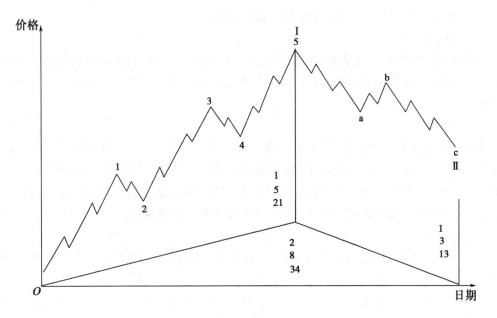

图 12-33 波浪理论的结构图

(三) 波浪的特征

一般来说,在股价走势分析中,八个浪具有以下重要特征:

1. 第一浪

通常第一浪出现在长期下跌盘整的末期,虽然成交量和股价均稍有增长,但缺乏人气,投资者尚未能认识到市场的变化,其后的第二浪调整幅度往往很大,第一浪的涨幅一般是五浪中涨幅最小的一浪。

2. 第二浪

通常第二浪的调整幅度相当大,长期下跌中的解套盘和第一浪的获利盘大量涌出,使第二浪几乎将第一浪的涨幅全部擦去。当股价下跌至第一浪起涨点时成交量开始萎缩,第二浪调整结束。

3. 第三浪

通常第三浪是涨势最足,涨幅最大,持续时间最长,最具有爆发力的上升浪。在这段行情过程中,投资者信心大增,常出现跳空缺口和延长波浪。一些重要的阻力线被轻易地突破,特别是突破第一浪的高点时,是重要的买进信号。

4. 第四浪

第四浪的形态一般较为复杂,在第三浪强劲上升形成重要顶部的基础上,这一浪初步显露市场后继乏力的征兆。根据波浪理论的交替规则,这一浪的形态往往与第二浪不同,常出现三角形走势,它的最低点应高出第一浪的最高点。

5. 第五浪

第五浪的涨幅通常不及第三浪,在运动形态上也不十分复杂,有时甚至会出现低于第三浪高点的失败情况。在第五浪中,虽然涨幅已趋缓,投资者往往还会盲目乐观,追捧高价,但是,此时市场上二三线股票的涨幅往往大于绩优股和成长股。在商品期货市场中,第五浪往往是最长的一浪,并可能出现延伸浪。

6. 第a浪

市场中大多数投资者认为a浪仅是上升行情的暂时回档,而没有认识到行情已经逆转,因此还会逢低吸纳,但实际上很多技术指标已显示背离状况,表明股市已濒临崩溃局面。

7. 第b浪

由于b浪呈现上升趋势,常使投资者误认为是又一轮上升行情而投入更大资金,实际上这是一个"多头陷阱",应该是多翻空的好时机。通常,在中型级或更次级的b浪中,成交量会减少,而基本级或更高级的b浪中则可能伴随成交量放大甚至超过前面牛市的成交量。实际上,投资者可以从技术指标中发现市场转弱的征兆。

8. 第c浪

c浪跌势凶险、跌幅深、时间持久的下跌浪,伴随恐慌性抛盘涌出,具有第三推动浪的特征。

需要说明的是,首先,推动浪运行过程中,有时会出现浪的放大或拉长的现象,即波浪的延伸(如图12-34所示)。一般情况下,三个推动浪中有且仅有一个浪出现延伸。基于这个规律,使波浪的延伸现象变成了预测推动浪运行长度的一个相当有用的依据。如果投资者发觉第3浪出现延伸时,那么第5浪理应只是一个和第1浪相似的简单结构。或者,当第1浪与第3浪都是简单的升浪,则有理由相信第5浪可能是一个延伸浪,特别是当成交量急剧增加时。一般而言,在成熟的市场,延伸浪经常会出现在第3浪中;而在新兴市场中,第5浪往往也出现延伸的现象。其次,波浪理论只能用于分析预测整个市场的运行,不能运用于个股的选择上。最后,相对于其他技术分析方法,波浪理论运用起来更为困难。因为在某种程度上该理论是一种主观分析工具,面对同一个形态波浪往往可以有不同的数法,从而会得出不同的分析结论,这就要求不能机械地运用该理论,否则极易发生错误。

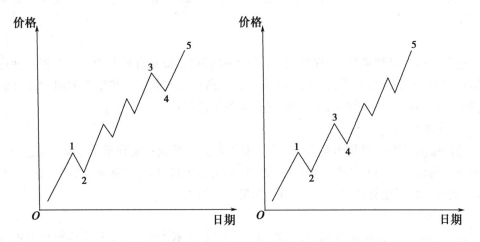

图12-34 3浪延伸和5浪延伸

第三节　技术指标分析

技术指标分析是通过建立一个数学模型,给出数学上的计算公式,得到一个体现市场的某个方面内在关系的数字,即指标值,指标值的具体数值和相互关系直接反映了市场所处的状态。由于技术指标将某些对市场的定性分析进行量化,因此可以使得具体操作的精确度提高。

一、趋势型指标

（一）移动平均线（MA）

移动平均线是利用股票价格移动平均值将股价变动曲线化的分析方法,这一方法可省略不规则、偶然性因素对股票价格的影响,使股价曲线变得圆滑,从而清晰的显示股价变动的倾向,可用于对股价趋势进行中长期预测。

1. 计算公式

移动平均线的计算方法主要有算术移动平均、加权移动平均和指数平滑移动平均。我们主要介绍算术移动平均。

计算方法就是将连续若干天的收盘价做算术平均,天数就是移动平均线的计算参数。计算公式为

$$MA_{T(n)} = \frac{C_{T-(n-1)} + C_{T-(n-2)} + \cdots + C_{T-1} + C_T}{n}$$

式中：$MA_{T(n)}$ 为第 T 日参数为 n 的简单算术移动平均值；C_T 为第 T 日的收盘价。将所有的 $MA_{T(n)}$ 所对应的点连成一条线就是参数为 n 的移动平均线。

以时间长短分类,移动平均线可以分为短期、中期和长期移动平均线。其中,短期移动平均线有 5 日线、10 日线、15 日线,也称快速移动平均线；中期移动平均线有 20 日线、30 日线、60 日线；长期移动平均线有 150 日线、200 日线、290 日线,也称慢速移动平均线。

2. 移动平均线的特点

（1）趋势性。移动平均线能够表示股价的趋势方向,并延续这个趋势,不会轻易放弃。如果从股价的图表中能够找出上升或下降趋势线,那么,移动平均线能够沿着这种趋势延伸。

（2）滞后性。移动平均线不轻易往上往下,只有股价涨势真正明朗了,移动平均线才会向上延伸；股价开始回落时,移动平均线仍然是向上的,等到股价跌势显著时,移动平均线才下行,这是移动平均线的一个极大的弱点。

（3）稳定性。短期的移动平均线平滑的效果越差,稳定性越小；长期的移动平均线,平滑效果越好,稳定性越强,波动的幅度、速度都比较小,但经常与实际价格存在较大的差距。

（4）助涨助跌性。当移动平均线被有效突破,意味着原来的移动平均线趋势已经失效,从而引起投资者的信心发生变化,从而涨或跌的势头要延续更长一段时间才会止住,

从而产生了助涨助跌的效果。

(5) 支撑压力性。由于上述特征,使得移动平均线在价格走势中起支撑线和压力线的作用。移动平均线的突破实际上是支撑线和压力线的被突破。

3. 葛兰维尔移动平均线八大法则

关于移动平均线的应用最为经典的是葛兰维尔移动平均线八大法则,它是由美国著名的证券投资专家葛兰维尔于 1960 年在《每日股票市场获最大利益之战略》一书中首先应用,以此判断买卖时机。其中包括四条买入法则和四条卖出法则。

(1) 当移动平均线从持续下降转为平衡或上升状态,而股价从移动平均线下方突破并向上延伸时,宜买进;

(2) 移动平均线呈上升状态,而股价跌至平均线以下时,宜买进;

(3) 股价在移动平均线之上,且向移动平均线靠近,在尚未跌破平均线又再度上升时,宜买进;

(4) 当移动平均线下降,但股价在移动平均线以下大幅下降时,宜买进;

(5) 移动平均线上升后转为平移或下降状态,而股价跌至移动平均线之下时,说明股价将继续下跌,宜卖出;

(6) 移动平均线持续下降,而股价在突破平均线上升后又回落到平均线以下时,说明股价大势趋跌,宜卖出;

(7) 股价在移动平均线之下,并朝着移动平均线方向上升,但未到达移动平均线时又开始下跌,说明股价疲软,宜卖出;

(8) 移动平均线呈上升状态,而股价线在其上方突然暴涨至远离平均线时,往往表明股价离高峰已相差不远,股价极可能出现回跌,宜卖出。

(二) 平滑异同移动平均线(MACD)

平滑异同移动平均线是利用短期移动平均线和中长期移动平均线之间不断聚合和分离的特征,加以双重平滑运算后用以研判买卖时机和信号的方法,是一种极为常用的技术分析方法。

1. 计算公式

平滑异同移动平均线在应用上应先行计算出快速指数平滑移动平均数值与慢速指数平滑移动平均数值。以这两个数值作为测量两者(快速与慢速线)间"离差值"的依据。所谓"离差值"(DIF),即快速 EMA 数值减去慢速 EMA 数值。因此,在持续的涨势中,快速 EMA 在慢速 EMA 之上,其间的正离差值($+DIF$)会愈来愈大。反之在跌势中,离差值可能变负($-DIF$),也愈来愈大。

在平滑异同移动平均线的指数平滑移动平均线计算公式中,都分别加重最近一日的份量权值,以参数 12 和 26 为例,其计算公式如下:

$$EMA(12) = 前一日 EMA(12) \times 11/13 + 今日收盘价 \times 2/13$$

$$EMA(26) = 前一日 EMA(26) \times 25/27 + 今日收盘价 \times 2/27$$

$$DIF = EMA(12) - EMA(26)$$

然后再根据离差值计算其 9 日的 DEA，即"离差平均值"。

$$DEA(MACD) = 前一日 DEA \times 8/10 + 今日 DIF \times 2/10$$

计算出的 DIF 与 DEA 为正或负值，因而形成在 0 轴上下移动的两条快速线与慢速线。为了方便判断，用 DIF 减去 DEA，用以绘制柱状图。

2. 应用法则

(1) DIF 与 DEA 为正值，表示市场是上涨行情；DIF 与 DEA 为负值，表示市场为下跌行情。当 DIF 从负值向上转变为正值，宜买入；当 DIF 从正值跌破 0 转变为负值，表示 $EMA(12)$ 与 $EMA(26)$ 发生交叉，宜卖出。

(2) 当 DIF 与 DEA 均为正值时，DIF 从下向上穿过 DEA，宜买入；DIF 从上向下跌破 DEA 时，宜卖出。

(3) 当 DIF 与 DEA 均为负值时，DIF 从上向下穿过 DEA，宜买入；DIF 从下向上穿过 DEA 时，宜卖出。

(4) 背离信号。当 K 线图上出现渐次上升的头部，而 DIF 与 DEA 却渐次下降，是比较可靠的下跌信号，反之则为可靠的上升信号。

需要说明的是，平滑异同移动平均线指标剔除掉了移动平均线产生的频繁出现买入与卖出信号，避免一部分假信号的出现，比移动平均线准确性更高。但与移动平均线相同，在股市没有明显趋势而进入盘整时，失误的时候较多。另外对未来股价的上升和下降的深度不能提供有帮助的建议。

二、市场动量指标

（一）相对强弱指标(RSI)

相对强弱指标是通过计算某一时间内买卖力量的对比值来反映市场的状态，以一特定时期内股价的变动情况推测价格未来的变动方向，并根据股价涨跌幅度显示市场的强弱。

1. 计算公式

$$RSI = \frac{RS}{1+RS} \times 100\%$$

其中，$$RS = \frac{14 天内收市价上涨数之和的平均值}{14 天内收市价下跌数之和的平均值}$$

通常情况下，日数较短的相对强弱指标，其波动过于敏感；日数较长的相对强弱指标，其波动过于迟钝，两者都会对分析股票价格变动趋势产生较大的误差。因此，计算周期的确定一般应根据某一股票价格波动的特性而定。

2. 应用法则

(1) 参数小的相对强弱指标为短期相对强弱指标，参数大的相对强弱指标为长期相对强弱指标。如果短期相对强弱指标大于长期相对强弱指标，则属多头市场。如果短期相对强弱指标小于长期相对强弱指标，则属空头市场。

(2) 将相对强弱指标的取值 0~100 分成四个区域，表 12-1 中对强弱分界线的划分不是固定不变的，根据具体情况，可做适当调整。

表 12 - 1　*RSI* 取值区域

RSI 值	市场特征	投资操作
80～100	极强（超买）	卖出
50～80	强	买入
20～50	弱	卖出
0～20	极弱（超卖）	买入

（3）考虑相对强弱指标与价格的背离

相对强弱指标处于高位，并形成一峰比一峰低的两个峰，此时股价却对应的是一峰比一峰高，即为顶背离，是较强烈的卖出信号；与上述情形相反即为底背离，是可以考虑建仓的信号。利用相对强弱指标运行的形态或趋势，结合形态理论和趋势理论也可以对市场运行做出判断。

（二）威廉指标（WMS）

威廉指标是利用摆动点来量度股市的超买超卖现象，分析循环周期内的高点和低点，以此作为预测市场短期行情走势并提出有效信号的一种技术分析指标。

1. 计算公式

$$WMS(n) = \frac{H_n - C}{H_n - L_n} \times 100\%$$

式中，n 为指标参数；C 为当天收盘价；H_n 和 L_n 为最近 n 日内（包括当天）出现的最高价和最低价。

2. 应用法则

（1）威廉指标的取值在 0～100 之间，当威廉指标高于 80，股价处于超卖状态，表示行情即将见底为买入时机；当威廉指标低于 20，股价处于超买状态，表示行情即将见顶为卖出时机。

（2）如果威廉指标接近 0 或 100 就是撞顶或底，连续几次撞顶或底，局部形成双重或多重顶（底），即为卖出或买入的信号。

（3）在威廉指标进入低数值区域，一般要调头向下，如果这时股价还继续上升，即顶背离，是卖出的信号；在威廉指标进入高数值区域，一般要调头向上，如果这时股价还继续下降，即底背离，是买入的信号。

（三）随机指标（KDJ）

随机指标综合了动量观念、相对强弱指标与移动平均线的优点，通过一定时间周期内出现的最高价、最低价及收盘价计算出 K 值、D 值和 J 值，从而测算出 0～100 之间的超买超卖指标。KDJ 考虑了每一个交易日股票价格的变动情况，更能体现股市的真正波动，它在中短期技术测试中短线操作方面较为有效。

1. 计算公式

在随机指标产生之前，先产生未成熟的随机值 RSV，其计算公式为：

$$RSV(n) = \frac{C - L_n}{H_n - L_n} \times 100\%$$

式中,C、L_n、H_n 的意义与威廉指标计算公式相同。

对 RSV 进行 3 日指数平滑移动平均,得到 K 值:

$$今日 K 值 = 2/3 \times 昨日 K 值 + 1/3 \times 今日 RSV$$

对 K 值进行 3 日指数平滑移动平均,得到 D 值:

$$今日 D 值 = 2/3 \times 昨日 D 值 + 1/3 \times 今日 K 值$$

式中,初始的 K 和 D 值,可以用当日的 RSV 值或以 50 代替。

J 值是 D 值基础上加一个修正值,计算公式为:

$$J = 3D - 2K = D + 2(D - K)$$

K 和 D 指标是在威廉指标的基础上发展起来的,所以 K 和 D 指标有威廉指标的一些特性。在反映股价变化时,威廉指标最快,K 指标其次,D 指标最慢。K 指标反应敏捷,但容易出错;D 指标反应稍慢,但稳重可靠。

2. 应用法则

(1) 当 D 值在 80 以上为超买区,应考虑卖出;20 以下为超卖区,应考虑买入;其余为徘徊区。

(2) 当 K 值线发生倾斜度趋于平缓时,是警告信号,应提防随时发生反转。

(3) 当 K 值和 D 值在 80 以上向下交叉时,通常是比较准确的买入信号,而在 20 以下向上交叉时,通常是比较准确的卖出信号。

(4) KD 处在高位,并且高点不断降低,而此时价格还在上涨,即顶背离,应考虑卖出;KD 处在低位,并且低点不断抬高,而此时价格还在下跌,即底背离,应考虑买入。

(四) 乖离率($BIAS$)

乖离率是移动平均原理派生出来的一项技术指标,其功能主要是通过测算股价在波动过程中与移动平均线出现偏离的程度,从而得出股价在剧烈波动时因偏离移动平均趋势而造成可能的回档或反弹,以及股价在正常波动范围内移动而形成继续原有势头的可信度。

1. 计算公式

$$BIAS(n) = [C - MA(n)]/MA(n) \times 100\%$$

式中,C 是收盘价;$MA(n)$ 是参数为 n 的移动平均数。

2. 应用法则

乖离率分为正乖离和负乖离。当股价在移动平均线之上时,其乖离率为正,反之为负,当股价与移动平均线一致时,乖离率为 0。通常来说,正乖离率涨至某一百分比时,表示短期内多方获利回吐可能性大,是卖出信号;负乖离率跌至某一百分比时,表示空方回补的可能性大,是买入信号。

三、市场大盘指标

市场大盘指标是对整个市场的多空状况进行描述,它只能用于研判市场整体形势,不能应用于个股。

(一) 腾落指数(ADL)

腾落指数是利用每天股票上涨家数和下降家数作为计算与观察的对象,以了解股市人气的盛衰,探测大势内在的动量是强势还是弱势,用以研判股市未来动向的技术性指标。

1. 计算公式

$$今日 ADL = 前日 ADL + NA - ND$$

式中,NA 表示当日市场中上涨家数;ND 表示当日市场中下跌家数;ADL 的初始值一般取 0。

2. 应用法则

(1) 如果腾落指数与价格指数同步上升或下降,则可以验证大盘的趋势在短期内反转的可能性不大。

(2) 如果腾落指数连续上涨或下跌了几天,而价格指数却向相反方向运行了几天,即出现背离现象,可以考虑买进或卖出,至少有短线机会。

(二) 涨跌比(ADR)

涨跌比是利用一段时间内股票上涨家数之和与下降家数之和的比率,并据此推测股票市场多空力量的对比,用以研判股票市场的实际运行状况的技术性指标。

1. 计算公式

$$ADR(n) = \frac{P_1}{P_2}$$

式中,P_1 表示 n 日内每天上涨家数之和;P_2 表示 n 日内每天下降家数之和;n 表示选择的天数,是 ADR 的参数。

2. 应用法则

(1) 涨跌比的取值在 0.5~1.5 之间,说明多空双方处于平衡状态;涨跌比的取值超过了这个区间的上下限,是采取行动的信号,超过上限考虑卖出,低于下限考虑买进。

(2) 涨跌比与价格指数同步上升或下降,则价格指数将继续当前的趋势,在短期内反转的可能性不大。涨跌比与价格指数运行方向相反,则出现了背离现象,价格指数现有趋势的动力不足,有发生反转的可能。

(三) 超买超卖指标(OBOS)

超买超卖指标是运用一段时间内上涨股票家数和下跌股票家数的累积差关系,来测量大盘买卖气势的强弱及未来走向,用以研判股市呈现超买或超卖区的参考指标。

1. 计算公式

$$OBOS(n) = P_1 - P_2$$

式中,P_1 表示 n 日内每天上涨家数之和;P_2 表示 n 日内每天下降家数之和;n 是 $OBOS$ 的参数。

2. 应用法则

(1) 超买超卖指标的取值应围绕 0 上下波动,当超买超卖指标为正数时,属于多头市场,离 0 越远,势头越强劲;当超买超卖指标为负数时,属于空头市场,离 0 越远,势头越强劲。

(2) 如果超买超卖指标在高位,高点逐步降低,而对应的价格指数继续上升,即顶背离,应考虑卖出;如果超买超卖指标在低位,低点逐步抬高,而对应的价格指数继续下降,即底背离,应考虑买进。

(3) 如果超买超卖指标在高位或低位形成双顶或双底,应考虑卖出或买进。

四、市场人气指标

(一) 能量潮(OBV)

能量潮又称为成交量净额,即通过成交量的增减关系,真实反映出大盘及个股多空力量博弈的情况。

1. 计算公式

$$今日 OBV = 前一日 OBV + \text{sgn} \times 今日的成交量$$

式中,sgn 是符号函数,如果今收盘价大于或等于前收盘价,则 sgn=+1;如果今收盘价小于前收盘价,则 sgn=-1。OBV 的初始值一般取 0。

2. 应用法则

(1) 能量潮必须与价格曲线相结合才能发挥作用,不能单独使用。

(2) 计算能量潮有一个选择最初值的问题,最初值可由使用的人自行确定一个数值。

(3) 能量潮曲线的变化对当前价格变动趋势的确认具有重要作用。当价格上升或下降,而能量潮也相应地上升或下降,则可以更确信当前的趋势。当价格上升或下降,而能量潮并未相应的上升或下降,即发生了背离,意味着当前的趋势动力不足,有反转的可能。

(4) 对别的技术指标适用的形态理论和切线理论的内容同样适用于能量潮曲线。

(5) 在股价进入大盘整区后,能量潮曲线会率先显露出脱离盘整的信号,向上或向下突破,有较大的成功率。

(二) 心理线(PSY)

心理线是建立在投资者心理趋向基础上,将一定时期内投资者倾向买方或卖方的心理事实转化为数值,形成测度人气,用以研判股价未来趋势的技术指标。

1. 计算公式

$$PSY(n) = A/n \times 100\%$$

式中:n 表示天数,是心理线的参数;A 表示在这 n 天之中价格上涨的天数。

2. 应用法则

(1) 心理线的取值超过 75 或低于 25 时,市场出现超买或超卖,价位下跌或回升的可能性较大,可以采取买入或卖出行动。

(2) 一段上升行情展开前,超卖的低点通常会出现两次,同样,一段下跌行情展开前,超买的高点会出现两次。第二次出现超卖的低点或超买的高点往往是买入或卖出的良机。

(3) 当百分比降至 10 或 10 以下时,是很强的超卖,此时是短线抢反弹的机会。

(4) 当心理线在常态分布时,应持观望态度。

(5) 高点密集出现两次是卖出信号,低点密集出现两次是买入信号。

应用技术指标应注意的问题。技术指标是一种分析工具,而每种工具都有自己的适用范围和适用的环境。同时,每一个技术指标在预测行情方面的能力大小和准确程度也会有所差别。因此,在使用技术指标时,一方面,不能机械地照搬结论,而不管这些结论成立的条件;另一方面,不能盲目地绝对相信技术指标,从而过多地、频繁地使用技术指标,要学会技术指标与其他技术分析工具有机地结合使用。通常说来,应该同时以四至五个技术指标为主,而技术指标的选择因人而异。

本 章 小 结

证券投资技术分析是以证券市场过去和现在的行为为分析对象,运用数学和逻辑的方法,探索出一些典型的规律,并据此预测证券市场的未来变化趋势的技术方法。技术分析的三大假设条件,即市场行为涵盖一切信息、价格沿趋势移动、历史会重演。技术分析的四大要素是价、量、时、空。技术分析的理论基础是道氏理论。

技术分析理论与方法分为K线理论、切线理论、形态理论、波浪理论、技术指标五类。K线理论是最常用的技术分析工具。切线理论是帮助投资者识别股价变动趋势的比较实用的分析工具,包括支撑线和压力线、趋势线和轨道线。形态理论包括持续整理形态和反转突破形态。波浪理论是由艾略特提出的一种价格趋势分析理论,其核心是根据大海的潮汐及波浪的变化规律,来描述股票价格的波动规律及其走势。艾略特经过多年对美国道琼斯工业平均指数运动的形态、调整比率及时间周期的详尽统计,运用数学原理进行分析,力图客观地描述股价运动的基本规则,从而达到预测股市运动趋势的目的。

技术指标分析是通过建立一个数学模型,给出数学上的计算公式,得到一个体现市场的某个方面内在关系的数字,即指标值,指标值的具体数值和相互关系直接反映了市场所处的状态,通常分为趋势型指标、动量型指标、市场人气指标和市场大盘指标四类。趋势型指标包括移动平均线和指数平滑异同移动平均线。动量型指标包括相对强弱指标、威廉指标、随机指标和乖离率;市场人气指标包括心理线和能量潮;市场大盘指标包括腾落指数、涨跌比、超买超卖指标等。

本章练习题
一、名词解释
支撑线　压力线　趋势线　轨道线　普通缺口　突破缺口　持续性缺口　MA移动平均线　MACD指数平滑异同移动平均线　RSI相对强弱指标
二、单项选择题
1. 按照一定的方法和原则,在根据股票价格数据所绘制的图表中画出一些直线,进而对股票价格的未来趋势作出判断和预测的理论为(　　)。
　　A. K线理论　　　　　　　　B. 形态理论
　　C. 切线理论　　　　　　　　D. 波浪理论

2. 当日开盘价、收盘价、最高价和最低价均为同一个价位的为( )。
   A. T 字形　　　　B. 倒 T 字形　　　C. 十字形　　　　D. 一字线

3. ( )是指股价下降到某个价位附近时,价格停止下跌,甚至有可能还会回升,这是因为多方在此买入造成的。
   A. 支撑线　　　　B. 压力线　　　　C. 趋势线　　　　D. 轨道线

4. 股票价格改变原有的运行趋势所形成的运动轨迹称为( )。
   A. 持续整理形态　　　　　　　　B. 反转突破形态
   C. 缺口形态　　　　　　　　　　D. 圆弧形态

5. 随机指标中的 K 和 D 指标是在威廉指标的基础上发展起来的,所以 K 和 D 指标有威廉指标的一些特性。在反映股价变化时( )。
   A. 威廉指标最快,D 指标其次,K 指标最慢
   B. D 指标最快,威廉指标其次,K 指标最慢
   C. K 指标最快,D 指标其次,威廉指标最慢
   D. 威廉指标最快,K 指标其次,D 指标最慢

三、多项选择题

1. 证券投资技术分析适用于( )等市场。
   A. 证券市场　　　　　　　　　　B. 外汇市场
   C. 期货市场　　　　　　　　　　D. 其他金融市场

2. 证券投资技术分析的要素( )。
   A. 要素价格　　　B. 成交量　　　　C. 时间　　　　　D. 空间

3. 根据道氏理论,按照趋势运行时间的长短和波动幅度的大小,将趋势分为( )。
   A. 主要趋势　　　　　　　　　　B. 次要趋势
   C. 短暂趋势　　　　　　　　　　D. 长期趋势

4. 缺口分析作为重要的技术分析手段通常可分为( )。
   A. 普通缺口　　　B. 突破缺口　　　C. 持续性缺口　　D. 衰竭性缺口

5. 超买超卖型指标包括( )。
   A. *RSI*　　　　　B. *WMS*　　　　C. *KDJ*　　　　D. *BIAS*

四、思考题

1. 证券投资技术分析的理论依据。
2. 证券投资技术分析的要素。
3. 证券投资技术分析的流派及特点。
4. 趋势线和轨道线的作用。
5. 持续整理形态和反转突破形态的比较。
6. 波浪理论的八浪结构中各浪的特征。
7. 葛兰维尔的八大法则。
8. *MACD* 指标的应用法则。
9. *KDJ* 指标的应用法则。

第十三章 现代证券投资理论

【学习目标】
- 掌握资本资产定价模型的基本表达式,并深刻理解该理论的基本结论;
- 熟悉并理解套利定价理论的基本分析方法与主要观点;
- 掌握有效市场的三种类型;
- 熟悉行为金融理论的基本观点与主要模型。

第一节 证券投资组合理论

证券组合(portfolio)是表示个人或机构投资者同时持有的各种不同的有价证券的总称,如股票、债券、大额存款单等。投资组合是体现了投资者的意愿及其所受到的约束的理性组合,而非证券品种的简单随意组合。它受到投资者对投资收益的权衡、投资比例的分配、投资风险偏好等多种限制。证券组合理论是基于对具有厌恶风险和追求收益最大化的行为特征的理性投资者行为的研究,通过对证券以组合形式管理,以实现风险最小化以及收益最大化的一系列理论。

一、证券投资组合理论的形成与发展

现代投资组合理论主要由投资组合理论、资本资产定价模型、APT模型、有效市场理论以及行为金融理论等部分组成。它们的发展极大地改变了过去主要依赖基本分析的传统投资管理实践,使现代投资管理日益朝着系统化、科学化、组合化的方向发展。

现代证券投资组合理论最早是由美国著名经济学家哈里·马柯维茨提出的。他在1952年3月《金融杂志》发表的题为《证券组合选择》的论文,分析了不确定条件下的投资者的决策行为,解释了投资者应该如何构建有效的证券组合并从中选出最优的证券组合。

与传统投资组合理论不同,现代投资组合理论借助定量分析方法进行组合的构建和变动,它克服了传统理论中投资者凭借主观判断选择证券的不足。马柯维茨为了说明理论的本质,提出了许多假设作为证券投资理论的前提条件:

(1) 假设证券市场是有效的。

(2) 投资者都是风险厌恶者,在同一风险水平上,投资者偏好收益较高的资产或投资组合;在同一收益水平上,投资者偏好风险较小的资产或投资组合。

(3) 投资者能利用预期收益的波动来估计风险,风险以收益率的变动性来衡量,用统计上的标准差来衡量。

(4) 假定多种证券之间的收益是相关的。如果可以知道它们之间的相关系数,就可以选择最低风险的投资组合。

在这些基本假设基础上,马柯维茨对风险和收益进行了量化,建立的是均值方差模型,并根据风险分散原理,提出了确定最佳资产组合的基本模型。

马柯维茨的证券投资组合理论开创了现代金融数学的先河,奠定了现代投资理论发展的基石,在理论界被称为20世纪发生在华尔街的第一次金融革命。但是,该方法涉及计算组合内所有证券的协方差,随着组合内证券数量的增加需要进行大量运算,严重制约了其在实践中的应用。

1963年,威廉·夏普发表了《对于证券组合分析的简化模型》一文,提出了对协方差矩阵加以简化估计的单因素模型。由于这一模型假设资产收益只与市场组合收益有关,因此大大降低了马柯维茨模型的计算量。20世纪70年代以后,该模型所需要的计算可以借助计算机来完成,这就使现代投资组合理论更广泛地应用于实践。

20世纪60年代,金融经济学家们开始研究马柯维茨的模型是如何影响证券的估值的,夏普、林特和莫森分别于1964、1965和1966年提出了资本资产定价模型(CAPM)。这一模型阐述了在投资者都采用马柯维茨的理论进行投资管理的条件下,市场价格均衡状态的形成,它把资产预期收益与预期风险之间的理论关系用一个简单而又合乎逻辑的线性方程式表示出来。该模型不仅提供了评价收益—风险相互转换特征的可运作框架,也为投资组合分析、基金绩效评价提供了重要的理论基础。

1976年,针对CAPM模型所存在的不可检验性的缺陷,罗斯(Stephen Ross)提出了一种替代性的资本资产定价模型,即APT模型。该模型直接导致了多指数投资组合分析方法在投资实践上的广泛应用。

经过众多学者的逐渐完善、深化,这些理论目前已经成为投资理论的主流思想。这些理论发展为科学评价职业货币经营者的业绩提供了依据,并以各种方式被应用到实际投资管理中去。

二、收益与风险

1. 收益的不确定性

在大多数人的头脑中,"风险"总是和不好的事情联系在一起,一说到风险,许多人就习惯性地想到"损失"。这种想法有一定道理,但并不准确。经济学中的"风险",不是指损失的概率,而是指收益的不确定性。"不确定性"是风险的核心,因此,衡量风险,是通过采用标准差或方差来计算不确定性来实现的。

例如,证券A的现在价格为100元,经统计计算,未来价格的可能情况,列于表13-1。其损失的概率为55%,但这并不是衡量其风险的尺度。

表13-1 投资价格和概率情况分析

未来价格(元)	70	80	90	100	120
概率(%)	10	10	25	15	40

2. 期望收益率的计算

期望值和方差本身是两个数学概念。前者反映一个不确定的变量以不同的可能性（概率）取各种可能值时,其平均取值水平；后者反映不确定性变量的各种可能值的分散程度,在一定意义上也反映了该变量取值的不确定性程度。可见,期望收益率和方差与收益率作为一个不确定性的变量有关。

一种证券组合是各种证券的组合。所以从逻辑上讲,一种证券组合的预期收益率依赖于证券组合中每一种证券的预期收益率。与此同时,对单一一种证券的投资数量比例也显得十分重要。

计算组合证券预期的收益率的方法可由表13-2(a)(b)(c)来说明。

表13-2(a)　证券和证券组合的价值

证券名称	购买证券股数	每股期初市场价格（美元）	总投资（美元）	证券期初市场价值比率（%）
A公司	100	40	4 000	0.232 5
B公司	200	35	7 000	0.407 0
C公司	100	62	6 200	0.360 5

注：期初财富总计 $W_0 = \$17\,200$。

表13-2(b)　利用期末价值计算证券组合预期收益率

证券名称	购买证券股数	每股期末市场价值（美元）	总预期价值（美元）
A公司	100	46.48	4 648
B公司	200	43.61	8 722
C公司	100	76.14	7 614

注：期末财富总计 $W_1 = \$20\,984$,证券组合预期收益率 $r_p = 22.00\%$。

表13-2(c)　利用单个证券预期收益率来计算组合证券预期收益率（%）

证券名称	证券期初市场价值比率	单个证券预期收益率	对组合证券预期收益率贡献
A公司	0.232 5	16.2	3.77
B公司	0.407 0	24.6	10.01
C公司	0.360 5	22.8	8.22

注：组合证券预期收益率 $r_p = 22.00\%$。

为了说明证券组合预期收益率依赖于它所包含的每一种证券的收益率和投向这些证券的资本比例,在表13-2(a)中,我们考虑三种证券情况。假定投资者持有证券时间为一年,在这段时期内,投资A、B、C三家公司股票的预期收益率分别为16.2%、24.6%和22.8%。设想在持有时间结束时,这三种股票的价值分别是46.48,43.61和76.14美元,投资者期初财富总额是17 200美元。有几种可用于计算证券组合预期收益率的方法,每一种都能得到相同的结果。

考虑表13-2(b)中的方法,这种方法的步骤是先计算期末价值,然后计算收益率。具体程序是：首先用期末证券组合价值减去期初价值,所得余额除以期初证券组合价值,其结果等于证券组合的预期收益率。表13-2(b)展示了三种证券组合的例子,这种计算方法可以推广到有多种证券组合的情况。

表13-2(c)显示了另一种计算证券组合预期收益率的方法。这一方法包含了一种用加权平均公式计算预期收益率。由于一种证券组合的预期收益率取决于它所包含证券的预期收益率的加权平均数,每一种证券对证券组合预期收益率的贡献依赖于它自身的收益率和它在期初证券市场价值中所占份额。依据上述对证券组合的分析,一个想要得到最大可能收益的投资者应该持有一种证券:即他认为有最大收益率的证券。但是只有极少数投资者是这样做的,也只有极少数投资顾问建议采用这种极端政策。而投资者常采取投资分散化方法,意味着他把货币投向多种证券而不是一种。这是因为投资分散化能够减少投资风险。

收益与风险存在着密切关系,风险越大,收益越高;反之,收益越低,二者之间是一种转换关系。投资风险可分为系统性风险和非系统性风险两大类,统称总风险。系统性风险是指因各种因素影响使整个市场发生波动而造成的风险,政治的、经济的以及社会环境的变化是系统风险的来源。因为这类风险与所有的证券存在着系统性联系,利率风险、市场风险和购买力风险都属于系统风险。非系统性风险是因个别证券发行公司和某些特殊状况造成的风险,这类状况通常与整个股市的状况不发生系统性的联系,企业经营风险、财务风险、流动性风险与违约风险都属于非系统性风险。非系统性风险只是影响某一种证券,故这类风险可以通过证券组合方法加以避免。预期收益率描述了以概率为权数的平均收益率。实际发生的收益率与预期收益率的偏差越大,投资于该证券的风险也就越大。因此,对单个证券的风险通常用统计学中的方差或标准差来表示,标准差σ可用公式表示成:

$$\sigma^2 = \sum_{i=1}^{n} [r_i - E(r)]^2 p_i$$

其中,σ^2是表示平均偏离程度的方差,p_i是情况i出现时的概率,r_i是情况i出现时的收益率,n为可能发生的情况数。

下面以一个例子(表13-3)来说明预期收益率和方差的计算:

表13-3 两公司举例

冷饮公司	多雨年份		少雨年份
	牛市	熊市	
概率	0.4	0.3	0.3
收益率	4%	-10%	30%

伞公司	多雨年份		少雨年份
	牛市	熊市	
概率	0.4	0.3	0.3
收益率	30%	12%	-20%

依照上述公式,可分别计算出伞公司和冷饮公司的预期收益率和标准差,代表各自的收益和风险:$E(r_伞)=0.096$,$\mathrm{Var}(r_伞)=0.014\ 310\ 4$;$E(r_{冷饮})=0.076$,$\mathrm{Var}(r_{冷饮})=0.024\ 864$

3. 证券组合收益和风险的衡量

证券组合是个人或机构投资者将不同的证券按照一定比例组合起来共同作为投资对象。上文讨论过投资于单个资产的风险和收益。但事实上,很少有投资者把所有财务都集中投资于一种证券上,而是构造一个证券组合。下面来讨论一下证券组合收益和风险的测量。

假设某投资者将其资金分别投资于风险证券 A 和 B,其投资比重分别为 x_A 和 x_B,$x_A+x_B=1$ 则双证券组合的预期收益率 R 等于单个证券预期收益 R_A 和 R_B 以投资比重为权数的加权平均数,用公式表示应为:

$$\overline{R}_P = x_A\overline{R}_A + x_B\overline{R}_B$$

由于两个证券的风险具有相互抵消的可能性,双证券组合的风险就不能简单地等于单个证券的风险以投资比重为权数的加权平均数。用其收益率的方差表示,其公式应为:

$$\sigma_P^2 = x_A^2\sigma_A^2 + x_B^2\sigma_B^2 + 2x_Ax_B\sigma_{AB}$$

其中:σ_{AB} 为证券 A 和 B 实际收益率与预期收益率离差之积的期望值,在统计学中称为协方差。协方差可以用来衡量两个证券收益之间的互动性,其计算公式为:

$$\sigma_{AB} = \sum\sum(R_{Ai}-\overline{R}_A)(R_{Bi}-\overline{R}_B)P_i$$

正的协方差表明两个变量朝同一个方向变动,负的协方差表明两个变量朝相反方向变动。两种证券收益率的协方差衡量这两种证券一起变动的程度。除了协方差,还可以用相关系数表示两种证券收益变动之间的互动关系,即 $\rho_{AB}=\dfrac{\sigma_{AB}}{\sigma_A\sigma_B}$。这样,上式又可以写成:

$$\sigma_P^2 = x_A^2\sigma_A^2 + x_B^2\sigma_B^2 + 2x_Ax_B\rho_{AB}\sigma_A\sigma_B$$

当相关系数为 -1 时,表示证券 A、B 收益变动完全负相关;当相关系数为 1 时,表示 A、B 完全正相关;当取值为 0 时,表示完全不相关。当 $0<\rho_{AB}<1$ 时,表示正相关,当 $-1<\rho_{AB}<0$ 时,表示负相关。

根据上面的分析可知,双证券组合的风险不仅取决于每个证券自身的风险(用方差或者标准差表示),还取决于每两个证券之间的互动性(用协方差或相关系数表示)。为了更好地理解分散化对于降低风险的作用,我们举个例子。假设市场上有 A、B 两种证券,其预期收益率分别为 8% 和 13%,标准差分别为 12% 和 20%。A、B 两种证券的相关系数为 0.3。某投资者决定用这两只证券组成投资组合。组合的预期收益率和方差为:

$$\overline{R}_P = x_A\overline{R}_A + x_B\overline{R}_B = x_A\times 8\% + x_B\times 13\% = 0.08x_A + 0.13x_B$$

$$\sigma_P^2 = x_A^2\times 12\%^2 + x_B^2\times 20\%^2 + 2x_Ax_B\times 0.3\times 12\%\times 20\%$$
$$= 0.014\ 4x_A^2 + 0.04x_B^2 + 0.014\ 4x_Ax_B$$

图 13-1 给出了不同相关系数下投资权重对组合标准差即风险的影响。从图中可以看出,除完全相关之外,最低方差组合的标准差均低于 A、B 两种证券的标准差。这充分说明了多样化的好处。

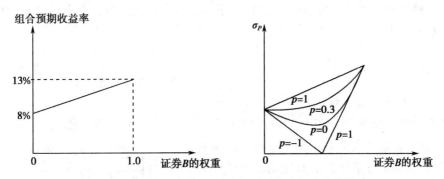

图 13-1 不同相关系数下投资权重对组合标准差的影响

将以上两张图结合起来看,我们可以得到一个能更直观地反映分散化效果的图形。从图 13-2 中可以看出,当相关系数为 1 时,双证券组合 P 的收益和风险关系落在 AB 直线上(具体在哪一点取决于投资比重);相关系数小于 1 时,代表组合 P 的收益和风险所有点的集合是一条向后弯的曲线,表明在同等风险下收益更大,或者说在同等收益水平下风险更小,相关系数越小,向后弯的程度越大;相关系数为 -1 时,是一条后弯的折线。

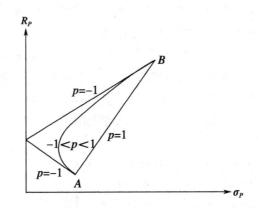

图 13-2 双证券组合的收益、风险和相关系数之间的关系

三、系统性风险与非系统性风险

由于非系统性风险可以通过有效的证券组合来消除,所以当一个投资者拥有一个有效的证券组合时,他所面临的就只有系统性风险了。那么如何衡量这个系统性风险呢?如果我们把证券市场处于均衡状态时的所有证券按其市值比重组成一个"市场组合",这个组合的非系统性风险将等于零。这样我们就可以用某种证券的收益率和市场组合收益率之间的 β 系数作为衡量这种证券系统性风险的指标。某种证券的 β 系数 β_i 指的是该证券的收益率和市场组合的收益率的协方差 σ_{im},再除以市场组合收益率的方差 σ_m^2,其公式为:

$$\beta_i = \frac{\sigma_{im}}{\sigma_m^2}$$

由于系统性风险无法通过多样化投资来抵消,因此一个证券组合的 β 系数 β_P 等于该组合中各种证券的 β 系数的加权平均数,权重为各种证券的市值占整个组合总价值的比重 x_i,其公式为:

$$\beta_P = \sum_{i=1}^{N} x_i \beta$$

如果一种证券或证券组合的 β 系数等于 1,说明其系统性风险跟市场组合的系统性风险完全一样;如果 β 系数大于 1,说明其系统性风险大于市场组合;如果 β 系数小于 1,说明其系统性风险小于市场组合;如果 β 系数等于 0,说明没有系统性风险。证券组合中证券的数量和组合与系统性、非系统性风险之间关系,可用图 13-3 表示。

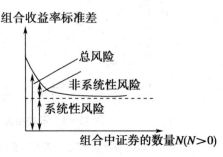

图 13-3　证券组合数量与风险

四、可行集与有效集

为了说明有效集定理,我们有必要引入可行集(Feasible Set)的概念。可行集指的是由 N 种证券所形成的所有组合的集合,它包括了现实生活中所有可能的组合。也就是说,所有可能的组合将位于可行集的边界上或内部。

对于一个理性投资者而言,他们都是厌恶风险而偏好收益的。对于同样的风险水平,他们将会选择能提供最大预期收益率的组合;对于同样的预期收益率,他们将会选择风险最小的组合。能同时满足这两个条件的投资组合的集合就是有效集(Efficient Set,又称有效边界 Efficient Frontier)。处于有效边界上的组合称为有效组合(Efficient Portfolio)。

有效集是可行集的一个子集,它包含于可行集中。那么,如何确定有效集的位置呢?我们先考虑第一个条件。在图 13-4 中,没有哪一个组合的风险小于组合 N,这是因为如果过 N 点画一条垂直线,则可行集都在这条线的右边。N 点所代表的组合称为最小方差组合(Minimum Variance Portfolio)。同样,没有哪个组合的风险大于 H。由此可以看出,对于各种风险水平而言,能提供最大预期收益率的组合集是可行集中介于 N 和 H 之间的上方边界上的组合集。

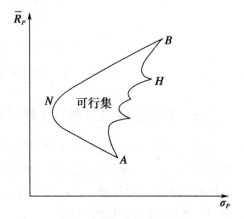

图 13-4　有效集与可行集

我们再考虑第二个条件,在图 13-4 中,各种组合的预期收益率都介于组合 A 和组合 B 之间。由此可见,对于各种预期收益率水平而言,能提供最小风险水平的组合集是可行集中介于 A、B 之间的左边边界上的组合集,我们把这个集合称为最小方差边界(Minimum Variance Frontier)。

由于有效集必须同时满足上述两个条件,因此 N、B 两点之间上方边界上的可行集就是有效集,所有其他可行组合都是无效的组合,投资者可以忽略它们。这样,投资者的评估范围就大大缩小了。

确定了有效集的形状之后,投资者就可根据自己的无差异曲线群选择能使自己投资效用最大化的最优投资组合了。这个组合位于无差异曲线与有效集的相切点 O,如图 13-5 所示。

从图 13-5 可以看出,虽然投资者更偏好 I_3 的组合,然而可行集中找不到这样的组合,因而是不可实现的。至于 I_1 上的组合,虽然可以找得

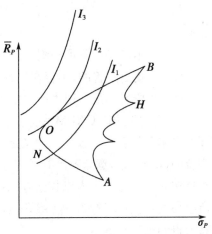

图 13-5 最优投资组合

到,但由于 I_1 的位置位于 I_2 的下方,即 I_1 所代表的效用低于 I_2,因此 I_1 上的组合都不是最优组合。而 I_2 代表了可以实现的最高投资效用,因此 O 点所代表的组合就是最优投资组合。有效集向上凸的特性和无差异曲线向下凸的特性决定了有效集和无差异曲线的相切点只有一个,也就是说最优投资组合是唯一的。对于投资者而言,有效集是客观存在的,它是由证券市场决定的。而无差异曲线则是主观的,它是由自己的风险——收益偏好决定的。厌恶风险程度越高的投资者,其无差异曲线的斜率越陡,因此其最优投资组合越接近 N 点;厌恶风险程度越低的投资者,其无差异曲线的斜率越小,因此其最优投资组合越接近 B 点。

第二节 资本资产定价理论

资本资产定价模型(capital asset pricing model,简称 CAPM)是在马柯维茨提出资产组合理论的基础上,由经济学家威廉·夏普等人创建的。该理论的主要特点是将资产的预期收益率与被称为 β 系数的风险值相联系,从理论上探讨在多样化的资产搭配中如何有效地计算单项证券的风险,从而说明风险证券是如何在证券市场上确定价格的。由于该理论论证严谨,可操作性强,能较好地解释证券定价的一些基本问题,因而在西方现代证券投资理论中占有极其重要的地位。

一、资本资产定价模型的基本假设

资本资产定价模型是以证券投资组合理论为基础发展而成,因此,关于证券投资组合理论的假设对资本资产定价模型同样适用。同时资本资产定价模型的有关假设比证券投资组合理论更为严格,其基本假设如下:

(1) 投资者都是风险回避者,且都是为了使单一期间内财富预期效用最大化。

(2) 投资者都是价格接受者,且对呈正态分布的资产报酬都有齐性预期,即对证券未来的期望收益、标准差与协方差有相同的预测。

(3) 在现实经济中存在无风险资产,投资者可以按照无风险利率任意借入或贷出资本。

(4) 资本市场是不可分割,市场信息是免费的,且投资者都可以获得各种信息。

(5) 市场是完善的,不存在税收、交易成本、对抛空的限制等投资障碍。

(6) 投资者都是采用资产期望收益及方差或标准差来衡量资产的收益和风险。

有了这些假定,CAPM 大大简化了问题的复杂性,每一个投资者有同样的信息和对证券未来前景看法一致。其含义是,投资者以相同的方式分析和加工信息。证券市场是完善的(Perfect),意味着没有任何投资障碍,这使得我们把问题的焦点从人们应该如何投资转向如果每一个人以相同方式投资,证券价格会发生什么变化。借助于在市场阶段所收集的对投资者行为的考察资料,每一种证券收益与风险之间的最终均衡关系的性质将会得到进一步展示。

二、证券市场线

1. 资本市场线

(1) 分离定理

在上述假定的基础上,我们可以得出如下结论:

根据相同预期的假定,我们可以推导出每个投资者的切点处投资组合(最优风险组合)都是相同的,从而每个投资者的线性有效集都是一样的。

由于投资者风险-收益偏好不同,其无差异曲线的斜率不同,因此他们的最优投资组合也不同。由此我们可以导出著名的分离定理:投资者对风险和收益的偏好状况与该投资者风险资产组合的最优构成是无关的。在图 13-6 中,I_1 代表厌恶风险程度较轻的投资者的无差异曲线,该

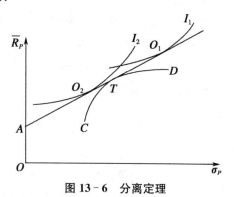

图 13-6 分离定理

投资者的最优投资组合位于 O_1 点,表明他将借入资金投资于风险资产组合上;I_2 代表较厌恶风险的投资者的无差异曲线,该投资者的最优投资组合位于 O_2 点,表明他将部分资金投资于无风险资产,将另一部分资金投资于风险资产组合。虽然 O_1 和 O_2 位置不同,但它们都是由无风险资产(A)和相同的最优风险组合(T)组成的,因此他们的风险资产组合中各种风险资产的构成比例自然是相同的。

(2) 市场组合

根据分离定理,我们还可以得到另一个重要结论:在均衡状态下,每种证券在均衡点处投资组合中都有一个非零的比例。

这是因为,根据分离定理,每个投资者都持有相同的最优风险组合(T)。如果某种证券在 T 组合中的比例为零,那么就没有人购买该证券,该证券的价格就会下降,从而使该

证券预期收益率上升,一直到在最终的最优风险组合 T 中,该证券的比例非零为止。

同样,如果投资者对某种证券的需要量超过其供给量,则该证券的价格将上升,导致其预期收益率下降,从而降低其吸引力,它在最优风险组合中的比例也将下降,直至对其需求量等于其供给量为止。

因此,在均衡状态下,每一个投资者对每一种证券都愿意持有一定的数量,市场上各种证券的价格都处于使该证券的供求相等的水平上,无风险利率的水平也正好使得借入资金的总量等于贷出资金的总量。这样,在均衡时,最优风险组合中各证券的构成比例等于市场组合(Market Portfolio)中各证券的构成比例。所谓市场组合,是指由所有证券构成的组合,在这个组合中,每一种证券的构成比例等于该证券的相对市值。一种证券的相对市值等于该证券总市值除以所有证券的市值的总和。习惯上,人们将切点处组合叫做市场组合,并用 M 代替 T 来表示。从理论上说,M 不仅由普通股构成,还包括优先股、债券、房地产等其他资产。但在现实中,人们常将 M 局限于普通股。

(3) 共同基金定理

如果投资者的投资范围仅限于资本市场,而且市场是有效的,那么市场组合就大致等于最优风险组合。单个投资者只要持有指数基金和无风险资产就可以实现最优投资了(当然,如果所有投资者都这么做,那么这个结论就不成立。因为指数基金本身并不进行证券分析,它只是简单地根据各种股票的市值在市场总市值中的比重来分配其投资。因此,如果每个投资者都不进行证券分析,证券市场就会失去建立风险收益均衡关系的基础)。如果我们把货币市场基金看作无风险资产,那么投资者所要做的事情只是根据自己的风险厌恶系数 A,将资金合理地分配于货币市场基金和指数基金,这就是共同基金定理。

共同基金定理将证券选择问题分解成两个不同的问题:一个是技术问题,即由专业的基金经理人创立指数基金;二是个人问题,即根据投资者个人的风险厌恶系数将资金在指数基金与货币市场基金之间进行合理配置。

(4) 资本市场线

按资本资产定价模型的假设,我们就可以很容易地找出有效组合风险和收益之间的关系。如果我们用 M 代表市场组合,用 R_f 代表无风险利率,从 R_f 出发画一条经过 M 的直线,这条线就是在允许无风险借贷情况下的线性有效集,在此我们称为资本市场线(capital market line),如图 13-7 所示。任何不利用市场组合以及不进行无风险借贷的其他所有组合都将位于资本市场线的下方。

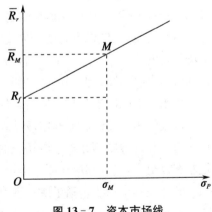

图 13-7 资本市场线

资本市场线的斜率等于市场组合预期收益率与无风险证券收益率之差除以它们的风险之差,由于资本市场线与纵轴的截距为 R_f,因此其表达式为:$\overline{R}_P = R_f + \left[\dfrac{\overline{R}_M - R_f}{\sigma_M}\right]\sigma_P$ 式中 $\overline{R}_P$

和 σ_P 分别代表最优投资组合的预期收益率和标准差。

证券市场的均衡可用两个关键数字来表示：一是无风险利率；二是单位风险报酬，它们分别代表时间报酬和风险报酬。因此，从本质上说，证券市场提供了时间和风险进行交易的场所，其价格则由供求双方的力量来决定。

2. 证券市场线

资本市场线反映的是有效组合的预期收益率和标准差之间的关系，一般单个风险证券由于大多不是有效组合而一定位于该直线的下方。因此，资本市场线并不能告诉我们单个证券的预期收益与标准差（即总风险）之间应存在怎样的关系。为此，我们有必要作进一步的分析。

我们可以得出市场组合标准差的计算公式为：

$$\sigma_M = \left[\sum_{i=1}^{n}\sum_{j=1}^{n} x_{iM} x_{jM} \sigma_{ij}\right]^{\frac{1}{2}}$$

展开为：

$$\sigma_M = \left[x_{1M}\sum_{j=1}^{n} x_{jM}\sigma_{1j} + x_{2M}\sum_{j=1}^{n} x_{jM}\sigma_{2j} + x_{3M}\sum_{j=1}^{n} x_{jM}\sigma_{3j} + \cdots + x_{nM}\sum_{j=1}^{n} x_{jM}\sigma_{nj}\right]^{\frac{1}{2}} \quad (*)$$

根据协方差的性质可知，证券 i 与市场组合的协方差等于证券 i 与市场组合中每种证券协方差的加权平均数：

$$\sigma_{iM} = \sum_{j=1}^{n} x_{jM}\sigma_{ij}$$

如果我们把协方差的这个性质运用到市场组合中的每一个风险证券，并代入（*）式，可得：

$$\sigma_M = \left[x_{1M}\sigma_{1M} + x_{2M}\sigma_{2M} + x_{3M}\sigma_{3M} + \cdots + x_{nM}\sigma_{nM}\right]^{\frac{1}{2}}$$

表明，市场组合的标准差等于所有证券与市场组合协方差的加权平均数的算术平方根，其权数等于各种证券在市场组合中的比例。

由此可见，在考虑市场组合风险时，重要的不是各种证券自身的整体风险，而是其与市场组合的协方差。这就是说，自身风险较高的证券，并不意味着其预期收益率也应较高；同样，自身风险较低的证券，也并不意味着其预期收益率也就较低。单个证券的预期收益率水平应取决于其与市场组合的协方差。

比较资本市场线和证券市场线可以看出，只有最优投资组合才落在资本市场线上，其他组合和证券则落在资本市场线的下方。而对于证券市场线来说，无论是有效组合还是非有效组合，它们都落在证券市场线上。

既然证券市场线包括了所有证券和所有组合，因此也一定包含市场组合和无风险资产。在市场组合那一点，β 值为 1，预期收益率为 R_M，因此其坐标为 $(1, R_M)$。在无风险资产那一点，β 值为 0，预期收益率为 R_f，因此其坐标为 $(0, R_f)$。证券市场线反映了在不同的 β 值水平下，各种证券及证券组合应有的预期收益率水平，从而反映了各种证券和证券组合系统性风险与预期收益率的均衡关系。由于预期收益率与证券价格成反比，因此证券市场线实际上也给出了风险资产的定价公式。

资本资产定价模型所揭示的投资收益与风险的函数关系,是通过投资者对持有证券数量的调整并引起证券价格的变化而达到的。根据每一种证券的收益和风险特征,给定一个证券组合,如果投资者愿意持有的某一证券的数量不等于已拥有的数量,投资者就会通过买进或卖出证券进行调整,并因此对这种证券价格产生涨或跌的压力。在得到一组新的价格后,投资者将重新估计对各种证券的需求,这一过程将持续到投资者对每一种证券愿意持有的数量等于已持有的数量,证券市场达到均衡。

三、资本资产定价模型的应用及其局限

资本资产定价模型最核心的应用是搜寻市场中价格被误定(mispricing)的证券。根据资本资产定价模型,每一证券的收益率应等于无风险利率加上该证券由 β 系数测定的风险溢价:

$$E(R_j) = R_f + [E(R_M) - R_f]\beta_j$$

于是投资者可以现行的市场价格与模型价格进行比较,二者不等,说明市场价格被误定,被误定的价格必然会回归。利用这一点,投资者便可以获得超过正常的收益。具体来说,当实际价格低于均衡价格时,应该买入;当实际价格高于均衡价格时,应该抛售该证券。尽管 CAPM 的成功已经得到了公认,但在实际运用中,仍存在着一些明显的局限,主要表现在:

(1) 某些投资项目和资产,特别是一些新兴产业,由于缺乏历史数据而难以估计 β。

(2) 由于经济的不断发展,各种资产的值也会产生相应的变化。因此,依靠历史数据估算的 β 值对未来的指导作用值得怀疑。

(3) 市场组合的概念是资本资产定价模型的基础,实际中,选用何种指数作为市场组合的代表物,没有定论,并且所选的指数是否能代表有效的市场组合是值得怀疑的。

总之,作为现代投资组合理论,马柯维茨模型和资本资产定价模型告诉人们:通过投资组合可以降低风险,提高收益,投资风险、收益可以用量的概念来衡量;投资组合有科学方法,可以不断探索发展。

第三节 套利定价理论

一、套利定价理论

套利定价理论(API)是一种资产定价模式,其重点是每项资产的回报率均可从该资产与众多的共同风险因素的关系推测得到。这一理论由斯蒂芬·罗斯创立于 1976 年,从众多独立的宏观经济因素变量的线性组合预测投资组合的回报。当资产被错误定价时,套利定价理论(APT)会指出正确的价格何在。它通常被视为资本资产定价模型(CAPM)的替代品,因为 APT 具有更灵活的假设要求。鉴于 CAPM 的公式需要市场的预期回报,APT 则套用风险资产的预期收益率和各宏观经济因素的风险溢价。套利者使

用APT模型,利用证券的错误定价从中谋利。当证券出现错误定价,其价格将异于从理论模式预测出来的价格。

二、单因素套利定价模型

资本资产定价模型是一单因素模型,它的缺陷之一是用一个指定的因素——市场证券组合收益率来解释各证券的收益率构成。尽管在指数模型的讨论中可以将影响证券收益率的因素由一个扩展到多个,但仍没有走出事先人为指定是什么因素以及多少因素对证券收益率产生影响这一思维模式。显然,要使解释证券收益率构成的模型包含更多更有用的信息,就需在模型设定上作一些修改。罗斯(Ross,1976)建立了修正模型,并在此基础上从套利角度讨论了市场均衡状态下证券的定价。

与指数模型类似,在套利定价理论中,我们假定证券的收益受一些共同因子的影响,并且收益率与这些共同因子之间有如下关系:

$$r_i = E(r_i) + \beta_{i1}F_1 + \beta_{i2}F_2 + \cdots + \beta_{in}F_n + e_i \tag{13-1}$$

其中:r_i为第i种证券的未来收益率,它为一随机变量;$E(r_i)$为第i种证券的期望收益率;β_{ik}为第i种证券收益率对第k项共同因子的敏感度,有时也称之为风险因子;F_k为对各证券收益率都有影响的第k项共同因子,它的期望值为零。e_i为第i种证券收益率中特有的受自身不确定因素影响的随机误差,它的期望值为零,且与各共同因素无关。

如果各证券收益率只受一个共同因子F的影响,那么由(13-1)式,证券i收益率的结构式就为

$$r_i = E(r_i) + \beta_i F + e_i \tag{13-2}$$

且满足如下条件:

$$E(F) = 0 \quad E(e_i) = 0$$
$$\text{Cov}(e_i, F) = 0, \quad \text{Cov}(e_i, e_j) = 0$$

下面我们考察在模型(13-2)式的设定条件下,各证券及证券组合的风险构成,并进一步讨论在市场均衡下各证券及证券组合的期收益率与风险的关系。

(一)充分分散投资组合的套利定价

假定某证券组合P由n种证券构成,各证券的组合权数为$x_i(\sum_{i=1}^{n}x_i = 1)$,则$P$的收益率构成为:

$$r_P = \sum_{i=1}^{n}x_i r_i = \sum_{i=1}^{n}x_i[E(r_i) + \beta_i F + e_i] = E(r_P) + \beta_P F + e_P \tag{13-3}$$

其中$\beta_P = \sum_{i=1}^{n}x_i\beta_i$代表投资组合$P$对共同因子$F$的敏感度;$e_P = \sum_{i=1}^{n}x_i e_i$为$P$的非系统收益率。

类似于利用指数模型对证券风险的讨论,我们可将证券及证券组合的风险分成由共同因子引起的系统风险与由特殊因素引起的非系统风险两部分。由(13-2)式,有

$$\sigma^2(r_i) = \text{Var}[E(r_i) + \beta_i F + e_i] = \beta_i^2 \sigma_F^2 + \sigma^2(e_i)$$

其中 $\beta_i^2 \sigma_F^2$ 代表证券 i 系统风险,$\sigma^2(e_i)$ 代表证券 i 的非系统风险,由(13-3)式有

$$\sigma^2(r_P) = \text{Var}[E(r_P) + \beta_P F + e_P] = \beta_P^2 \sigma_F^2 + \sigma^2(e_P) \tag{13-4}$$

通过以上分析可以看出,对于一个充分分散的证券组合,它的非系统风险几乎接近于零,因此,在实际应用中可将 $\sigma^2(e_P)$ 忽略不计,视其为零。又因为 e_P 的期望值为零,注意到方差 $\sigma^2(e_P)$ 为零,因而我们可断定 e_P 的实际值就是零。回到(13-3)式,就得到作为实际用途的充分分散证券组合的收益率构造:

$$r_P = E(r_P) + \beta_P F \tag{13-5}$$

将(13-5)式与(13-2)式作一对比可以看出,单个证券收益率与共同因子不存在完全的线性关系(因随机误差项 e_i 存在),但充分分散证券组合的收益率与共同因子之间具有线性关系。

图 13-8 为 β 值都为 1 的充分分散的证券组合 P 及单个证券 Q 的收益率与共同因子的关系图。

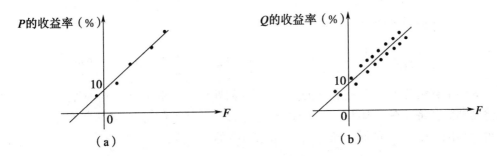

图 13-8 组合 P 及单个证券 Q 的收益率与共同因子的关系

在图(a)中,证券组合 P 的期望收益率为 10%,它代表共同因子为零时 P 的收益率,直线的斜率代表证券组合 P 对共同因子 F 的敏感度($\beta=1$),直线上的不同点代表了在共同因子处于不同水平时证券组合 P 相应的收益率,若共同因子为正,则 P 的收益率超过期望收益率,反之则低于期望收益率,证券组合 P 满足的方程为:

$$r_P = E(r_P) + \beta_P F = 0.10 + 1.0 \times F$$

在图(b)中,单个证券 Q 的期望收益率也为 10%,β 值为 1,但由于收益率受共同因子与非系统因素的影响,所以其收益率与共同因子 F 的关系为围绕直线分布的散点图,Q 的收益率满足如下关系式:

$$r_Q = E(r_Q) + \beta_Q F + e_Q = 0.10 + 1.0 \times F + e_Q$$

下面再看图 13-9:虚线代表了另外一个充分分散证券组合 B 的收益率与共同因子 F 的关

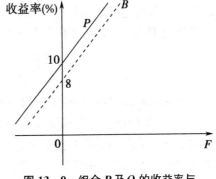

图 13-9 组合 P 及 Q 的收益率与共同因子的关系

系，B 的期望收益率为 8%，β 值（虚线的斜率）仍为 1。

我们要问充分分散组合 P 与充分分散组合 B 能否同时并存，答案是不可能。因为无论共同因子处于何种水平，证券组合 P 都优于证券组合 B，这就是产生了套利机会（无风险）。

上面我们分析了在市场均衡状态下，具有同 β 值的充分分散证券组合应具有相同的期望收益率，那么对于不同 β 值的充分分散证券组合，它们的期望收益率与其 β 值之间存在什么关系呢？为了回答这一问题看图 13-10。

假设某充分分散证券组合 C 的 β 系数为 0.5，期望收益率为 $E(r_C)=0.06$，C 位于由 r_f（$r_f=0.04$）与 P 的连接线的下方，也就是说，C 提供的风险补偿率低于 P 的风险补偿率。如果以二分之一权重的 P 及二分之一权重的 r_f 构成一新的投资组合 D，那么 D 的 β 值为：

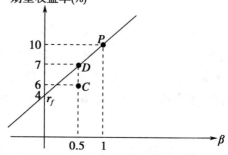

图 13-10　期望收益率与 β 值的关系

$$\beta_D = \frac{1}{2}\beta_f + \frac{1}{2}\beta_P = \frac{1}{2} \times 0 + \frac{1}{2} \times 1 = 0.5$$

D 的期望收益率等于：

$$E(r_D) = \frac{1}{2}r_f + \frac{1}{2}E(r_P) = \frac{1}{2} \times 0.04 + \frac{1}{2} \times 0.10 = 0.07$$

这样证券组合 D 与 C 有相同的 β 值，但 D 的期望收益率高于 C，由前面的分析知，无风险套利机会将存在。因此，在市场处于均衡状态不存在套利机会时，所有充分分散证券组合必位于始于 r_f 的同一条直线上，这条直线的方程为：

$$E(r_P) = r_f + \lambda \beta_P \tag{13-6}$$

其中斜率 λ 代表了单位风险的报酬，有时也称它为风险因子的价格。（13-6）式就是关于充分分散证券组合的套利定价模型，它描述了在市场均衡状态下，任意充分分散证券组合收益率与风险（β）的关系。

（二）单个证券的套利定价

我们已经知道，如果利用充分分散证券组合进行套利的机会不存在时，每一充分分散证券组合的超额期望收益率与它的 β 值之间一定成常定比例，即对任意两个充分分散证券组合 P 与 T，总有如下式子成立：

$$\frac{E(r_P) - r_f}{\beta_P} = \frac{E(r_T) - r_f}{\beta_T} = \lambda \tag{13-7}$$

下面我们通过两个步骤来分析说明关系是不可能成立的。

首先，我们选择一个风险补偿率高而另一个风险补偿率低的一对证券进行组合，通过卖空补偿率低的证券并投资补偿率高的证券，可以构造一个零 β 值的证券。比如，对图中的证券 C 卖空，并投资于证券 A，在条件

$$\begin{cases} x_A \beta_A + x_C \beta_C = 0 \\ x_A + x_C = 1 \end{cases}$$

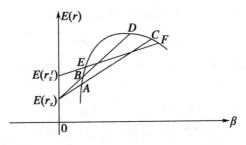

图 13-11 单个证券 $E(r)$ 与 β 的关系

之下就可形成一零 β 投资组合 Z，Z 的期望收益率为：

$$E(r_Z) = x_A E(r_A) + x_C E(r_C)$$

同样，我们也可构造一个期望收益率为 $E(r_Z')$，既无系统风险也无非系统风险的另一个投资组合（如图），它也需非零的投资额。至此，我们已构造了两个无任何风险的投资组合，而它们的期望收益率却不同，很明显，这一情形的出现已产生了无风险套利机会，我们只需卖空一定量的具有低期望收益率的投资组合 Z，同时用所得的资金投资于高期望收益率的投资组合 Z'，就可获得无风险的差额利润。这一套利机会对所有投资者都是有利的，因此，每一投资者都会试图利用这一套利机会。

随着套利者的不断卖空与购入，像 D、C、F 那样风险补偿率低的证券其价格将随着供给增加而下降，从而期望收益率上升，而类似于 A、B、E 这样风险补偿率高的证券，由于需求增加，其价格将上升，从而期望收益率下降，最终，市场将调节到"几乎所有"证券的风险补偿率一致的状态，使套利机会消失，因此，在市场均衡状态下，单个证券满足如下关系式：

$$\frac{E(r_i) - r_f}{\beta_i} = k \quad (k \text{ 为定常数}) \tag{13-8}$$

或

$$E(r_i) = r_f + k\beta_i \tag{13-9}$$

这就是市场均衡状态下单个证券的套利定价模型。它描述了单个证券均衡期望收益率与 β 值之间的关系。

将它与(13-6)式进行对比，可得到 $k=\lambda$，这说明在市场均衡状态下，无论是单个证券还是证券组合，它们的期望收益率与 β 值之间有相同的线性关系：

$$E(r) = r_f + \lambda\beta \tag{13-10}$$

这就是单因子套利定价模型。它的经济意义为：任何一种证券（或证券组合）的期望收益率由两部分构成，一部分为无风险收益率；另一部分为风险溢价，风险溢价等于证券（或证券组合）对共同因子的敏感度（风险值 β）与单位风险价格 λ 的乘积。

三、多因素套利定价模型

在单因素套利定价理论中，我们假定各证券收益率只受一个共同因素的影响，很明显，这种假设过于简单，与现实不一定相符。更一般的情形是各证券收益率受多个共同因素的影响。下面我们考察证券收益率由多因素模型产生时，证券的套利定价模型。

假设各证券收益率受两个共同因素的影响,那么证券收益率的分解式为:

$$r_i = E(r_i) + \beta_{i1}F_1 + \beta_{i2}F_2 + e_i \tag{13-11}$$

与讨论单因素套利定价模型一样,我们分别考察充分分散证券组合与单个证券的套利定价模型。

(一)充分分散投资组合的双因素套利定价模型

对于由 n 种证券构成的证券组合 P,如果各证券的组合权数为 x_i,那么 P 的收益率就为:

$$\begin{aligned} r_P &= \sum_{i=1}^n x_i r_i = \sum_{i=1}^n x_i [E(r_i) + \beta_{i1}F_1 + \beta_{i2}F_2 + e_i] \\ &= \sum_{i=1}^n x_i E(r_i) + \left(\sum_{i=1}^n x_i \beta_{i1}\right)F_1 + \left(\sum_{i=1}^n x_i \beta_{i2}\right)F_2 + \sum_{i=1}^n x_i e_i \\ &= E(r_P) + \beta_{P1}F_1 + \beta_{P2}F_2 + e_P \end{aligned} \tag{13-12}$$

P 的总风险(方差)为:

$$\sigma_P^2 = \text{Var}[E(r_P) + \beta_{P1}F_1 + \beta_{P2}F_2 + e_P] = \beta_{P1}^2 \sigma_{F1}^2 + \beta_{P2}^2 \sigma_{F2}^2 + \sigma^2(e_P) \tag{13-13}$$

其中 σ_{F1}^2、σ_{F2}^2 分别为共同因子 F_1、F_2 的方差,$\sigma^2(e_P) = \sum_{i=1}^n x_i^2 \sigma^2(e_i)$ 代表证券组合 P 非系统风险,前两项之和为两个共同因子变化的不确定性所带来的系统风险。

下面我们考察当资本市场处于均衡而不存在无风险套利机会时,充分分散证券组合的期望收益率与风险之间存在什么关系。

首先,具有相同 β 值的充分分散证券组合,应有相同的期望收益率。因为,如果存在两个充分分散证券组合 P 和 Q,它们的 β 相同:$\beta_{P1} = \beta_{Q1}$、$\beta_{P2} = \beta_{Q2}$,而期望收益率 $E(r_P)$ 与 $E(r_Q)$ 不相同,那么通过卖空一定数额的低期望收益率的证券组合而同时购入相等价值的高期望收益率的证券组合,就可形成一个零投资组合,该零投资组合的 β 值为零,从而系统风险为零,面对这种套利机会,人人都会利用它去谋取巨额收益,大量的买、卖最终迫使证券组合 P 与 Q 的期望收益率趋于一致。

其次,充分分散证券组合的期望收益率与其 β 值之间存在线性关系,即

$$E(r_P) = r_f + \lambda_1 \beta_{P1} + \lambda_2 \beta_{P2} \tag{13-14}$$

由此可见,在市场均衡状态下,任意分散证券组合的期望收益率与 β 值必存在线性关系(13-14),(13-14)式就是在两因素模型成立的情况下,充分分散证券组合的套利定价模型。它表明,任何分散证券组合的风险报酬是风险因素 β 的线性函数,β 值越大,风险报酬就越高,而 λ_1、λ_2 分别代表了两个风险因素 β_1、β_2 的单位价格。

(二)单个证券的双因子套利定价模型

假设在市场均衡状态下各单个证券期望收益率与风险因素之间是非线性的,众多证券分布在如图 13-12 所示的曲面上,那么通过卖空像 H 这样的证券,并用所得资金与自有资金一起投资于像 G 这样的证券,只要卖空 H 的数量选择恰当,就可构造出对两个共同因素的敏感度都为零的证券组合 Z'(即零 β 证券组合),它的期望收益率为 $E(r_Z')$。由

于 Z' 的两个 β 值都是零,因此 Z' 没有系统风险。但 Z' 存在非系统风险,而且需要非零的投资额。

如果我们选择许多对像 G、H 这样的证券,采用上述处理方法,就可以构造出充分分散的证券组合 Z',使 Z' 对两个共同因子的敏感度都为零。这样,Z' 既无系统风险,同时由于已充分分散而消除了非系统风险。但 Z' 仍需非零的投资额。

使用相同的方法,通过卖空像 F,购入像 E 这样的足够多的证券,可以构造出对两个共同因子的敏感度都为零的充分分散投资组合 Z,Z 的期望收益率为 $E(r_Z)$ 如图 13-12,而且既无系统风险,也没有非系统风险,当然,Z 仍需非零的投资额。

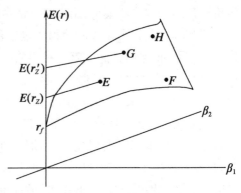

图 13-12　充分分散证券组合的 $E(r)$ 与双因子的关系

对比证券组合 Z 和 Z' 可以看出,这种情况已产生了无风险套利机会,投资者只需卖空 Z 并用所得资金购入 Z',无需任何本金,就可获得无风险差价收益。显然,这种套利机会造成了价格压力,套利者的卖空与购入使证券量供需失衡,市场将对证券价格作出调整,最终使套利机会消失,图(13-12)的曲面将变成平面。"几乎所有"的证券将位于一平面上,即证券的期望收益率与其 β 值之间将保持线性关系,用数学式表示就是:

$$E(r_i) = r_f + \lambda_1\beta_{i1} + \lambda_2\beta_{i2} \tag{13-15}$$

这就是两因素模型成立的情况下,单个证券的套利定价模型,它与分散组合所满足的套利定价模型(12-14)完全一致。也就是说,当市场处于均衡状态时,所有的证券及证券组合都以相同的方式进行定价,它们期望收益率的高低取决于风险因子的大小和风险因子的价格。

如果影响证券收益率的共同因子不止两个,采用相同的分析方法,可以得出与两因素完全类似的均衡定价模型,具体形式如下:

$$E(r) = r_f + \lambda_1\beta_1 + \lambda_2\beta_2 + \cdots + \lambda_n\beta_n \tag{13-16}$$

这就是一般情形的套利定价模型,其中 $\beta_1, \beta_2, \cdots, \beta_n$ 代表证券或证券组合的 n 个风险因子的值,而 $\lambda_1, \lambda_2, \cdots, \lambda_n$ 则为各风险因子的价格。

四、套利定价理论的意义与局限性

套利定价理论导出了与资本资产定价模型相似的一种市场关系。套利定价理论以收益率形成过程的多因子模型为基础,认为证券收益率与一组因子线性相关,这组因子代表证券收益率的一些基本因素。事实上,当收益率通过单一因子(市场组合)形成时,将会发现套利定价理论形成了一种与资本资产定价模型相同的关系。因此,套利定价理论可以被认为是一种广义的资本资产定价模型,为投资者提供了一种替代性的方法,来理解市场中的风险与收益率间的均衡关系。套利定价理论与现代资产组合理论、资本资产定价模型、期权定价模型等一起构成了现代金融学的理论基础。

套利定价理论的基本机制是：在给定资产收益率计算公式的条件下，根据套利原理推导出资产的价格和均衡关系式。APT 作为描述资本资产价格形成机制的一种新方法，其基础是价格规律：在均衡市场上，两种性质相同的商品不能以不同的价格出售。套利定价理论是一种均衡模型，用来研究证券价格是如何被决定的。它假设证券的收益是由一系列产业方面和市场方面的因素确定的。当两种证券的收益受到某种或某些因素的影响时，两种证券收益之间就存在相关性。套利定价理论也存在一定的局限性，表现在：

（1）市场以外的不确定性。我们知道对于非上市资产可以通过在市场上寻找相应的复制品来定价。但是在许多情况下，都不一定能够找到合理的复制品。

（2）理论定价和实际定价存在着一定的差距。从实践上来讲，我们无法将所有影响证券收益的因素都归入到模型中，那么在应用 APT 时就不可避免地产生片面性。实际上，投资者都或多或少地在应用 APT 定价理论。在利用 APT 模型选择一些因素进行分析的时候，我们很可能忽略了潜在的一些其他因素。在 APT 模型的应用中，因素的选择具有很大的主观性，这给模型的应用带来了很大的不确定性。

第四节　有效市场理论

20 世纪 60 年代末有效市场假设提出，有效市场假设以为，证券价格已经充分反映了所有可获得的信息，并对传统的分析工具和技术提出了怀疑，由此带来了一场投资理念的革命，而随后诞生的指数基金也正是这一理论的产物。

一、有效市场理论的产生

法国经济学家巴歇利埃（Bachelier）在 1900 年对商品价格波动作了研究，他指出了商品价格遵循随机波动，并描述和检验了随机游走模型。但 Bachelier 的开创性研究并没有得到足够的重视。直到 20 世纪 50 年代初，关于市场有效性的研究才迅速升温。1953 年英国统计学家肯德尔（Kendall）在《经济时间序列分析》中提出股票价格遵循随机游走规律的结论。1965 年和 1966 年又有学者（Samuel 和 Mandelbrot）研究了随机游走理论后，提出了"公平博弈模型"，为以后的实证检验提供了强有力的理论基础。法玛为有效市场理论的最终完善作出了卓越贡献。1965 年他发表的一篇题为《股票市场价格行为》的论文，提出有效市场假说（EMH）。1970 年对有关 EMH 的研究作了系统的总结，还提出了研究 EMH 的一个完整理论框架。

法玛在其论文《有效资本市场：理论和实证研究回顾》中提出了得到普遍接受的有效市场的定义，即有效市场是指投资者都利用可获得的信息力图获得更高的报酬，而在一个充满信息竞争和信息交流的社会里，市场上的信息是众所周知的并且能迅速地传播至所有的参与者。证券价格对新的市场信息的反应是迅速而准确的，证券价格能完全反映全部信息，市场竞争使证券价格从一个均衡水平过渡到另一个均衡水平，而与新信息相应的价格变动是相互独立的,或称随机的。因此,有效市场理论也被称为随机游走理论。

二、有效市场的类型

自1967年由罗伯茨首次提出以来,人们就一直习惯于按照信息集的三种不同类型将市场效率划分为三种不同水平。

1. 弱势有效市场

指当前的市场价格完全反映了包含在历史价格中的所有信息,未来的价格是由包含在历史价格以外的信息所决定的。而与过去的历史价格不相关。从而投资者不可能通过对以往的价格进行分析而获得超额利润时,市场即为弱势有效市场。"随机游走"正是指这种弱势有效,在这种情况下,技术分析将毫无意义。

2. 半强势有效市场

若现在的价格不仅体现历史的价格信息,而且反应所有与公司股票有关的公开信息,即为半强势有效市场。在半强势有效市场中,对一家公司的资产负债表、利润表、股息变动、股票拆息及任何可公开获得的信息进行分析,均不能获得超额利润。在这种市场中,基本分析将失去作用。

3. 强势有效市场

指不仅所有分析没有用处,而且所有的信息都是无用的,即任何可得到的信息,无论是公开的还是内部的,都会在价格上得到反映。若市场价格充分反映有关公司的任何公开或者未公开的一切信息,从而使任何获得内部消息的人也不能凭此而获得超额利润时,则成为强势有效市场。

三种有效市场假说之间的关系可以用图13-13表示。

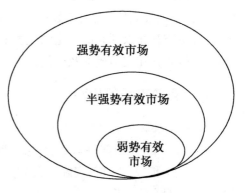

图13-13 三种有效市场假说间的关系

三、有效市场假说的理论基础

有效市场假说是建立在三个强度渐次减弱的假定之上的。

1. 市场的投资者都是理性人

这个假定是最强的假定。如果投资者是理性的,他们认为每种证券的价值等于其未来的现金流按能反映其风险特征的贴现率贴现后的净现值,即内在价值。当投资者获得有关证券内在价值的信息时,他们就会立即做出反应,买进价格低于内在价值的证券,卖出价格高于内在价值的证券,从而使证券价格迅速调整到与新的净现值相等的新水平。投资者的理性意味着不可能赚取经过风险调整的超额收益率。因此,完全理性的投资者构成的竞争性市场必然是有效市场。

2. 投资者的非理性行为会相互抵消

这是较弱的假定。有效市场假说的支持者认为,投资者非理性并不能作为否定有效市场的证据。他们认为,即使投资者是非理性的,在很多情况下市场仍可能是理性的。例如,只要非理性的投资者是随机交易的,这些投资者数量很多,他们的交易策略是不相关的,那么他们的交易就可能互相抵消,从而不会影响市场效率。这种论点主要依赖于非理性投资者投资策略的互不相关性。

3. 市场上的理性套利者会消除非理性行为的作用

这是最弱的假定。夏普和亚历山大(Sharpe and Alexander)把套利定义为"在不同市场,按不同的价格同时买卖相同或本质上相似的证券"。例如,由于非理性的投资者连续买进某种证券,使该证券的价格高于其内在价值。这时,套利者就可以卖出甚至卖空该证券,同时买进其他"本质上相似"的证券以对冲风险。如果可以找到这种替代证券,套利者也能对这两种证券进行买卖交易,那他们就可以赚取无风险利润。由于套利活动无需资本,也没有风险,套利活动将使各种证券价格迅速回到其内在价值的水平。弗里德曼(Friedman)甚至认为,在非理性的投资者与理性的套利者的博弈中,非理性的投资者将亏钱,其财富越来越少,从而将最终从市场中消失。

由以上三种假定可以看出,有效市场需要具备如下必要条件:存在大量的证券,以便每种证券都有"本质上相似"的替代证券,这些替代证券不但在价格上不能与被替代品一样同时被高估或低估,而且在数量上要足以将被替代品的价格拉回到其内在价值的水平;允许买空存在以利润最大化的理性套利者,他们可以根据现有信息对证券价值进行合理判断,不存在交易成本及税收。

四、有效市场的检验

1. 模拟检验

Harry Robert 用随机数表产生一系列的价格变化数据,画在图上以描绘道琼斯(Dow Jones)指数,将其与实际指数进行比较,以考察其行为。结果表明两者具有极相似的模式,说明实际结果是随机变动的。

2. 序列相关性检验

这种检验是确定一定时期内价格变化的相关性,如 $t+1$ 时的价格与 t 时价格间的关系,相关系数在 -1 到 $+1$ 间取值。的研究表明,道琼斯(Dow Jones)指数每日价格在各种延迟下的相关系数都近于零,其他商品价格、单个股票价格的研究也有同样的结论。

3. 游程检验

用相关系数评估一个特定序列的独立性存在一个潜在的问题。因为相关系数是受个别的大数值数据的影响,即最大的数据或最小的数据会对确定相关系数的计算结果产生不正常的影响,为了克服这一缺点,一些学者如 Pierre Perron 和 Robert J. Shiller 采用了游程检验。这种方法忽略了序列中数字的绝对值,而只观察其符号,然后只计同方向的游程数(符号的连续序列)。如序列——＋0＋有四个周期,将观察到的实际游程周期数与随即产生的价格变化序列的游程数相比较,看是否明显不同。

4. 过滤检验

上述方法都是对价格变化的独立性进行检验,而过滤检验则是对特定的机械交易策略进行直接检验。过滤检验是基于这样的前提,即一旦价格变化超过一个比率,则将继续在同一方向变化。所以有下列类似于著名的 Dow 理论的规则:当某日价格上升比率达到 $x\%$,买入成为多头,并持有该证券直到从下一个高点下降 $x\%$ 时卖出成为空头,保持空头直到从下一个低点上升达到 $x\%$ 时买入再成为多头。可以看出,选择高的过滤值会降低交易次数,减少错误信号,但也会减少潜在的获利机会;相反,选择小的过滤值会保证分享大量价格变化带来的利益,但其缺点是进行交易的次数多,相应地要付出较高的成本,而且按错误信号交易的可能性也会增加。R. A. Brealey 的研究表明,只有当过滤值取很小时,才存在依靠简单策略获利的自动交易系统。如果考虑到过多的交易次数导致的巨大的成本,这种情形下获利其实是不可能的。对其他交易系统的类似研究有类似的结果,这表明获利的自动交易系统是不存在的。

5. 分布模式

按统计学的原则,随机事件的分布应是正态分布,因此如果价格的变化比率是随机事件,则其分布应近似完全正态。Fama 的研究表明,价格变化率与正态分布性偏差很少,从而证实了这一点。

6. 逆转效应

研究发现,在某一段时期内,运行差的股票在其后时段里运行良好,反之亦然。如果这是真的,则可导出基于技术分析的易于实施的交易策略,即买入最近不好的,卖出运行好的,这称为逆转效应。这一效应如果在许多投资者采用后仍成立,将否定随机游走假设。

五、有效市场假说的实施意义

1. 有效市场和技术分析

如果市场未达到弱式下的有效,则当前的价格未完全反映历史价格信息,那么未来的价格变化将进一步对过去的价格信息作出反应。在这种情况下,人们可以利用技术分析和图表从过去的价格信息中分析出未来价格的某种变化倾向,从而在交易中获利。如果市场是弱式有效的,则过去的历史价格信息已完全反映在当前的价格中,未来的价格变化将与当前及历史价格无关,这时使用技术分析和图表分析方法分析当前及历史价格对未来作出预测将是徒劳的。如果不运用进一步的价格序列以外的信息,明天价格最好的预测值将是今天的价格。因此在弱式有效市场中,技术分析将失效。

2. 有效市场和基本分析

如果市场未达到半强式有效,公开信息未被当前价格完全反映,分析公开资料寻找误定价格将能增加收益。但如果市场半强式有效,那么仅仅以公开资料为基础的分析将不能提供任何帮助,因为针对当前已公开的资料信息,目前的价格是合适的,未来的价格变化与当前已知的公开信息毫无关系,其变化纯粹依赖于明天新的公开信息。对于那些只依赖于已公开信息的人来说,明天才公开的信息,他今天是一无所知的,所以不用未公开的资料,对于明天的价格,他的最好的预测值也就是今天的价格。所以在这样的一个市场中,已公布的基本面信息无助于分析家挑选价格被高估或低估的证券,基于公开资料的基础分析毫无用处。

3. 有效市场和证券组合管理

如果市场是强式有效的，人们获取内部资料并按照它行动，这时任何新信息（包括公开的和内部的）将迅速在市场中得到反映。所以在这种市场中，任何企图寻找内部资料信息来打击市场的做法都是不明智的。这种强式有效市场假设下，任何专业投资者的边际市场价值为零，因为没有任何资料来源和加工方式能够稳定地增加收益。对于证券组合理论来说，其组合构建的条件之一即是假设证券市场是充分有效的，所有市场参与者都能同等地得到充分的投资信息，如各种证券收益和风险的变动及其影响因素，同时不考虑交易费用。但对于证券组合的管理来说，如果市场是强式有效的，组合管理者会选择消极保守型的态度，只求获得市场平均的收益率水平，因为区别将来某段时期的有利或无利的投资不可能以现阶段已知的这些投资的任何特征为依据，进而进行组合调整。因此在这样一个市场中，管理者一般模拟某一种主要的市场指数进行投资。而在市场仅达到弱式有效状态时，组织管理者则是积极进取的，会在选择资产和买卖时机上下工夫，努力寻找价格偏离价值的资产。

第五节 行为金融理论

一、行为金融理论概述

行为金融是行为经济学的一个分支，它研究人们在投资决策过程中认知、感情、态度等心理特征，以及由此而引起的市场非有效性。行为金融理论是从20世纪80年代以后才迅速发展的，并从90年代开始才逐渐引起人们的关注。作为一个新兴的研究领域，许多学者已经尝试对行为金融理论进行定义，主要有以下几种观点：

理查德·塞勒(1992)认为行为金融理论是为了解释现代证券投资理论中的实证之谜，同时有必要认为一些经济行为人在一些时候有可能不是"理性投资者"。只要是考虑经济行为人不是在完全理性的情况下进行经济抉择的研究均属于行为金融理论的研究范畴。

希勒(1999)从以下几个层次各给出了自己对行为金融理论的定义：(1) 行为金融学是决策理论、心理学与经济金融理论相融合的学科体系，同时该理论体系还吸收了社会学和人类学的研究成果；(2) 行为金融理论是试图解释证券市场中出现的与传统证券投资理论相违背的经济现象的理论体系；(3) 行为金融学主要研究投资者如何在决策中出现的各种偏差或失误。

林特纳(Lintner)认为，行为金融学是研究人类如何解释信息以及根据信息如何作出决策。

奥森(Osen)声称行为金融学并不是试图去定义"理性"的行为或者把决策打上偏差或错误的标记，而是寻求理解并预测市场心理决策过程的系统含义。

斯特曼(Statman)在对行为金融学进行总结时指出，行为金融学与现代主流金融学本质上并没有很大的差异，他们主要目的都试图在一个统一的框架下，利用尽可能少的工具构建统一的理论,解决金融市场中的所有问题。唯一的差别就是行为金融学利用了与投资者信念、偏好以及决策相关的认知心理学和社会心理学的研究成果。

奚恺元(Hsee)则认为,行为金融学是将行为科学、心理学和认知科学的成果运用到金融市场中产生的学科。它的主要研究方法是基于心理学实验结果,提出投资者决策时的心理特征假设来研究投资者的实际投资决策行为。

综合上述观点,行为金融理论的定义为:行为金融理论是将决策理论和心理学的研究成果应用在金融领域的理论体系,它研究人们的认知局限性以及非理性行为如何影响自己的投资决策,从而分析人们的这些投资决策行为如何影响金融市场。行为金融理论的假设条件包括:情绪、心理等因素影响投资者的投资决策;投资者进行投资决策时是有限理性的;市场中不仅存在理性投资者,也存在非理性投资者,两者的决策行为共同影响整个金融市场的波动。

总之,行为金融是金融学、心理学、行为学、社会学等学科相交叉的边缘学科,力图揭示金融市场的非理性行为和决策规律。行为金融理论认为,证券的市场价格并不只由证券内在价值所决定,还在很大程度上受到投资者主体行为的影响,即投资者心理与行为对证券市场的价格决定及其变动具有重大影响。

二、行为金融理论的产生与发展

(1) 早期阶段。20世纪经济学巨匠凯恩斯(Keynes)是最早强调心理预期在投资决策中作用的经济学家,他基于心理预期最早提出股市的"选美"理论。巴伦(Burrell)则是现代意义上行为金融理论最早研究者,在其1951年的《以实验方法进行投资研究的可能性》论文中,他开拓了应用实验将投资模型与人的心理行为特征相结合的金融领域。后来的巴曼(Bauman)和斯诺维奇(Slovic)等人继续进行了一些人类决策过程的心理学研究。

(2) 心理学行为金融阶段。以特维斯基(Tversky)和卡尼曼(Kahneman)为代表,他们共同提出了"期望理论(prospect theory)",使之成为行为金融研究中的代表学说。但是当时行为金融的研究还没有引起足够重视,一方面是因为此时EMH风行一时,另一方面是因为人们普遍认为研究人的心理和情绪对于金融研究来说是不科学的。

(3) 金融学行为金融阶段。从20世纪80年代中期至今,随着证券市场不断发现的异常现象引起金融学界的注意,大量的证据表明许多金融理论还不完善。再加上期望理论得到广泛认可和经验求证,所以这个时期的行为金融取得了突破性的进展。与上个时期相比,这个时期的行为金融理论研究主要是对证券市场的异象加以解释,同时注重把心理学的研究成果和投资决策结合起来。此外,各种基于行为金融理念的模型也在这时期大量出现,其中比较著名的有DSSW模型、BAPM模型、BSV模型、DHS模型和HS模型等。

三、行为金融理论模型

1. 噪声交易模型(DSSW)

噪声交易模型解释了噪声交易者对金融资产定价的影响及噪声交易者为什么能赚

取更高的预期收益。噪声即市场中虚假或误判的信息。模型认为,市场中存在理性套利者和噪音交易者两类交易者,后者的行为具有随机性和不可预测性,由此产生的风险降低了理性套利者进行套利的积极性。这样金融资产的价格明显偏离基本价值。而且噪声会扭曲资产价格,但他们也可因承担自己创造的风险而赚取比理性投资高的回报。

2. 投资者心态模型(BSV)

投资者心态模型认为,人们进行投资决策时存在两种错误范式:其一是选择性偏差,如投资者过分重视近期数据的变化模式,而对产生这些数据的总体特征重视不够。另一种是保守性偏差,投资者不能及时根据变化了的情况修正增加的预测模型。这两种偏差常常导致投资者产生两种错误决策:反应不足和反应过度。

投资者心态模型是从这两种偏差出发,解释投资者决策模型如何导致市场价格变化偏离效率市场假说的。反应过度和反应不足是投资者对市场信息反应的两种情况。投资者在投资决策过程中,涉及与统计有关的投资行为时,人的心理会出现扭曲推理的过程。事件的典型性将导致反应过度,而"锚定"将引起反应不足。事件的典型性是指人们通常将事情快速地分类处理。人的大脑通常将某些表面上具有相同特征而实质内容不同的东西归为一类。当事件的典型性帮助人组织和处理大量的数据、资料的时候,就会引起投资者对某些旧的信息的过度反应。

3. 过度反应和反应不足(DHS)模型

过度反应和反应不足模型将投资者分为有信息和无信息两类。无信息的投资者不存在判断偏差,有信息的投资者存在着过度自信和对自己所掌握的信息过分偏爱两种判断偏差。然而价格由有信息的投资者决定。过度自信导致投资者夸大自己对商品价格判断的准确性,低估市场风险,进行过度交易;而对自己所掌握的信息过分偏爱则使投资者过分偏爱自己所占有的私人信息,低估关于商品价格的公开信息,人们还有"回避损失"的表现:当面对同样数量的收益和损失时,感到损失的数量更加令他们难以接受。这就是投资者在获得收益时会马上平仓,而在损失时会继续持仓的解释。当然,过度自信并不单单影响普通投资者,对市场的专业人士也构成影响。

4. 统一理论(HS)模型

统一理论模型区别于投资者心态模型、过度反应和反应不足模型之处在于:它把研究重点放在不同作用者的作用机制上,而不是作用者的认知偏差方面。该模型把作用者分为"消息观察者"和"动量交易者"两类。消息观察者根据获得的关于未来价值的信息进行预测,其局限是完全不依赖于当前或过去的价格;"动量交易者"则完全依赖于过去的价格变化,其局限是他们的预测必须是过去价格历史的简单函数,在上述假设下,该模型将反应不足和过度反应统一归结为关于基本价值信息的逐渐扩散,而不包括其他的对投资者情感刺激和流动性交易的需要。该模型认为最初由于"消息观察者"对私人信息反应不足的倾向,使得"动量交易者"力图通过套期策略来利用这一点,而这样做的结果恰好走向了另一个极端——反应过度。

5. 羊群行为模型

所谓羊群行为是指:由于受其他投资者采取某种投资策略的影响而采取相同的投资

策略。投资者采取相同的投资策略并不一定是羊群行为,羊群行为强调对其他投资者投资决策的影响,并对他的投资结果造成影响。比如说在社会中普遍存在着信息不对称的现象,即使在信息传播高度发达的社会上,信息也是不充分的。在信息不充分的情况下,投资者的决策往往不完全是依据已有的信息,而是依据对其他投资者行为的模仿来进行决策,这就形成了羊群行为。

四、行为金融理论的局限性

行为金融学也存在一定局限性,主要有以下两点:

(1) 标准金融理论只是研究理性投资者在同一风险下期望收益最高或同一收益水平上期望风险水平最低的投资组合。而行为金融学的基本假设是:投资者的偏好倾向于多样化并且多变,这种偏好通常在决策过程中才形成;决策者在决策过程中是随机应变的,他们根据决策的性质和环境作出不同选择,决策者追求满意而非最优方案。繁杂的假设使行为金融失去了标准金融理论的科学性与严谨性。

(2) 行为金融学的研究领域与手段过于多样化。行为金融的研究领域不仅包括理性人的决策,也包括与人的行为相关的人的遗传、人的基因、人的进化、人的心理感受、他人的行为及社会规范等,并由此建立起一套正确反映投资者实际决策行为和市场运作状况的描述性模型。研究手段则涵盖了经济学、生物学、哲学、心理学、物理学等领域的多种工具。

本 章 小 结

本章主要介绍了证券投资组合理论的基本原理,特别是资本资产定价模型和套利定价模型。作为均值—方差模型的简化模型,CAPM 大大地简化了资产收益和风险之间的关系,将其通过一个简单的线性关系联接起来。套利定价模型则通过确定基本因子来确定资产的价格,两者之间存在着一定的联系和区别。本章还介绍了行为金融理论。行为金融学研究的一个主要问题是资产价格与其内在价值或"基本面"之间的偏离关系,只要存在偏离,就存在泡沫现象。行为金融理论的模型主要有 DSSW、BSV 与 DHS 等模型。但行为金融理论也存在一定的局限性。

本章练习题

一、名词解释

证券组合　有效边界　资本资产定价模型　资本市场线　证券市场线　单因素模型　多因素模型　套利组合　套利定价模型　有效市场　强势有效市场　半强势有效市场　弱势有效市场　行为金融　期望理论　后悔理论　噪声交易模型　羊群行为

二、单项选择题

1. 现代证券投资理论的出现是为解决(　　)。
   A. 证券市场的效率问题　　　　B. 衍生证券的定价问题
   C. 证券投资中收益—风险关系　D. 证券市场的流动性问题

2. 20世纪60年代中期以夏普为代表的经济学家提出了一种称之为（　　）的新理论，发展了现代证券投资理论。

A. 套利定价模型　　　　　　　　　B. 资本资产定价模型

C. 期权定价模型　　　　　　　　　D. 有效市场理论

3. 对证券进行分散化投资的目的是（　　）。

A. 取得尽可能高的收益

B. 尽可能回避风险

C. 在不牺牲预期收益的前提条件下降低证券组合的风险

D. 复制市场指数的收益

4. 收益最大化和风险最小化这两个目标（　　）。

A. 是相互冲突的

B. 是一致的

C. 可以同时实现

D. 大多数情况下可以同时实现

5. 投资者的无差异曲线和有效边界的切点（　　）。

A. 只有一个　　　B. 只有两个　　　C. 至少两个　　　D. 无穷多个

6. 无风险资产的特征有（　　）。

A. 它的收益是确定的

B. 它的收益率的标准差为零

C. 它的收益率与风险资产的收益率不相关

D. 以上皆是

7. 当引入无风险借贷后，有效边界的范围为（　　）。

A. 仍为原来的马柯维茨有效边界

B. 从无风险资产出发到 T 点的直线段

C. 从无风险资产出发到 T 点的直线段加原马柯维茨有效边界在 T 点上方的部分

D. 从无风险资产出发与原马柯维茨有效边界相切的射线

8. CAPM的一个重要特征是在均衡状态下，每一种证券在切点组合 T 中的比例（　　）。

A. 相等　　　　　　　　　　　　　B. 非零

C. 与证券的预期收益率成正比　　　D. 与证券的预期收益率成反比

9. 下列说法不正确的是（　　）。

A. 具有较大 β 系数的证券具有较大的非系统风险

B. 具有较大 β 系数的证券具有较高的预期收益率

C. 具有较高系统风险的证券具有较高的预期收益率

D. 具有较高非系统风险的证券没有理由得到较高的预期收益率

10. 某证券的 α 系数为正，说明（　　）。

A. 它位于 SML 下方　　　　　　　B. 它的实际收益率低于预期收益率

C. 它的 β 系数大于1　　　　　D. 它的价格被低估

三、多项选择题

1. 现代证券投资理论建立的框架是（　　）。
A. 有效市场理论　　　　　　　　B. 资产组合理论
C. 资本资产定价理论　　　　　　D. 期权定价理论

2. 下列关于系统风险和非系统风险的说法正确的是（　　）。
A. 系统风险对所有证券的影响差不多是相同的
B. 系统风险不会因为证券分散化而消失
C. 非系统风险只对个别或某些证券产生影响，而对其他证券无关
D. 非系统风险可以通过证券分散化来消除

3. 有效组合满足（　　）。
A. 在各种风险条件下，提供最大的预期收益率
B. 在各种风险条件下，提供最小的预期收益率
C. 在各种预期收益率的水平条件下，提供最小的风险
D. 在各种预期收益率的水平条件下，提供最大的风险

4. 最优证券组合的选择应满足（　　）。
A. 最优组合应位于有效边界上
B. 最优组合应位于投资者的无差异曲线上
C. 最优组合是唯一的，是无差异曲线与有效边界的切点
D. 上述三个条件满足其中之一即可

5. CAPM假设投资者对证券的（　　）有相同的预期。
A. 预期收益率　　B. 流动性　　　C. 方差　　　　D. 协方差

6. 引入无风险借贷后（　　）。
A. 所有投资者对风险资产的选择是相同的
B. 所有投资者选择的最优证券组合是相同的
C. 线性有效边界对所有投资者来说是相同的
D. 所有投资者对证券的协方差的估计变得不同了

7. 资本市场线方程中所包含的参数有（　　）。
A. 市场证券组合的β系数　　　　B. 无风险利率
C. 市场证券组合的预期收益率　　　D. 市场证券组合的标准差

8. 单项证券的收益率可以分解为（　　）的和。
A. 无风险利率　　　　　　　　　　B. 系统性收益率
C. 受个别因素影响的收益率　　　　D. 市场证券组合的收益率

9. 下列说法正确的是（　　）。
A. 具有较大β系数的证券组合具有较大的系统风险
B. 具有较大β系数的证券组合具有较大的预期收益率
C. 存在较高系统风险的证券组合具有较大的预期收益率
D. 市场不会为投资者承担非系统风险而提供报酬

10. 下列关于 β 系数的说法正确的是(　　)。
A. β 系数大于 1 的证券的系统风险大于市场证券组合的系统风险
B. β 系数小于 1 的证券的系统风险小于市场证券组合的系统风险
C. β 系数等于 1 的证券的系统风险等于市场证券组合的系统风险
D. β 系数等于 0 的证券没有系统风险

四、思考题

1. 简述证券组合管理的特征。
2. 试比较传统的证券组合管理与现代证券组合管理。
3. 简述证券组合管理的基本步骤。
4. 马柯维茨均值方差模型的基本假设有哪些？
5. 简述资本资产定价理论的基本内容。
6. 套利定价理论的意义与局限性有哪些？
7. 有效市场有哪些类型？
8. 行为金融理论模型主要有哪些？

参考答案

第一章　证券投资概述
二、1. B　2. D　3. D　4. C
三、1. CD　2. BD

第二章　股票
二、1. C　2. D　3. C　4. D　5. A
三、1. ABCD　2. AC　3. ACD　4. ABCD　5. BC

第三章　债券
二、1. B　2. C　3. B　4. A　5. A
三、1. BCDE　2. ACD　3. ABCD　4. AC　5. ADE　6. ABD

第四章　证券投资基金
二、1. C　2. C　3. C　4. B　5. B　6. B
三、1. ABD　2. BD　3. ACD　4. AB　5. ABC

第五章　金融衍生工具
二、1. A　2. A　3. B　4. B　5. B
三、1. ADE　2. ABCDE　3. ABD　4. BCE

第六章　证券发行市场
二、1. A　2. B　3. D　4. B　5. C
三、1. ABC　2. ABC　3. AB　4. ABCD　5. ABC

第七章　证券交易市场
二、1. A　2. B　3. C　4. A
三、1. ABC　2. ABC　3. AB　4. AB　5. AB

第八章　证券市场监管
二、1. B　2. A　3. B　4. B
三、1. ABCDE　2. BD　3. ABD

第九章　证券价格与股票价格指数
二、1. A　2. B　3. B　4. A
三、1. ABCD　2. ABCD

第十章　证券投资的收益与风险
二、1. C　2. A　3. D　4. C　5. A
三、1. ABCDE　2. ABCD　3. BD

第十一章　证券投资基本分析
二、1. A　2. C　3. B　4. C　5. D

三、1. ABC 2. ABCDE 3. ACE 4. ABC 5. ABC

第十二章　证券投资技术分析

二、1. C 2. D 3. A 4. B 5. D

三、1. ABCD 2. ABCD 3. ABC 4. ABCD 5. ABCD

第十三章　现代证券投资理论

二、1. C 2. B 3. C 4. A 5. A 6. D 7. D 8. B 9. A 10. D

三、1. BC 2. ABCD 3. AC 4. ABC 5. ACD 6. AC 7. BCD 8. ABC 9. ABCD 10. ABCD

参考文献

[1] 吴晓求. 证券投资学. 3版. 北京：中国人民大学出版社，2009
[2] 任淮秀. 证券投资学. 北京：高等教育出版社，2003
[3] 邢天才. 证券投资学. 大连：东北财经大学出版社，2003
[4] 杨德勇，葛红玲. 证券投资学. 北京：中国金融出版社，2016
[5] 王玉霞. 投资学. 大连：东北财经大学出版社，2006
[6] 盛洪昌，唐志武. 证券投资学. 北京：清华大学出版社，2012
[7] 盛洪昌. 国际经济合作. 北京：中国人民大学出版社，2009
[8] 张祖国. 证券经济学. 上海：华东师范大学出版社，2004
[9] 孙可娜. 证券投资教程. 北京：机械工业出版社，2005
[10] 王军旗. 证券投资理论与实务. 北京：中国人民大学出版社，2004
[11] 杨兆廷. 证券投资学. 北京：人民邮电出版社，2017
[12] 葛永波. 证券投资学. 北京：中国金融出版社，2010
[13] 王丽颖. 证券投资学. 合肥：合肥工业大学出版社，2009
[14] 张启富. 证券投资概论. 上海：上海财经大学出版社，2008
[15] 李向科. 证券投资技术分析. 5版. 北京：中国人民大学出版社，2015
[16] 万志宏. 证券投资分析. 厦门：厦门大学出版社，2009
[17] 孙秀钧. 证券投资学. 大连：东北财经大学出版社，2008
[18] 陈文汉. 证券投资学. 北京：机械工业出版社，2010
[19] 李国强，李雯. 证券投资分析. 北京：机械工业出版社，2013
[20] 蒋美云. 证券投资技术分析. 上海：立信会计出版社，2011
[21] 中国证券业协会. 证券市场基础知识. 北京：中国财政经济出版社，2011
[22] 中国证券业协会. 证券交易. 北京：中国财政经济出版社，2006
[23] 中国证券业协会. 证券投资分析. 北京：中国财政经济出版社，2011
[24] 中国证券业协会. 证券发行与承销. 北京：中国财政经济出版社，2009
[25] 饶育蕾，盛虎. 行为金融学. 北京：机械工业出版社，2012
[26] 证券业从业人员一般从业资格考试辅导教材编委会. 金融市场基础知识. 北京：中国财政经济出版社，2015